Crónica de Marruecos.

"FRENTE AL FRACASO, **RAISUNI** DE SILVESTRE A BURGUETE".

LOPEZ RIENDA

Recopila y edita: Ico López-Rienda

Deposito Legal nº GC-151-2010.
ISBN nº: 978-84-613-7822-7.

Para España...

A ti, Madre Española, cuyos ojos son fuentes inagotables de dolor, a ti, pobre España, que ignoras el engranaje oculto de la política Marroquí, dedico este libro, testimonio de los errores cometidos durante muchos años en estos campos, que la sangre de tus hijos heroicos no logró hacer fecundos.

Rafael López Rienda.

A MANERA DE PRÓLOGO

La historia del gran cherif Muley Hamed Ben Mohamed Ben Abdelah Er Raisuni, es larga y pintoresca e inédita. Llena toda ella de episodios notabilísimos, dará margen a los historiadores para escribir bellas páginas interesantes y sugestivas. Muy documentado ha de estar quien la empresa acometa, porque la historia tal es de guerra y de intriga, ambas, solapadas y tortuosas. Difícil es adquirir datos y beber en fuentes veraces y seguras. Hay momentos en que, comprometidos altos personajes, los documentos desaparecen, quien pretenda reconstituir los hechos, muchas barreras ha de encontrar en su camino. No obstante las trabas y obstáculos que han de oponerse al paso del historiador, esta es una jornada inevitable. La larga y pintoresca historia del cherif ha de escribirse en español, porque su figura musulmana es española para la gran responsabilidad histórica. Ligada está su silueta a la historia nacional y la varia fortuna de su vida directamente influyó en la vida del país.

Nuestro propósito no va tan allá. Por otra parte, la historia del Raisuni no ha concluido aún, desgraciadamente. Nadie puede predecir qué cumbre insospechada alcanzará en esta loca aventura de su vida, cuajada para él de maravillosas sorpresas inmejorables. Nosotros, en este momento transcendental, en que el Raisuni, de vencido y humillado de huido y desprestigiado—digan lo que quieran Cerdeira y Castro Girona—, pasa a ser vencedor y humillador, poderoso y pletórico de prestigio, y vuelve a empuñar todas la riendas de un poder sin igual en toda la Yebala; en este momento, en que juzgamos transcendental, sentimos el ansia de decir a la opinión todo lo que sabemos. No mucho en verdad, pero si lo suficiente para orientarla, y aun si tuviéramos elocuencia, para exaltarla, llevándola a exigir una solución definitiva a este inacabable asunto marroquí.

Trataremos, pues, de llevar al conocimiento de todos los que nos leyeren, la verdadera psicología raisuniana, narrando sus más memorables hechos, y los de menor importancia que sabemos, cuando puedan, dar sensación de su astucia, y los no menos memorables crímenes inspirados por él y realizados por la cohorte trágica y famosa de sus secuaces más célebres. Mucha, muchísima sangre nos costó la guerra al Raisuni; pero con ser muy doloroso este sacrificio de nuestra juventud, quizá lo sea más el terrible bochorno del pacto reciente, llevado a cabo de manera descabellada, como verá quien leyere.

Y si el sacrificio de los que sucumbieron fue, como decimos, doloroso, y el pacto de Burguete lo es más, ambas cosas podrían darse por bien empleadas si todo se hubiese arreglado definitivamente. Pero aquel holocausto que el convenio de hoy hace desesperadamente estéril, tendrá una repetición tiempo adelante. Y no hay, ni hubo nunca, pesimismo en nosotros. Y el que leyere hasta el final, sentirá, con nosotros, si lo hace con el ánimo sereno y libre de prejuicios esta infinita pesadumbre.

El general Burguete no pudo hacer más en su corta estancia en la alta comisaría. La labor de muchos años, sangre y dinero, fue deshecha en breves horas. Y fuese buena o mala la política berenguerista en esta zona occidental, y en lo que respecta a la guerra asoladora del cherif, ella había creado un régimen en las cabilas. Notables jefes lucharon a nuestro lado, y prestigiados por la guerra y el mando, eran obedecidos y respetados. No es que elogiemos como inmejorable la campaña contra el Raisuni. Lo que sí queremos sentar es que el cherif, aunque otra cosa se diga, arrastraba ya una situación precaria, acorralado en el Buhasem, cuando amasadas entre Burguete, Girona, Zugasti y Cerdeira, se llevan a cabo las más inverosímiles conferencias, y se toman, en cuestión de días, los más graves y trascendentales acuerdos. El desplomado edificio raisuniano se alza en sus ruinas milagrosamente, en medio del estupor general. Y los bandidos y jefes de cuadrillas son exaltados, en medio del asombro de todos, a los más importantes caidatos. Camino de Yebala fueron los soldados, dejándose a chorros la sangre hispana. Camino del Buhasem dejábamos después prendidos en las zarzas jirones de prestigio nacional...

Es todo esto tan inaudito, son tales los errores que día tras día se fueron cometiendo en torno al Raisuni, que nos mueven a recopilar nuestros datos y recuerdos de tantos años en África, para darlos al país y hacerle conocer todas estas cosas.

La figura preponderante del Raisuni se destaca nuevamente con un insospechado relieve (después de tantos años para eclipsarle). Trataremos de esbozarla desde sus primeros hechos notables y relaciones primitivas con España, hasta el actual instante de apoteosis sin par. Sus hombres de confianza, acerca de los cuales tenemos preciosos datos, también desfilarán en estas páginas. Le concedemos una importancia suma a la etapa de Silvestre, en que nació la guerra de Yebala, que es, a no dudar, la importante y trascendental. Mostraremos la urdimbre, hasta ahora inédita y cargada de prejuicios, de las relaciones entre el caudillo y el cherif. Será preciso ocupamos también de los hechos más sáltenles de la política raisuniana desde Alfau a Cerdeira, el último y mejor de los amigos del cherif, según propia afirmación del señor de la montaña. Señalaremos los dos aspectos que ofrece al estudio y al análisis este pacto famoso, don: de el prestigió de España ha naufragado una vez más por la impericia de los tripulantes de esta gran nave marroquí.

Creemos firmemente que la historia de Raisuni, que es la historia de Yebala, tiene una importancia transcendental para el país. Y a los historiadores, cuya hora no ha llegado aun, brindamos el fruto de nuestro trabajo. Ellos, en su espíritu ecuánime, sabrán apartar todo prejuicio, todo apasionamiento, que en nosotros ponga la realidad con su despiadado contacto hiriente. Nuestro corazón, como el tuyo, español bueno y patriota, rebosa una santa indignación, una dolorosa amargura, una ira impotente... porque el fracaso anonadante de nuestra actuación en África, es el fracaso de nosotros mismos, es el fracaso de todos y de cada uno de los hijos de España.

Los asesinos de nuestros hermanos están en el Poder, campan por sus respetos y hay que rendirles acatamiento, y con el luto aún vivo en el corazón y en las vestiduras, hemos de acatar a los jefes, cuyas manos ásperas y rudas de montañeses y bandidos, tienen sortijas de nuestros hermanos, mutilados y horriblemente saqueados y profanados sobre el campo de batalla, que ellos— ¡pobres ilusos!—creyeron el campo del honor...

I
El papel de Raisuni en la vida de Marruecos hasta enfrontarse con nosotros. —Algo de historia y un poco de leyenda.

La figura del Raisuni aparece por primera vez con cierto relieve, cuando vuelto de Mogador, donde fue enviado, cargado de cadenas, por el Sultán Muley Hassan, decide mantener una constante rebeldía contra el legítimo Monarca, que le arrestó en castigo a sus desmanes y tropelías. Mohámed Torres, que desempeñaba entonces en Tánger la representación del Sultán, protegió al Raisuni, logrando su libertad, que, como decimos, aprovechó el bandolero para trazar sus planes de venganza y desquite. Y tanta maña se dio para fomentar y excitar la rebelión, que la región de Yebala era una constante pesadilla para los Sultanes. Las mejalas organizadas en Fez por el propio Emperador se estrellaban siempre contra las diversas guerrillas montañesas del Raisuni.

No obstante la numerosa serie de actos de bandidaje que dan al cherif el tratamiento de bandido y salteador, su prosapia es perfectamente aristocrática. Toda su familia es de una estirpe de guerreros y chorfas. Él nació en Beni Aros, la cabila raisuniana por excelencia. Sus padres, Abdelah-Ben-Raisuni y Salah-Raisuni. Tienen muy buenos antecedentes. Su famoso hijo vio la luz el año 1868 de la Era cristiana. Era «taleb» o encargado del culto religioso a los diez años de edad, y, como todos sus ascendientes ilustres, pertenecía desde su nacimiento al grupo religioso de las chorfas alauin.

Su inteligencia vivísima y precoz empezó a rodearle de prestigio desde muchacho. Sus correligionarios alamitas le ofrendaron como testimonio de veneración a su talento y su alcurnia extensísimas zonas de terrenos y numerosos «azibs», que vienen a ser señoríos al estilo feudal.

Al mismo tiempo que su talento natural, dejó entrever también las demás cualidades que habían de hacerle famoso, algunas no muy recomendables, sin embargo. Astuto, sagaz y valiente, amante del peligro y de la aventura, instaló un puerto de pirata en las rocas inaccesibles de Akba-el-Hamara. Le rodeaba un grupo de adeptos, en unión de los cuales daba frecuentes asaltos al camino de Tánger, logrando hacer secuestros y rapiñas innúmeras y llegando poco menos que a establecer un bajalato en la propia ciudad nombrada, azotando a moros y cristianos en el zoco grande, donde se ponía a hacer justicia, sin más autoridad que la suya personalísima.

Estos desmanes eran demasiado excesivos para que pasaran desapercibidos. Las colonias europeas establecidas en la entonces nominalmente internacionalizada Tánger elevaron su protesta al Gobierno imperial, sin resultados apreciables. Al fin, mandada por un famoso guerrero musulmán, Ueld-Ba-Mohamed-Edchergui, fue enviada una fuerte mejala contra Raisuni, refugiado en Zinat, por el entonces Sultán Muley-Ab-El-Azib. La guerra terminó con un pacto según el cual el Sultán y sus tropas no rebasarían el zoco Tezenin de Sidi-Ali-el-Murusi, del cual tampoco pasaría en sus «raids» el Raisuni.

El propio ministro de la Guerra del Imperio, El Guebbas, vino al mando de fuerte mejala para combatir al bandolero-prócer. Pero este astuto lobo montañés era invencible en su formidable madriguera de Beni Aros, donde siempre se refugió cuando los acontecimientos le eran desfavorables. Sus cofrades de Tazarut le acogían siempre como a su verdadero y legítimo príncipe, dueño de vidas y haciendas, señor de horca y cuchillo.

Demasiado conocidas estas aventuras por los relatos de Prensa, renunciamos a narrarlas prolijamente. Los secuestros de súbditos extranjeros hicieron mundial la fama del célebre arosi. Su nombre árabe y prócer se vio escrito en letras de molde en muchos países. Su prestigio llegó a alcanzar límites insospechados. Su talento innegable, su cultura religiosa, su verbo cálido y atrayente le abría todas las puertas y le rodeaba de prosélitos fanáticos y salvajes. La fortuna, además, le protegió de una manera especial, y muchas veces se salvó del peligro que parecía inevitable, gracias a casualidades verdaderamente inesperadas. ¿Qué ha sido para él su pacto con España, últimamente, sino una suerte insospechada?...

Un viejo español, habitante de esta zona y conocedor de toda ella y de su historia, nos relata un día con rapidez, en la tertulia del café, lo más saliente de la vida de Raisuni, antes de sus tratos con España.

«La hazaña que le dio más celebridad internacional —nos dice—ocurrió en mil novecientos cuatro, cuando hizo prisionero a mister John H. Perdicaris, un comerciante griego que vivía en Tánger y que había adoptado la ciudadanía americana. Con Perdicaris capturó también a mister Cronwell Varly, yerno de aquél y de nacionalidad británica.

Perdicaris dijo del cherif en aquel entonces: «Raisuni es un hombre bien educado en todos los sentidos. Da gusto hablar con él. Estoy por decir que no lamento haber sido su prisionero durante varios días; y hasta creo que, si sigo a su lado, hubiese llegado a creer que es lo que reclama ser: no un bandido, no un cuatrero, sino un patriota obligado a realizar actos de bandidaje por salvar a su suelo natal y a los suyos de las garras de la tiranía.»

¿Cómo se explica que Raisuni produjese tan buena impresión en un nombre culto como Perdicaris?... Hay quien dice que el secuestro de éste fue una combinación para acreditar derecho a una gran potencia interesada.

Diez años antes de este suceso, Raisuni era un terrateniente que vivía tranquilo en su pueblo natal. Un recaudador de impuestos, digno instrumento del Sultán, quiso hacerle víctima de un robo y Raisuni lo mató como a un perro.

El gobernador de la provincia, Abd-El-Sadek, anunció que Raisuni sería castigado. Al darse cuenta de que el cumplimiento de la amenaza podía provocar un levantamiento, pues el culpable tenía muchos partidarios, invitó a Raisuni a una conferencia; y cuando éste acudió, fue hecho prisionero a traición y llevado a Mogador.

Allí, encadenado a un muro en el patio de la Kasbah, pasando los días expuesto a los rayos del sol y las noches padeciendo frío, comiendo y bebiendo sólo lo suficiente para medio vivir, Raisuni formó los planes de venganza que el destino le ha permitido llevar a la práctica.

Sus fieles montañeses velaban por él. A los tres años, sobornados los carceleros, una noche Raisuni volvió a ser libre.

Desde aquel momento se constituyó en enemigo del Sultán. Empezó por asesinar a la madre y a la esposa de su cuñado sólo porque estaban emparentados con el bajá que lo encarceló. Por satisfacer su venganza no titubeó en dar muerte a su propia hermana.

Poco después, Raisuni capturó al ayudante favorito del bajá y se lo vendió a una tribu.

El rescate de Perdicaris fue la base de la fortuna de Raisuni. Siguió de secuestro en secuestro, de crimen en crimen, hasta que de bandolero pasó a ser soberano virtual.

Secuestró a mister Walter H. Harris corresponsal del *Thimes* de Londres, y exigió diez mil libras esterlinas por su rescate.

A mister Harris lo encerró en su guarida, donde una mañana, al despertarse el periodista británico, halló a los pies de la cama un cadáver sin cabeza, vestido con el traje suyo. Aquello era algo más que una indirecta. Harris la entendió, escribió a su Gobierno y el dinero llegó a tiempo.

Otra hazaña pintoresca del Raisuni fue la captura del caid general de las tropas del Sultán, sir Harris Mac Lean, ex coronel del ejército británico.

Los «raids» del Raisuni contra la Tesorería del Sultán habían llegado a ser tan frecuentes y absorbentes, que el caid Mac Lean fue enviado por el Sultán a concertar con Raisuni un tratado de paz. Mac Lean llegó al lugar convenido y fue hecho prisionero de orden del Raisuni. (Esto para que nos fiemos ahora de la política de pactos con el cherif, objeta nuestro confidente. Trescientos mil duros exigió Raisuni por su rescate, y a fin de no demorar el cobro, sometió a Mac Lean a duros tormentos.

Reducida la demanda de Raisuni a la mitad, el favorito del Sultán se vio libre.

Fue un poco más tarde de este resonante hecho cuando fue nombrado bajá de la zona exterior de Tánger, cuyo vecindario se vio más de una vez amenazado seriamente. Imponía su autoridad a tiros. Con los montañeses de Anyera sostuvo verdaderos combates en los zocos y calles del extramuro de la población. Llegó, en fin, su osadía a castigar las faltas de los europeos dentro de su demarcación.»

* * *

Un Sultán hubo, sin embargo, que mereció la amistad de Raisuni. Muley Haffid, que le recibió en su corte, donde se presentó bizarramente, como un verdadero rey oriental, demostrando que, montañés y bandolero, conservaba el gesto de su elevada estirpe. El boato y la suntuosidad eran para él naturales y fáciles, no obstante la ruda vida que hacía de salteador y guerrillero. Dejó asombrado a Fez entero, y volvió a su feudo colmado de ricos obsequios y radiante de prestigio y popularidad. Traía, además, el nombramiento de bajá de Arzila y gobernador de todas las cabilas occidentales de la Yebala.

Su mando en Arzila está lleno de horrores y de crueldades. Las expoliaciones a las cabilas para construir su famosísimo palacio fueron inauditas.

Creada en torno al cherif por la fantasía mora una historia de milagros, se cuentan cosas pintorescas en extremo.

Después de un combate que hubo de sostener con los wadrasíes, realizó el primer milagro. Dura fue la lucha sostenida con los rebeldes, quienes se habían negado a admitir su intromisión. En el Zinat le esperaban sus adeptos, impacientes por la duración de la lucha. Cuando llegó Raisuni fue acogido con muestras de júbilo inmenso. El cherif se sacudió el «sellhan» y cayeron de su interior varias balas «que no habían tocado su cuerpo». Los salvajes se postraron ante el Poderoso. La farsa del cherif había dado los resultados apetecidos. Y nació la leyenda: «Sólo una bala de oro disparada por otro santo podría matarle»...

Administrando justicia en su palacio de Arzila estuvo a punto de engendrar un levantamiento. Los indígenas protestaban indignados de la cuantía y frecuencia de los tributos. En las mazmorras de su palacio se aplicaban a los rebeldes y reacios los más duros e inquisitoriales tormentos. Por el balcón del palacio más de un indígena fue arrojado al mar, sobre los acantilados terribles.

Se cuenta que un día quiso «hacer un milagro». El «truco» consistía en que uno de sus esclavos se metiese dentro de una de las caleras de la Garifa, preparada al efecto a media noche, dejándole un pequeño respiradero. El esclavo tenía que contestar a determinadas preguntas del cherif, dando a su voz la debida solemnidad. Y el cherif, ante el pueblo que acudió a presenciar el milagro, invocó a Alah: «¿Soy yo injusto, Señor, con mis gobernados?...»

Y del fondo de la calera, de las entrañas de la tierra, salió la voz sagrada: «¡Tú eres bueno y justo en todos tus actos y en todos tus castigos!...»

La multitud, asombrada, besó con fanatismo e idolatría las vestiduras del Señor, mientras éste ordenaba sin pestañear:

—Tapad la calera y no os acerquéis más a ella. ¡Dentro está la voz de Alah!...

Dejemos la leyenda y continuemos nuestra relación. Las páginas que siguen, esto es, las primeras relaciones de España con el cherif, la actuación de Silvestre en la zona de Larache, que tan importantísimo papel juega como foco político en la historia de Marruecos, tienen una gran transcendencia y son una prueba documentada de cuanto' e hizo en aquellos días, prólogo de la guerra de Yebala.

13

II
Ocupación de Larache con permiso y beneplácito de Raisuni.

En estos apoteósicos instantes de la agitada vida del cherif, tiene lugar la ocupación de Larache y Alcázar por las fuerzas españolas de desembarco.

Interesado el Gobierno español en conocer cuanto sucedía en esta zona, envió al puerto de Larache el crucero "Río de la Plata", con el entonces teniente coronel Barrera, que obtuvo los informes necesarios para poner al corriente al Gobierno de lo sucedido y de cuál era en aquellos días la situación política de esta región.

Teníamos ya labor preparada por los tabores cherifianos que, en virtud del Tratado de 1907, se crearon en esta plaza al mando de oficiales y clases europeos instructores. El primero de enero de 1908 desembarcaron en Larache los instructores del tabor al mando del capitán Lopera (de Artillería), buen entusiasta de las cosas africanas. El desembarco de 1911 se hizo con la cooperación de Raisuni, el 8 de junio.

«En el mes de mayo de 1911 (1) iba en aumento la efervescencia en Alcázar, debido a maniobras efectuadas por el agitador Tazya, santón de Beni Aros y enemigo de Raisuni. También se tenía noticias de los manejos franceses, que querían invadir nuestra zona de influencia. En primero de junio se supo que Tazya había capturado en su casa de Mesmuda al protegido español Hamed-Ben-Malee y a dos de sus hijos, llevándose ocho caballos de silla y dos mulos. Exigía veinte mil duros por el rescate, caballos, tiendas de campaña y armamento.

En 2 de junio, el Gobierno español decide enviar a Larache al «Cataluña» y al «Almirante Lobo» conduciendo fuerzas de desembarco con el objeto de impedir cualquier acto de rebeldía en Larache y su campo.

---

(1) Del Diario Marroquí, de Larache

El día 3 salieron los citados barcos de Cádiz, llegando al día siguiente, domingo 4, a las aguas larachenses.

El 6 se sabe que han sido asesinados Ben-Malec y sus hijos. El 7 llegan terribles detalles. Las gentes que obedecen a Tazya no se satisfacen con asesinar, sino que despedazan los cadáveres, paseando sus cabezas por las cabilas excitándolas a la rebelión.

La impresión entre los nacionales y protegidos en Larache es muy honda. Piden que se aproveche la presencia de los buques para tomar medidas inmediatas a fin de que el prestigio de España quede a salvo y la seguridad garantizada, cesando aquellos atropellos de que vienen siendo víctimas los musulmanes protegidos por España. En la Península, la opinión también se agita emocionada.

El 8 de junio el Gobierno español examina la situación: reconoce que su pasividad, ante la demanda de la opinión, a la misma hora en que dos buques de guerra se estacionan frente a Larache, puede ser interpretada como una renunciación y abandono de los deberes que le incumben, y resuelve el desembarco, aunque con el carácter de mera demostración militar.

Acuérdese anunciarlo así a las potencias signatarias del Acta de Algeciras, expresándoles que, en todo caso, esas medidas contribuirán, dado que el mal estado del tiempo e inseguridad del fondeadero de Larache obligue a los buques a retirarse, a dejar al tabor de Policía, muy corto en número, mayor libertad de movimientos, levantando el espíritu de las colonias europeas, sobre todo en Alcázar.

Entre tanto, los acontecimientos se han precipitado; esa noche del 7 al 8 un grupo de jinetes llega al zoco de. Alcázar y hace varias descargas de fusil sobre la guardia. Esta responde, la tropa toca generala y la caballería sale en persecución de los atacantes. La alarma de los moradores, y en especial de la colonia francesa, la más numerosa, sube de punto. Nuestros compatriotas piden al ente consular de España que recabe las medidas de protección necesarias, y el agente consular en Alcázar transmite el ruego al cónsul español en Larache, don Juan Zugasti.

El 8 de junio, al mediodía, el señor Zugasti celebró con sus colegas de las demás naciones una conferencia; en ella, el benemérito español, apoyado por el cónsul británico y el bajá de la ciudad, obtuvo la aquiescencia de todos para el desembarco de las fuerzas españolas que estaban a bordo del «Cataluña» y «Almirante Lobo», anclados en la rada.

A las siete en punto de la tarde fue izada en la azotea del Consulado, ante el cónsul y el canciller, la bandera roja, señal convenida con el comandante del «Cataluña» para empezar el desembarco; señal que anunciaba un hecho de inmensa transcendencia política, ardientemente deseado por cuantos se interesaban en el porvenir y grandeza de la Patria.

El rojo lienzo se destacaba sobre el azul sin mácula del firmamento. Un sol de ocaso, brillante, cabrilleaba en las aguas tranquilas. Con el telégrafo de señales se comunicaba incesantemente desde los barcos. En la azotea del Consulado, el cónsul Zugasti, pálido y tembloroso de emoción, presenciaba la incalculable transcendencia del momento.

Por la ciudad corre ya la noticia del desembarco. Patrulla por las calles el tabor español. El bajá Sidi-Mohamed-Faddel-Ben-Yaich da órdenes enérgicas para la conservación del orden. La curiosidad se retrata en los rostros indígenas, los cuales están tristes, pero resignados. Los hebreos no ocultan su júbilo. Los españoles vibran de entusiasmo. Las azoteas y las calles están llenas de gente. Es un día excepcional y nadie quiere perder un detalle.

A las ocho de la noche ya están en el muelle el cónsul y el capitán Ovilo, jefe del tabor; el tercer comandante del «Cataluña», que dirige el desembarco, y otras muchas personas. Los soldados del tabor, al mando de un suboficial moro, hacen el servicio de policías, conteniendo al público.

A las diez aparecen en la bahía las primeras barcazas remolcadas por el «Triki». Desembarca el primero el teniente coronel Dueñas, de infantería de Marina, y varios oficiales. Con un orden perfecto forma en el muelle la compañía de infantería de Marina. En el silencio solemne, sólo se oyen las españolas voces de mando.

A las once se pone en marcha la primera fuerza, compuesta de unos doscientos hombres. Formadas en orden de marcha, embocan por la calle principal, llena de gente dirigiéndose el tabor. Gran número de moros y hebreos sacan faroles, pues la luna no entra en la estrecha calleja. A las cuatro de la madrugada termina el desembarco. Las tropas quedaron acampadas en el Castillo de la Barra, Nador y Ras Remel.»

Así se efectuó este desembarco, modelo de orden y acierto. Y se tomó Larache sin disparar un tiro, con el beneplácito de Raisuni, apoyo del bajá de Larache y el tacto exquisito desplegados por el señor Zugasti.

Por este desembarco, que aumentó los efectivos de tropas al servicio de España, fue nombrado el teniente coronel Silvestre jefe de todas ellas, empezando una nueva era que muy pronto fue sangrienta, llenando de dolor y de amargura a la nación y a estas ubérrimas tierras, ocupadas así porque lo consintió Raisuni, si bien no desinteresadamente, sino como un mal menor entre nuestra ocupación y la francesa.

Raisuni se equivocó, creyendo que nos tendría siempre bajo su férula, y España también erró al enviar al bizarro teniente coronel Silvestre, que, aunque de gran prestigio, venía ávido de gloria militar.

* * *

Ocupados Larache y Alcázar, y conferido el mando de las tropas de ocupación a Silvestre, se dispone por el Ministerio de la Guerra, a nuestro juicio con error manifiesto, lo siguiente:

Primero. Para todos los asuntos relacionados con el mando militar, el teniente coronel Silvestre se entenderá directamente con este Ministerio y por su conducto recibirá las órdenes e instrucciones necesarias.

Segundo. De cuanto se relaciona con el desempeño de las funciones de este jefe en el orden político y de las relaciones con las autoridades jalifianas y con los súbditos marroquíes y extranjeros dará cuenta directamente al Ministerio de Estado.

Tercero. Para cuanto se relacione con estos mismos asuntos el mencionado jefe procederá de acuerdo con el cónsul de España en Larache.

III
Aparece Silvestre. —Rozamiento desagradable.

Unos días después de ocupados Larache y Alcázar por las tropas de desembarco, llegó Silvestre, haciéndosele un gran recibimiento. Continuó la marcha a Alcázar e instalose en el campamento de Sidi Aisa, altura dominante del pueblo. Y se dispuso a llevar a cabo su cometido de la mejor manera posible.

Acampadas en Alcázar tropas francesas, Silvestre se apresuró a enviar un aviso y saludo al jefe de aquéllas, teniente Thirier, haciéndole saber que había llegado a Alcázar a cumplir la misión que a España se había confiado. El oficial francés contestó groseramente, provocativamente. «No me importa nada. Si quiere algo de mí, que venga a buscarme.» Conocedores del carácter de Silvestre, se buscaba un rompimiento que partiese de nosotros.

Pero Silvestre, en tan delicados momentos, dio una prueba de enorme tacto político. Fue al fondak, donde se encontraban dichas tropas francesas: El teniente Thirier salió y preguntó despectivamente al teniente coronel qué era lo que quería.

Calmoso, refrenando todas las iras que se sublevaban en su pecho patriota, le dijo Silvestre:

— ¿Pero cómo puedo ser que un señor oficial del ejército francés, con mando de tropas marroquíes, hable así al jefe superior de las tropas cherifianas mandadas aquí por el Gobierno?... Permítame que no lo crea; tengo que suponer a usted un caballero y un oficial conocedor de la disciplina...

Silvestre desarmó con su calma y aplomo al teniente Thirier, quien, instintivamente, se llevó la mano a la visera del kepis...

IV
Silvestre va orientándose. —Sus primeras iniciativas.

Silvestre realizó varias marchas con sus fuerzas en los primeros días de su arribo a la zona, devolviendo la calina con la presencia de España a tan soliviantadas gentes.

A los pocos días mandó al entonces ministro de la Guerra, general Luque, una carta en la cual decía a dicho general:

«Ante todo le significo mi agradecimiento al Gobierno por la confianza que en mi ha depositado al confiarme tan difícil y espinoso cargo.

He recibido sus instrucciones, y ya iré dando cuenta a usted de los movimientos practicados por estas fuerzas y de sus necesidades. En las mismas, hasta la fecha, 7 de julio, no. hemos tenido incidente ninguno ni bajas de personal, consiguiendo con los. itinerarios practicados poner la columna a mis órdenes en condiciones de resistencia que antes no tenía y que eran de absoluta necesidad para evitar contrariedades de cuya responsabilidad he querido eximirme; pues no se ocultará a usted que, tan pequeño número de hombres a 40 kilómetros de su base de operaciones, sin puestos intermedios y con un río a su espalda de la importancia del Luccus, en país doblemente enemigo por la serie de elementos que aquí laboran en contra de España, es peligroso, y nunca sería extraña una sorpresa. Son muy grandes las responsabilidades que sobre mí pesan, y muy sagrados los intereses que a mí se me han confiado, para que toda precaución me parezca poca. Por ello he querido poner a mi gente en las mejores condiciones en el terreno militar, en el que nunca encontrarían disculpa mis errores, ya que en el otro terreno que a este país y a sus complicaciones se refiere, resulta más difícil prevenir, pesando todo directamente sobre el jefe, y estando convencido de que toda práctica es poca, dado el valor moral que aquí tiene hasta el más despreciable enemigo.»

Reconozcamos que Silvestre llegó a Alcazarquivir lleno de entusiasmo, tropezando desde los primeros momentos con no pocos inconvenientes. En principio, fueron los rozamientos con los elementos franceses, quienes, según frase del malogrado caudillo, «querían encerrarnos en Alcázar». En aquellos días en que se debatía la delimitación de nuestra zona (que debió llegar al Sebú), nuestros gobernantes demostraron estar ciegos frente a la realidad... ¡La zona de Larache no perdonará nunca este error!

Levantó Silvestre un croquis del terreno, seguidamente,—que remitió al Gobierno—, marcando la línea divisoria de las zonas de influencia, pues el caudillo había adivinado que nos querían quitar buena parte de la zona, que, en realidad, nos correspondía, con arreglo a los acuerdos del Tratado, invocándonos el célebre paralelo 35. «Tomo como base—decía Silvestre al Gobierno—cinco kilómetros antes del vado del Sebbad, pues aceptar otro punto, o sea cinco kilómetros antes del vado del Neyma, como se pretendía, sería reconocer a «estos señores» el derecho de interceptarnos las líneas de comunicaciones, o sea los caminos con Larache; cosa que, aparte lo intolerable que sería el transigir con ello, envolvería un golpe de muerte dado a nuestra influencia en esta región, pues me permito recordar que el vado de Neyma se encuentra a la mitad próximamente del camino entre Alcázar y Larache, por cuyo motivo atribuyo a error de cifra esta interpretación, pues aceptar lo contrario sería descabellado. Por lo tanto, creo que no habiendo otro camino desde Fez a Alcázar por Wazan que el que pasa por el vado del Sebbab, éste, y nada más que éste, debemos reconocer como base de nuestra delimitación aceptado esto, pues no cabe admitir otra solución.»

Como se ve, Silvestre, en aquellos momentos en que nadie conocía ni aun siquiera cuál era el límite conveniente de nuestra zona de influencia, luchaba y laboraba por España con una alteza de miras digna de elogio.

Propuso al Gobierno la ocupación del monte Gani, «desviando» un poco el paralelo para asegurar la defensa y posesión de Alcázar y hacer acto de presencia en los aduares del kaid Ermiki y demás protegidos españoles influyentes, que, en varias ocasiones, habían solicitado apoyo con el fin de contrarrestar las vejaciones de que eran objeto por parte de las fuerzas francesas. El 13 de julio, parte de la Mejala del Arbáa, unos 200 entre jinetes e infantes, al mando del kaid El Rahali y acompañados de un oficial francés y un suboficial, impusieron duro castigo al aduar El Quema, llevándose a 15 individuos prisioneros. De todos estos hechos tenía conocimiento el Gobierno, y, sin embargo, Silvestre no obraba sin recibir antes de Madrid—en estos sus primeros pasos—instrucciones concretas, que tardaban demasiado, si se tiene en cuenta la delicada situación política que entonces se atravesaba. Es indudable, además, que esto de dirigir el problema desde Madrid—un problema tan complejo y en sus comienzos—, era un peligro evidente para el éxito de la empresa, y creemos que fue parte de la causa de nuestros fracasos.

Desde Madrid se decía a Silvestre, en agosto del mismo año, que ordenase la salida de fuerzas para Larache; obedeciendo a conveniencias de orden político y diplomático, pues las potencias se quejaban (nosotros aseguraríamos que era Francia, por boca de su gran teniente Thirier) de que en Larache no había las fuerzas de policía ordenadas por el acta de Algeciras, y que si ocurriese alguna alteración de orden público, habían de decirnos que no cumplíamos con el deber que Europa nos confió.

Se le ordenó, por lo tanto, que se colocase «dentro de la legalidad» y atendiera sólo a Alcázar. Antes de esto, Silvestre había dado cuenta de la ocupación de la colina de

Abid (situada en la orilla izquierda del Luccus), para contrarrestar la invasión francesa en terrenos como aquellos, en que se ventilaba la delimitación de las zonas respectivas. Al ministro de la Guerra le pareció bien la ocupación; pero «de acuerdo con el Ministerio de Estado», dio orden a Silvestre para que no tomase nuevas posiciones por aquel lado.

Esto contrarió a Silvestre, a quien, justo es reconocerlo, guiaba un vivísimo interés de que la zona española quedase claramente definida.

El ministro de Estado consideraba resuelto el problema, en teoría desde luego. Según los croquis (sobre los cuales se disponen en Madrid tantas cosas absurdas), el camino de Alcázar a Fez por Wanzan a que se hacía mención en el convenio secreto de 1904, era, efectivamente, el que cruza el Luccus por el vado del Sebbab y, por consiguiente, el límite de nuestra zona de influencia, que viene por el cauce del río.

En la práctica, por lo que se refiere a la línea divisoria, ofrecía las dificultades con que tanto luchó Silvestre. El teniente Thirier, de las tropas francesas, recibió orden, como resultado de varias reclamaciones, de internarse unos 20 kilómetros camino de Fez.

Sin embargo de esta orden, seguían cometiendo desmanes las tropas francesas. El tabor extraurbano de Tánger había llegado hasta el zoco El Had de la Garbia, con la sana intención de ir tomando poco a poco aquello como cosa suya. Al tener noticias de ello, el ministro de la Guerra ordenó a Silvestre que ocupara el zoco El Telatza, de Raisana, empleando la fuerza expedicionaria. La ocupación se hizo sin novedad alguna.

Conviene puntualizar todo esto, aclarar lo que pretendía con estos movimientos—dirigidos desde Madrid—el teniente coronel Silvestre, tan tachado ahora de temerario conquistador.

V
Raisuni y Silvestre se encuentran.
—Optimismo del jefe español.

Pronto se estableció contacto entre Silvestre y Raisuni.

Ocupado el zoco Telatza, marchó aquél seguidamente a Arzila para visitar al bajá Raisuni. La entrevista fue afectuosísima. El cherif dispensó a Silvestre y acompañantes cariñosa acogida.

Su ida a Arzila la había efectuado Silvestre acompañado del capitán Ovilo, teniente Lacal y médico Torceira, con la pequeña escolta de un sargento y ocho hombres de los tabores.

Al día siguiente celebró con el cherif una larga entrevistaba la que asistió el capitán Ovilo y el agente secreto del Consulado de Alcázar, Hugo Engerer. Silvestre regaló a Raisuni una caja conteniendo cinco carabinas Máuser, y el cherif le significó su agradecimiento por tan señalado obsequio. Un fusil es el mejor objeto que se 1: puede regalar a un moro. Raisuni rogó a Silvestre transmitiese sus más expresivas gracias al Gobierno de Su Majestad por el regalo.

El cherif y el caudillo hablaron extensamente de la política que había que seguir, de la íntima colaboración que habían de prestarse. Raisuni ofreció su ayuda decidida rara afirmar nuestra influencia en su bajalato, de importancia enorme, pues que comprendía entonces desde las puertas de Alcázar a las de Tetuán. También hizo resaltar al caudillo lo perjudicial que nos era consentir por más tiempo la estancia de los franceses en el zoco el Had de la Garbia, a una hora de Arzila, adonde iban dos veces por semana para pagar las muñas a la guarnición y aprovisionarse«En estos pagos—decía Raisuni—siempre existen filtraciones, de acuerdo con los caídes, y difíciles de comprobar, siendo exacta la substitución de askaris por obreros para acreditar el efectivo asignado.» También insistió Raisuni en la necesidad de que ocupásemos el zoco el Tzenin, a dos horas de Arzila, para obligar a los franceses a que se retirasen del zoco el Had, colocar un puesto en Cuesta Colorada y alejar a aquellas tropas a los quince kilómetros, que era, a final de cuentas, su radio de acción desde Tánger.

El cherif pidió igualmente a Silvestre que España se encargase del pago de la guarnición de Alcázar y Arzila, dando con ello un golpe definitivo a la influencia francesa en esta zona y terminando de una vez con la ridícula pretensión de sostener en Alcázar un caid y sus hombres prisioneros de nuestra fuerza.

Prometió Raisuni la libertad de unos presos de Anyera, por los cuales había intercedido el gobernador militar de Ceuta, pidiendo la reciprocidad para la entrega de sucesivos delincuentes. Ello había de dar motivo al envío de patrullas de una a otra región, habituando a los indígenas a nuestra presencia, que, afortunadamente, no había sido vista con desagrado.

Dando cuenta al Ministerio de la Guerra de esta visita, decía Silvestre: «Mi impresión personal es que Raisuni nos sirve por ahora con lealtad, que lo trabajan sin cesar los franceses para atraérselo a su causa, por lo que no debemos perder tiempo y aprovechar su incondicional ayuda, recogiendo el fruto de lo hasta ahora concedido a este bajá; si no perdemos el tiempo, evitaremos que al fin, como buen moro, se sienta venal y cambie de amo.

Aprovechando las complicaciones que hoy amenazan a Francia con las exigencias y actitud sospechosas de Alemania, debemos ocupar cuanto antes el zoco el Tzenin y establecer el puesto de Cuesta Colorada, a veintidós kilómetros de Tánger, fundándonos para esta determinación en las mismas razones en que se apoyan los franceses para establecer un puesto en el zoco el Had, fuera de su zona, y con el pretexto de garantizar la seguridad de los caminos que no la ofrecen, según me lo confirma el propio Raisuni.

Enviar un suboficial de la Policía de Larache como instructor a Arzila para el pago e instrucción de la guarnición, evitando filtraciones en el pago délas muñas, que podía ser el mismo del zoco el Telatza, i elevándole por la sección de infantería, y la fuerza del tabor a sus órdenes, ocuparía Cuesta Colorada, a veintidós kilómetros de Tánger y, por consiguiente, en nuestra zona.

Esta extensión parece entre los más elementales principios militares extensísima, más el deseo que he comprobado por el país de vernos en lugar de los franceses, el apoyo hoy nada dudoso del Raisuni y la seguridad de tener afectos a nuestra causa a los principales caídes de las cabilas de la parte montañesa al Este de estas posiciones, me afirma en la idea de que el éxito acompañará estas ocupaciones, permitiéndonos en breve plazo poder recorrer con una columna volante las distancia entre las posiciones ocupadas; y si entre éstas se mantiene la tranquilidad y sumisión de hoy, nos permitiría llevarlas a efecto hasta el Fondak de Ain-Yedida, puente del Busfeja y el mismo Tetuán.»

Al campamento de Sidi-Aisa, en Alcázar, que ocupaba Silvestre, llegaban continuas cartas del ministro de España en Tánger, señor marqués de Villasinda, que tan importante papel desempeñó en aquellos días en el desarrollo de la política raisuniana. Las primeras cartas eran cariñosas felicitaciones para el teniente coronel Silvestre por su acierto en las primeras gestiones, pero sin dejar de recomendarle tacto y prudencia. Villasinda no tenía, sin embargo, gran confianza en Raisuni desde el primer momento. Recomendando a Silvestre intercediese para obtener la libertad de nueve anyerinos que tenía presos el cherif, le decía: «Vea usted de que se hable a Raisuni de parte mía para rogarle que dé libertad a esos nueve anyerinos que tiene presos, a los que atribuye no sé qué fechorías, siendo así que los de Anyera han dado por su libertad a nueve de Wad-Rás que tenían detenidos. Sobre este asunto hicieron ya indicaciones a Raisuni los oficiales españoles que le visitaron, quienes me dicen le vieron dispuesto a acceder si yo se lo pedía. Convendrá, sin embargo, tantear primero el terreno con cierta diplomacia, no vaya Raisuni a desdecirse y a negarse.»

A todo esto, los instructores franceses continuaban entrando en Alcázar de uniforme, con sus ordenanzas;

cruzaban las calles del pueblo con aire autoritario, ejerciendo sobre los moros todas las coacciones que les era posible realizar. Silvestre, con bastante tacto, iba esquivando lo mejor posible los rozamientos, no sin dar cuenta de determinados casos y pedir reiteradamente se le delimitase la zona para dar un escarmiento al teniente Thiriet, a quien deseaba poner a raya.

Por fin Silvestre, a primeros de septiembre, recibió noticias de que el "Ministerio de Estado había rogado al ministro de Negocios Extranjeros en París se notificase al teniente Thiriet cuál era su misión en la frontera del Luccus.

VI
Silvestre empieza a equivocarse.

Un punto hubo, sin embargo, en que Silvestre, llevado de su espíritu de justicia, invadió terreno que, teniendo en cuenta los arraigos en usos y costumbres del país, debió respetar. La Prensa francesa lo aprovechó bien, y unido ello a los acontecimientos anteriormente relatados, publicaba informaciones verdaderamente tendenciosas.

Silvestre prohibió al kadí, nadir y almotacén de Alcázar que extendiesen documentos sobre la compra de casas sin su previo conocimiento, particularmente cuando se tratase de locales ocupado por las fuerzas españolas. Esto al parecer dio motivo para que *Le Temps* publicase en 13 de agosto un telegrama procedente de Tánger, foco del colonismo, afirmando que Silvestre «había prohibido al caid de Alcázar dar ninguna sentencia, al Nadir no administrar las fundaciones pías y al almotacén no tomar ninguna disposición sin consultarle. En su vista, El Mokri declaró a dicho periódico que, en efecto, tenía la confirmación de esa noticia por medio de un telegrama del ministro de la Guerra del Sultán, El Guebbas, a la vez que le anunciaba haber hecho una enérgica protesta al Cuerpo diplomático y al ministro de España en Tánger. Según El Mokri, tales actos por parte de Silvestre podían ser motivo de un levantamiento en toda Yebála.

Como es natural, rápidamente y todo alarmado el ministro de Estado requirió informes de Silvestre, a la vez que se le prevenía estuviese alerta contra cualquier agitación que pudieran fomentar elementos extranjeros internados en promover conflictos para dificultar nuestras gestiones políticas en Europa.

Nada ocurrió, afortunadamente

Procuraba Silvestre, a pesar de sus errores de tacto político, trazarse una línea de conducta llena de aquel hondo patriotismo que el malogrado caudillo ponía en todas sus empresas.

Preocupándole la verdadera delimitación de las zonas de influencia, cosa que llegó a constituir en él una obsesión, el 24 de agosto hizo una incursión acompañado de los capitanes de Estado Mayor, ingenieros y Artillería que constituían su Cuartel. Les escoltó un escuadrón de Vitoria, acompañándoles el agente del Consulado de Alcázar, Engerer, como práctico.

La incursión fue dirigida hacia el vado del Sebbab, desde el cual bajaron siguiendo el curso del Luccus, comprobando que el monte Gani, cuya situación dentro de una u otra zona se discutía, era nuestro en absoluto. La mejala de Thirier tuvo que retirarse a 15 kilómetros. En el gran recorrido efectuado dicho día, llegaron a 55 kilómetros de la costa, atravesando por muchos y grandes poblados de la zona montañosa del Luccus. Los cabileños recibían afectuosamente el paso de nuestras fuerzas, mostrando en ello gran satisfacción. El caudillo no ocultaba su alegría.

Y al dar cuenta de los resultados de su reconocimiento acerca de la pertenencia del monte Gani, decía a la superioridad: «En este recorrido se nos han mostrado las cabilas con toda la satisfacción que ven a nuestras tropas; y teniendo presente la campaña que en todos momentos desarrollan nuestros eternos enemigos aprisionando en nuestra zona de la orilla izquierda y haciendo ostentación de su autoridad a todo el que pueda sernos afecto; a los soldados del Raisuni, cuatro de los cuales barren hoy su campamento como prisioneros; la nefasta labor que lleva a cabo el periódico *Es-Saada*, que reparten profusamente por Marruecos, y su política constantemente desleal, estas manifestaciones espontáneas, prueban de un modo elocuente el arraigo que bien pronto tendremos en este país, aprovechándonos de estas simpatías, nada dudosas en atención a que, forzado el moro a tener un nuevo amo. se decida por el menos odioso.

Conviene, por lo tanto, ejercer de un modo claro para las cabilas nuestra influencia, evitando que vean tibieza por nuestra parte o que nuestras determinaciones no sean claras y terminantes; prohibiendo que Raisuni cobre tributos exagerados que aumentan sus soldados con su insaciable afición al robo, todo ello corregido en la zona francesa por imponer las contribuciones los mismos instructores, lo que les da influencia decisiva, con menoscabo de la nuestra. Es necesario, también, atender mi propuesta a favor de los suboficiales de la Policía, dando el empleo a buen número de ellos que podría ser la mitad, enviándolos a mis órdenes con el fin de disponer de tan útiles colaboradores para la organización de fuerzas indígenas con las que, sin miedo a complicaciones, dado el ambiente creado por el radicalismo en España, haría efectiva nuestra protección sobre las cabilas, imponiéndolas el orden con elementos del país y acrecentando nuestra influencia de un modo efectivo. De no decidirnos a emplear los medios que me permito aconsejar, poniendo a mi disposición el cuadro de instructores verdaderamente exiguo que solicito, me temo que, cuantos esfuerzos haga, nos dará resultados ficticios, *porque al moro hay que hablarle en su idioma y conocer sus costumbres* para hacer su conquista y traérnoslo definitivamente a nuestra causa.»

Ya marcaba Silvestre en estos informes su tendencia a librar al país del yugo de los tributos de Raisuni, aunque por otra parte se muestra de acuerdo con la necesidad de respetar las costumbres y seguirlas.

VII

Las primeras desavenencias entre Silvestre y Raisuni,

Raisuni cuidaba desde un principio de hacer, o simular al menos, buenos servicios a España, presentándose a nuestros ojos como buen confidente y amigo.

Recogió ciertos rumores sobre trabajos realizados por los chorfas de Wazan, y los comunicó a nuestra Legación de Tánger. «Han llegado a mi conocimiento—decía—los trabajos realizados por los chorfas de Wazan para soliviantar a las cabilas de la región, entre las cuales se cuentan Rehona, Mesmuda, Guezana, Zaesar y Bui Mesara.» Los referidos chorfas convocaron asimismo a gentes de Ajamas, Beni Zerual, Beni Hamed y otras, y cuando todas juntas estuvieron reunidas en Wazan, celebraron una reunión en la zauia de Sidi-Ahl-Serif; y después de juramentarse para guardar el más absoluto secreto sobre todo lo que allí se tratase, uno de los jerifes dirigió la palabra a los demás y les dijo «que como el plan de los españoles fuera enseñorearse de toda aquella comarca, urgía impedírselo». Al efecto, propuso, a manera de estratagema, simular un ataque a Wazan seguido de sumisión a los españoles que, con objeto de defender a esta ciudad, acudirían a ella. Una vez conseguido el objeto de despistar la opinión, y de debilitar la guarnición de Alcázar, se efectuaría un asalto nocturno a esta población y una matanza general de españoles.

Los reunidos preguntaron entonces cuál sería la actitud del Majzen ante semejantes proyectos, y entonces se les .dijo el Majzen no solo estaba de acuerdo con todo, .sino que facilitaría armas y municiones, aunque de modo disimulado y por «bajo cuerda».

Del propio Raisuni también dijo a los reunidos el que hablaba que no podía intervenir directamente por impedírselo su carácter de gobernador, con el cual no podría intervenir en un movimiento como el que se trataba de preparar, sin que su ingerencia se atribuyese a instrucciones del Gobierno imperial.

Preguntaron los cabileños de dónde podrían obtenerse los caballos necesarios para el plan, a lo cual los chorfas contestaron que todos aquéllos de que ellos disponían y que se hallaban esparcidos en las diferentes cabilas, serían puestos a disposición de los conjurados y reunidos para ello, y en el momento oportuno, en la mejala cherifiana.

El Raisuni terminaba su carta diciendo que todos los cabileños se separaron después de comprometerse, bajo juramento, a llevar a cabo en el instante oportuno todo lo expuesto, asegurando ser exactas tan inquietantes noticias por haber mandado él a veinte individuos a Wazan para averiguar qué ocurría. También afirmaba haber convocado a los jefes de las principales cabilas de su Gobierno, para ordenarles no se dejasen arrastrar por los chorfas y aconsejaba al Gobierno español tuviese muy presente sus medidas en evitación de sorpresas y conflictos.

El cherif repetía sus protestas de amistad hacia el Gobierno de Su Majestad; pero el ministro en Tánger no concedía gran importancia a estas confidencias que consideraba fantásticas, achacándolas, al transmitirlas al Gobierno, al «empeño de Raisuni de exagerar la importancia de sus revelaciones para hacer valer sus servicios y su amistad hacia España».

VIII

Silvestre, protector de los desvalidos.

Silvestre, hombre impulsivo, corazón recto y justiciero, no se avino, desde un principio, a tolerar los desmanes que usando—y abusando, indudablemente—de su autoridad, cometía Raisuni con los indígenas de su extensísimo bajalato.

Hartos, por otra parte, buen número de cabileños de sufrir las expoliaciones del cherif, y apercibidos de la nobleza y cariño con que el teniente coronel Silvestre escuchaba a todos los moros que hasta él acudían—hablándole sentidamente del amparo que España venía a concederles —, fuéronse presentando sucesivamente al caudillo gentes del país con prolijas reclamaciones. Agobiados de impuestos por el bajá y sus agentes, los indígenas acudieron a nuestros tabores.

Y en los primeros días de septiembre, esto es, a los cuatro meses escasos de nuestra ocupación, Silvestre tuvo que decir al Gobierno:

«Las innumerables quejas ante mí presentadas por gran número de representaciones de aduares me obligaron a aconsejarles no hicieran efectivas más contribuciones «fardas» que las debidamente autorizadas por carta del Sultán, fundándome para ello en la bárbara expoliación de que son objeto, y para contrarrestar los efectos de la política francesa del otro lado del Luccus, que nada cobra ni permite cobrar, poniendo en situación difícil y airada a estas fuerzas que permiten abusos de tal índole a su inmediación; así lo he hecho saber a Raisuni, quien hace varios días no contesta a ninguna de mis cartas. Dicho cherif, en lugar de corregir los abusos de sus soldados, continúa llevándolos a efecto, presentándoseme en este momento un hijo del chej de Ulad-Muza, en queja de haber sido encarcelado su padre y arrasado el aduar por los soldados de Raisuni ante la negativa del chej de que no podía cobrar tributos indebidos.

Creo que para terminar de una vez con esta situación, poco clara y tan expuesta a rozamientos, e impedir que los soldados de Raisuni continúen abusando, es necesario se me autorice a establecer en Arzila un suboficial con dos clases y dos soldados del tabor de Larache, a fin de que paguen las muñas y vigilen.»

Los desmanes de la gente de Raisuni para el cobro de impuestos caprichosos continuaban, y Silvestre, que tenía noticia de que era muy otra la conducta que seguía el cherif en la parte de zona francesa comprendida dentro de su bajalato, volvió a telegrafiar al Gobierno dando cuenta de ello: «Me informan que Raisuni castigó otro aduar y temo continúen los atropellos. Conducta abusiva Raisuni en nuestra zona contrasta con la seguida zona francesa de su bajaíato, donde sus soldados son «paleados y arrestados por los franceses al querer cobrar impuestos. Esto nos merma influencia, no dudando que, cansadas cabilas, trasladarán sus aduares orilla izquierda Luccus. Considerando urgente resolución ruego instrucciones telegráficas para celebrar entrevista Raisuni y proponerle a semejanza Francia pago por España tributos exija Sultán su bajaíato, indemnizándose España interviniendo tributos moderados cobrados por guarniciones moras de Alcázar y Arzila.»

Juzgando serenamente los acontecimientos, sin apasionamientos ni rencores, tenemos que reconocer que la situación política por que atravesaba la zona en aquellos momentos, era bien difícil. Se colocaba a Silvestre (todo patriotismo, todo entusiasmo por su carrera militar y por la obra que España había de desarrollar aquí, obra que él creyó a impulsos de un romántico quijotismo, que debía encaminarse a contrarrestar los arraigados apetitos de Raisuni y sus gentes, que expoliaban a los indígenas frente a gentes sin concepto del más elemental sentimiento de humanidad, ni conocimiento de los usuales respetos. Bien es verdad que, por nuestra parte, como elementos civilizadores, debíamos desplegar en aquellos instantes toda nuestra paciencia, toda nuestra abnegación para ir desarrollando una política de tacto exquisito, de contemporización. Se debió procurar ir desterrando, poco a poco, añejas costumbres administrativas del país que, si bien eran una remora para la implantación de nuestra obra, estaban tan arraigadas que sólo nos dejaban dos caminos a seguir para proceder contra ellas: o la obra laboriosa, de paciencia y abnegación a que nos referíamos, o colocarse frente a ellas dispuestos a suprimirlas a todo trance.

Conociendo a Silvestre (yo tuve el honor de servir entonces a sus órdenes y conocía bien su carácter), fácilmente se colige que el malogrado general, guiado siempre de su espíritu rectilíneo, optase por enfrentarse con la situación, dispuesto a cortar los desmanes de que tanto se le quejaba buen número de indígenas, hartos de soportar los impuestos onerosos del cherif.

Veamos, si no, la carta que en 6 de septiembre, confirmando el radiograma antes preinserto, dirigía al ministro. Es muy conveniente dar a la historia estos datos para que se pueda juzgar la labor de Silvestre con respecto a Raisuni—actuación tan discutida—no por caprichosos ataques periodísticos, sino inspirándose en los detalles reales y hasta en los más nimios en que el espíritu de Raisuni y el recio temple militar de Silvestre asoman en estas páginas:

«Excelentísimo señor: Tengo el honor de elevar a vuecencia las debidas aclaraciones a mis radiogramas de ayer y de hoy respecto a las duras medidas impuestas por Raisuni a varios cheijs que se negaron a entregar a sus soldados las «fardas» con que los agobia dicho bajá.

Las numerosas quejas y protestas hechas ante mí por un sinnúmero de representaciones de estas cabilas, la evidencia de que estos aduares están dispuestos hasta a abandonar la región, pasándose a la otra orilla, en vista de que en ella están exentos de tributos y son bárbaramente apaleados y presos los soldados de Raisuni que intentan hacerlos efectivos, mas el natural deber de impedir a todo trance que nuestro prestigio quede ante las cabilas en situación tan desairada, y en la seguridad que evitaba un levantamiento de las mismas contra Raisuni, aconsejé no pagasen más impuestos que los que fuesen autorizados con carta del Sultán, requisito indispensable para que éstos sean legales y así se eviten los abusos de los cheijs y soldados del bajá, aumentando de paso nuestra influencia y afrontando de una vez la situación para saber el grado de amistad y hasta qué punto nos podemos fiar de sus protestas de afecto y lealtad, empleando para ello con,.de toque la cuestión metálica; extremos perfectamente comprobados, vistos los atropellos llevados a cabo en las personas y familias de los cheijs y la indiferencia que le merecen nuestras cartas y reclamaciones desde hace quince días.

Comprendo que mis consejos a los querellantes *han sido un poco atrevidos*; mas, ¿qué camino me quedaba: Abandonarles en absoluto, con el consiguiente perjuicio para el nombre de España y de nuestra influencia, no poniendo un remedio a las deserciones, mejor dicho, huida de esta zona de los aduares por falta de protección contra el amo que brutalmente los despoja? Creo, pues, que mi solución fue la que procedía y la más apropiada a destruir los manejos de nuestros enemigos de siempre, con cuya medida impido que, a semejanza de lo ocurrido en Melilla, y obedeciendo a instigaciones francesas, *los primeros tiros no sean contra nosotros y sí contra Raisuni,* dándonos motivo, en todo caso, para intervenir, imponiendo el orden, extendiendo de paso nuestra zona, nunca ven mejor ocasión.

Para terminar de una vez con esta ambigua situación y aclarar por lo menos la nuestra respecto a las cabilas permitiendo que puedan contrastar lo beneficioso de nuestra actuación, *procede establecer un* modus vivendi *con Raisuni,* por lo menos en lo que se refiere a su bajalato, y mientras se acuerda entre Francia y España la norma de conducta o libertad de acción de cada una en su zona de influencia.

La solución consiste en copiar el procedimiento de Francia, entregando al Raisuni el total importe de los impuestos legales del Sultán, mas una prima de compra a cambio de nuestra exclusiva intervención en el cobro de los tributos del bajalato, empleando para ello las guarniciones de Alcázar y Arcila que se constituirían en verdaderos «gums», y con ellos, en breve, nos apoderaríamos en absoluto del bajalato quedando a nuestra merced el cherif; pues tanto Jolot como Anyera, envidiarían pronto los beneficios de su vecina y *ayudados por tena política de atracción bien dirigida, no regateando las protecciones en el monte a los moros de verdadero prestigio e influencia,* de cuya voluntad nos apoderaríamos; por el contrario, quebrantado el ficticio poder de este dudoso cherif y su libertad completa, sin temor a los yebalas, cuya tranquilidad y sumisión compraríamos con la supresión de los onerosos tributos, nombrando e imponiéndoles otro cherif que sería nuestro instrumento. *Esta política no es onerosa, pues se reduciría a simple adelanto del que nos resarciríamos en dinero y hombres que nos darían de buen grado las cabilas ahorrando a España sangre, sacrificios pecuniarios, alteraciones de orden público y quizá un fracaso.*»

Como se ve, íbamos a pasos agigantados al rompimiento con Raisuni. Silvestre que apreció bien cual debía ser la orientación política, no se avenía a desoir las quejas que recibía continuamente de los cabileños. Días después de cursar aquella carta al ministro, el jefe de la posición de Telatza de Raisana, un soboficial, don Miguel Gimeno, daba cuenta a Silvestre de la situación de aquellas cabilas: «La impresión dominante—decía — en los moros de los aduares de la proximidad, y, muy particularmente, los de Ben-Daued, que por considerarse inmediatos a este campamento, se consideran protegidos por nosotros, es de desagrado por las sumas de dinero que con frecuencia les hacen pagar en nombre de Raisuni y la amenaza que pesa sobre ellos de que, al producir una queja a Usía, serán metidos en la cárcel. Anteayer se me presentaron también los moros de Sidi Albal y El Arbi, a suplicarme intercediera con su chej para que les eximiera de cierta cantidad que les exigían en vista de estar ellos a nuestro servicio, como efectivamente es verdad, pues uno es el dueño del gaitón aquí establecido, y otro es el que nos aprovisiona de cuanto necesitamos.

Al efecto que deseaban, llamé al chej, al cual rogué exceptúase del pago a los referidos moros, contestándome que no era posible por tratarse de efectuar una costumbre establecida de regalar un toro al cherif, a cuyo efecto me enseñó la carta en la que le ordenaba el Raisuni hiciese la recogida de dinero. Transigí porque pagasen los citados individuos, en vista de tratarse de un regalo de costumbre, pero anuncié a dicho chej que, en lo sucesivo, y mientras estuviesen a nuestro servicio, no volverían a satisfacer ningún tributo. Me expuso sus temores de que su conducta benigna, como yo le recomendaba que fuese, diera lugar a que Raisuni le castigase, metiéndole en la cárcel como ya ha hecho con otros. Como pudiera ocurrir, y creo no ha de tardar mucho, en que, agobiados Jo ; moros de estos aduares por tantos tributos y creyendo encontrar en nosotros un medio de defensa para eludir el pago, se presentarán a mí para que los proteja, y como es muy posible que esta actitud de los moros diese lugar a que el cherif quisiese castigarlos, como ya les ha anunciado, produciéndose desórdenes, le ruego me indique qué debo hacer llegado este caso y qué conducta he de seguir cuando estos moros soliciten mi ayuda.»

Es innegable, que el mando por el terror, por el miedo a las duras represalias que el cherif tomase por rebeldía en el pago de los tributos, era el que imperaba en las cabilas. Lo prueba, bien a las claras, el informe del suboficial Gimeno y cuantos otros de igual calidad recibía Silvestre en aquellos días. Pero no obstante su criterio personal, su indignación por estas expoliaciones, con las que Silvestre quería terminar seguidamente, el caudillo contestaba a todos: « *Que en la imposibilidad de darles de momento instrucciones para evitar los castigos y onerosos tributos que imponía el Raisuni, les hacia muy presente la necesidad de mantenerse en una neutralidad absoluta* y de llevar nuestra intervención, cuando fuere solicitada, de manera que no creyese Raisuni que apoyábamos la negativa de los moros al pago de tributos, *ni que éstos a su vez se creyeran abandonados por España en su justa protesta»*

Esperaba el caudillo la resolución del Ministerio de Estado en este asunto tan importante como delicado. Urgía la contestación. Silvestre hizo algunas gestiones para que el cherif procurase armonizar los intereses propios con los de los asendereados cabileños. No tuvo respuesta y, por el contrario, Raisuni persistía en cobrar los impuestos hasta en los aduares situados al abrigo de nuestros campamentos, creándonos una situación verdaderamente insostenible.

Otro nuevo intento hizo Silvestre enviando a Arzila, para que se entrevistase con Raisuni, a nuestro agente secreto en Alcázar, Hugo Engerer, buen amigo del cherif.

A la vez, y dándose cuenta perfecta de la gravedad del momento, Silvestre telegrafiaba al ministro de la Guerra notificándole que, caso de persistir Raisuni en su actitud y nos ocasione un conflicto, eran escasísimas las fuerzas y elementos de que disponía. Necesitaba organizar los «gums» y pedía artillería. El espectro de la guerra aparecía en el tranquilo horizonte marroquí.

Al fin, en 14 de septiembre, el marqués de Alhucemas ordenaba al ministro de España en Tánger:

«Importa averiguar el estado de espíritu de las cabilas vecinas de Alcázar después de las últimas noticias recibidas, y si V. E. estima que para evitar un cambio de actitud del Raisuni y disipar el mal efecto que haya causado en su ánimo las determinaciones adoptadas sobre el cobro de los impuestos, es útil facilitarle alguna cantidad a título de indemnización o anticipo, hágalo, usando sin más espera de la autorización concedida.»

El marqués de Villasinda dio conocimiento seguidamente a Silvestre de la disposición del ministro de Estado y le pidió nota de las sumas que podían facilitarse a Raisuni para concertar con él un arreglo momentáneo; pues de suponer es, el efecto que al cherif causaron las medidas adoptadas por Silvestre, aconsejando en principio a algunas cabilas que no pagasen tributos al bajá de Arcila.

Antes como ahora, nos sometimos al cherif. El dinero de España empezaba a correr por las manos de Raisuni en unión del que, a su vez, imponiendo su omnímoda voluntad, sacaba a las cabilas. ¿Era esta la misión de España? ¿Era en cambio, la que Silvestre quería encauzar por los derroteros de la justicia, al querer defender a los indefensos cabileños de la zona, de los apetitos insaciables del Señor de la montaña?

IX
Indecisiones en Madrid.

Silvestre seguía desconfiando. Desde Madrid, el problema de la zona occidental se planteaba muy mal. El prestigio de Raisuni había de adquirir, andando el tiempo, el incremento que últimamente tomó.

Como decíamos, Silvestre desconfiaba de que se pudiese continuar por los caminos de la paz. El día del rompimiento tendría que llegar. Y no queriendo estar desprevenido, luchaba denodadamente con el expediente y las dudas del Ministerio.

A mediados de septiembre, decía al ministro de la Guerra: «La dilación en enviarme los elementos que pido para dar mayor potencia a las posiciones que me aseguran la posesión de Alcázar—total ocho cañones Saint Chaumond con sus sirvientes, sin ganado (1) —, la tardanza en autorizarme a organizar los «gums» o fuerzas que han de constituir las guarniciones de Arzila y Alcázar, el no ascender a los suboficiales que lo merezcan y estén en condiciones, poniéndolos a mi disposición para aprovechar, en bien de España y de nuestra influencia, tan útiles colaboradores, recompensando de paso sus desvelos y la dura labor de cuatro años, personal que subsanaría en parte el defecto de que adolece el mando de estas fuerzas al no disponer de un cuadro que, por el conocimiento que posea del país, sus costumbres e idioma, facilita y hace viables y fáciles operaciones que serían un fracaso por falta de preparación política, tan necesaria en este veleidoso e intrincado país; el retraso en recibir los recursos que he pedido, para mejorar la situación de estas fuerzas y asegurar sus líneas de comunicaciones, son motivos que harán más difícil la honrosa misión a mí encomendada; pues no hay que olvidar las insuperables dificultades de la «barra» de Larache para el desembarco, y las del camino para el transporte; y aunque mi voluntad está en absoluto al servicio de este honrosísimo puesto, me permito significar que el tiempo perdido en este país es irreparable; y que, si bien la reunión llevada a efecto en Wazan por los chorfas no dio los resultados que se esperaba por sus organizadores, es un síntoma que conviene tener presente , tanto por el efecto que pudiese producir en España un

---

(1) Recordamos que nuestras tropas de desembarco en Larache; llevaron sin ganado, a Alcázar, los cañones que traían, pasando las fatigas que se puede suponer.

levantamiento, como por la importancia que en sí tuviera.»
(2)

La imprevisión nos acompañó siempre en nuestras empresas africanas. Ayer, como hoy, andaban así las cosas. Si el levantamiento que se preparaba en Wazan, confirmado después, hubiese llegado a realidad, España hubiese

Fracasado en su intervención en esta zona, sorda a las voces de la historia, a nuestro fracaso primitivo aquí, cuando los moros nos apresaron dentro de la ciudad en 1689 y nos condujeron a las mazmorras de Mequinez; sorda al fracaso de Portugal en estas mismas llanuras, en que Fernández Silvestre, con un puñado de hombres, abandonado del Gobierno, quería imponer el imperio de la justicia y librar a los cabileños de las garras del buitre insaciable...

Pudo ser un fracaso rotundo de quienes enviaron a iniciar la política hispano marroquí en la zona de Larache y corazón de Yebala, concertada en los tratados, a un militar de cuerpo entero, en vez de haber mandado a un hombre político, o mejor dicho, dúctil a todas las habilidades que problema tan complejo y trato con estas gentes requiere. Pero Silvestre, convencido de su papel brillante, así recogía y exponía su situación frente al país a pacificar a los directores de dicha política.

Y como ya decíamos, ¡va tanta diferencia de dirigir este problema desde un cómodo despacho, desconociendo el país y la psicología indígena, a dirigirlo sobre el terreno, sufriendo de cerca los inconvenientes y las desventajas!

---

(2) Caravanas de camellos eran la «intendencia» que aquellos días aprovisionaba a la columna Silvestre de municiones y víveres.

El 15 de septiembre, el gobierno decía a Silvestre: «Prensa francesa propaga arbitrariedades e ingerencias de las luchas que sostiene con Raisuni, predisponiendo habitantes país contra nosotros. Conceptúa Gobierno exageradas las noticias, pero circunstancias excepcionales porque atraviesa Península y las negociaciones diplomáticas que sobre nuestros derechos Marruecos sostiene en estos momentos con fortuna nuestro ministro Estado, aconsejan observar gran circunspección y prudencia. En breve tendremos camino despejado para bien emplear sus iniciativas.»

X
Un «método» de gobierno

Y seguían, a todo esto, las quejas de los cabileños. Un delegado de Raisuni había confiscado en el aduar Ramla de Beni Mesala una gran partida de cabras. Desde antiguo, los aduares de Ramla y Beni Mesgud sostuvieron frecuentes luchas por rivalidades de los chejs. Ramla nunca consintió estar bajo la autoridad de un chej de Beni Mangud, Raisuni, en aquellos días, había sustituido al chej de Ramla por uno de Beni Mangud. Cuando éste recibió su nombramiento (era amigo de cherif, quien pensó le haría un buen papel en el aduar interpretando sus manejos), convocó a la gente de toda la fracción para leer la carta de Raisuni. Dejó de asistir gran número de habitantes de Ramla, descontentos por el nombramiento. En su vista, el chej, revestido de su autoridad, castigó duramente a los disidentes quitándoles el ganado, del que envió al cherif una buena parte.

Pocos días después, el Raisuni envió el chej municiones y elementos para que se defendiese de los posibles ataques de aquella gente que, harta de su yugo, se aprestaba a hacer justicia. Y, en la creencia de que España influiría por la devolución del ganado robado, las gentes del aduar hicieron ante nosotros grandes demostraciones de españolismo.

Todas las quejas, reclamaciones y desmanes de Raisuni y su gente, que llegaban a conocimiento del general Silvestre, avivaban su animadversión hacia el cherif. Éste se quejaba a nuestro ministro en Tánger de la actuación de Silvestre. Lo que produjo peor efecto en el ánimo del cherif fue su intromisión sobre el pago de los tributos, y decía al ministro de Tánger que «si esto sucedía entonces, qué iba a pasar después».

Raisuni, en una de sus cartas al marqués de Villasinda, achacaba cuanto sucedía a que Fernández Silvestre se dejaba llevar por los consejos de los caídes de Alcázar, alguno de los cuales eran enemigos del cherif.

El marqués de Alhucemas, sin embargo, se dio cuenta de lo difícil que era reprimir rápidamente, como quería hacer Silvestre, el pago de las contribuciones que imponía el cherif a las cabilas; pero, no descuidando por otra parte lo que significaba para nuestro prestigio el dejar a los agentes moros cobrar caprichosos impuestos, allí donde llegaba nuestro radio de acción, aprobó en principio lo acordado por Silvestre sobre el cobro de aquellos tributos, de acuerdo con nuestro Gobierno, pero indicando que debían llevarse a la práctica paulatina y gradualmente y con el más exquisito tacto y todas las precauciones necesarias para que no se modificase la favorable actitud del Raisuni en pro de nuestra política dentro de su bajalato.

Al comunicar esta resolución a Silvestre, le decía el ministro de Tánger: «Dadas las presentes circunstancias de momento, resulta indispensable obrar con toda prudencia en la cobranza de los tributos, a fin de evitar que, por conflictos locales que dicho a suscitarnos, venga a hacerse más difícil el feliz resultado de las gestiones diplomáticas que en Europa se practican.

Convendrá y aún será preciso, que en los momentos presentes procure con todo tacto disipar cualquier recelo que pudiera haber surgido en el ánimo del Raisuni, tratando con él de llegar a una fórmula que le aquiete y a la vez satisfaga las necesidades de nuestro prestigio político. Para tal fin, y dado que una visita de usted al Raisuni podría dar origen a comentarios que es menester evitar, sería acaso preferible que se valiese de intermediario de toda confianza. En cuanto al anticipo de impuestos, el gobierno no tiene inconveniente en ofrecerlo, pero habrá de proponerse de momento tan solo por cuanto concierne a los aduares más próximos y Alcazar y Larache, donde por la presencia de nuestras tropas o por su vecindad inmediata, *resultaría un positivo desprestigio para nuestra causa el permitir abusos por parte de los agentes moros encargados de cobrar contribuciones.*» Y se le pedía una lista del importe del anticipo para elevarlo a la aprobación del Ministerio.

XI
Raisuni abre recluta. — Su enemiga a Sayag.
—Una carta del cherif

Las confidencias que llegaban a la Legación de Tánger y al mismo Ministerio de Estado en los primeros días de septiembre de 1911 sobre la actitud del Raisuni, eran en verdad alarmantes. Se aseguraba que Raisuni había ordenado la reunión de una harca compuesta por individuos de todos los aduares de su mando; se ignoraba contra quién. La mayoría aseguraba que era contra Silvestre; otros aseguraban que iba contra el aduar de Ramla, rebelde al cherif. En las confidencias se decía que Raisuni exigía además dos pesetas cincuenta céntimos por individuo.

El Ministerio de Estado pedía informes, y Silvestre los envió diciendo que todas sus impresiones le permitían desmentir tales referencias; y que, para aclarar varios asuntos pendientes, le sería muy conveniente se le autorizase para entrevistarse con el cherif.

En efecto, y coincidiendo con los informes que dio a Estado el Caudillo, nada de momento sucedió; pero pudo comprobar, días después, que los manejos del Raisuni no eran muy claros. Su odio contra el Jalifa de Alcázar, Ban Asayag, que tan lealmente servía a España, no tenía límites. Era hombre que no servía al cherif para sus manejos, pues no cumplía los caprichos de éste, que ha menudo le indicaba la adopción de ciertas medidas que, conocidas por Silvestre—a quien el Jalifa atendía siempre—no llegaban a la realidad por atrabiliarias.

Raisuni, conocedor de esto, tenía especial empeño en destituirle, dando lugar a que Silvestre enviase un propio a Arzila pidiéndole que no tomara tal determinación, pues que eran muy útiles a nuestra actuación los servicios del Jalifa citado. El cherif mandó llamar a éste a Arcila, sin duda para hacerle algún daño, y Silvestre, temiendo esto, se opuso al viaje.

Pocos días después, y lamentándose de ello, escribía Raisuni a Silvestre la siguiente carta: «Siempre la felicidad al Señor respetable y juicioso, el querido coronel Silvestre.

Llegó tu carta, diciendo en ella que El Maltés (Hugo Engerer) te ha dicho en que estamos conformes con su excelencia el ministro de Tánger, y que has encargado a dicho Maltes que me escriba con la cuestión de los presos y también por los presos de Anyera, de los que había dado noticia de que están en libertad y todavía no lo sabía el ministro. También encargas a dicho señor me hable sobre la cuestión del jalifa Ben-Asayag para dejarle como está, porque tiene buena conducta y juicio y política con los personajes del pueblo, y que si lo cambio y varío por algún otro, será en perjuicio de ustedes, y que será una cosa en la que nunca pensamos. También me dices que no llega nuestra conté, fación sobre estas cuestiones y que al jalifa mencionado le han impedido ustedes que viniera a Arzila a verme, porque entonces no hubieren tenido con quien entenderse en el pueblo.

Todo lo que has dicho, estoy bien de ello, y de lo que ha dicho al señor Maltes él ministro, es verdad, y de lo que encargó a él para que escriba a nosotros. Como te habrá dicho, llegó tu carta en los días de Pascua, y no ignoran ustedes que dichos días estamos muy ocupados en recibir la gente que viene de las cabillas hasta que se atrasó eso de escribirnos con todos, hasta que llegó tu carta. Por eso no os llegó la noticia de la libertad de los presos, que quizá se han tardado en el camino o se han quedado en el camino o en alguna parte descansando, porque me dijeron que dos de ellos salieron de la cárcel muy enfermos y endebles. Su libertad es, no cabe duda, para complacer al señor ministro, 3' en lo que habías dicho sobre Ben-Asayag que tiene buena conducta y se comporta bien con ustedes, somos nosotros los que le dimos orden de eso y le obligamos a que ande con ustedes con la mejor conducta que pueda tener, como lo hago con todos los que tienen algún cargo bajo nuestro mando. A todos les mando que tengan buen comportamiento con todo el mundo en todas las cuestiones, y no deja por su parte Ben-Asayag de obrar bien con todos; y si lo hace mal en sus hechos, que no se metan con él, porque el perjuicio de sus hechos caerá sobre nosotros, y nosotros respondemos del bien o del mal que él haga, no teniendo ustedes culpa de nada en modo alguno si ha hecho bien o mal. Los perjuicios que nacen de él, se volverán a nosotros y se cargarán sobre nosotros de todas maneras. Y lo que le ha impedido venir a vernos como le habíamos escrito a él, no parece sino como una imposición de ustedes que no está bien hagan con nosotros de ningún modo, pues esa manera de proceder trae consigo todo el mal y la indisciplina, y eso no debe hacerse ni por hecho ni por oírlo; pues con su nación él no se puede disculpar de lo mandado, pues esa no es disculpa aceptable. Podía venir dejando otro en su lugar con ustedes, y él venir en persona para dar ejemplo, trayendo consigo una carta de recomendación para que nos hubiéramos visto con él y hubiéramos examinado su conducta en todas las cuestiones de Gobierno que a él tenemos encomendadas y le hubiéramos dado informes que necesita, porque están en secreto. Y si hubiéramos juzgado buena su conducta, o si hubiéramos visto en él algún error, hubiéramos podido corregirlo convenientemente y hubiera vuelto a su sitio tal como hubiere venido; y si hubiéramos tenido la convicción de que se había excedido en sus derechos, o faltado a sus deberes de modo incorregible, yo también lo hubiera vuelto a su sitio sin ningún daño, limitándome a dejarlo cesante, mas respetándolo por ser protegido de ustedes, porque este respeto se debe guardar. Hubiere puesto otro en su lugar de los que son mejores que él, prefiriendo al que más confianza inspire a todos para quedarnos bien con ustedes, y eso es lo que se debe hacer con todos los que están debajo de nuestras órdenes.

Y la paz. En Arzila sual, año 1329. —Hamed-El-Raisuni.»

Esta carta, astuta y laberíntica, que tan bien guardaba el odio del cherif hacia nuestro buen amigo Ben-Asayag, la remitió Silvestre a la Legación de Tánger, diciendo: «Como verán en ella, el cherif eleva la resolución de tomar con el jalifa Ben-Asayag, de Alcázar, al Gebbas, lo que para mí constituye una prueba más de que dicho bajá no obra con nosotros con lealtad, pues jamás quiso someter hasta el día ningún asunto al afrancesado Gebbas. La solución que éste dé, de no imponerse V. E., será contraria a nuestros intereses, pues el relevo del jalifa, que no ha cometido otro delito que servirnos en todo a ciegas y obedecer nuestras órdenes, sería a los ojos de los indígenas un descrédito grande y una prueba de que nuestra protección para nada sirve. Considero llegado el momento de imponerse, no permitiendo estas intolerables imposiciones, y que se me autorice a visitar al Raisuni para hablarle claro y neto, aconsejándole cuál debe ser su conducta en lo sucesivo, pues de lo contrario sería atentar a sus intereses. En mi entrevista procuraré borrar la influencia que en él haya podido ejercer el enviado francés que le visitó recientemente.»

XII
Actitud sospechosa de Raisuni.

A mediados de septiembre, la actitud del Raisuni parecía más sospechosa. Por la zona circulaban graves rumores que pusieron a Silvestre en cuidado, viéndose obligado a extremar la vigilancia en las posiciones ocupadas. Raisuni hacía gran acopio de armas y municiones, y según todas las confidencias, no tenían otro objeto que el de atacar nuestras posiciones. Las parejas de estafeta que hacían el servicio entre Larache y zoco El Telatza, veían numerosos grupos de moros que, con gran frecuencia, cruzaban nuestra zona en dirección a Arzila, llevando armas.

Se aclaró que Raisuni las pagaba a crecido precio. En su vista Silvestre, considerando sospechoso tal tráfico pidió autorización para intervenir las armas de los que no llevaran un pase especial. Simultáneamente, la Legación de Tánger tenía noticias de que un funcionario de la de Francia había celebrado en Arzila una conferencia de tres horas con Raisuni. ¡«Nuestros amigos hacían labor de aproximación!

Además de este contrabando sospechoso, a Silvestre llegaban noticias de que Raisuni perseguía a los moros notables que se mostraban dispuestos a secundar nuestra obra. Era el espíritu del cherif, absorbente, soberbio, que quería ser el único en obtener el fruto de una obra a la que, justo es decirlo, vinieron muchos y valiosos indígenas a colaborar, claro es que también con miras egoístas.

El caudillo iba confirmando su creencia de que Raisuni no nos ayudaba lealmente. Así, en 28 de septiembre del mismo año, decía en una carta al ministro de Tánger: «Como ampliación a mi radiograma dándole cuenta del frecuente paso hacia Arzila de grupos de moros con armas que compra Raisuni a buen precio, debo manifestarle que todos los actos que lleva a cabo el bajá desde el último acuerdo tomado con Engerer, *desmienten en absoluto el apoyo a nuestra causa que había ofrecido.*

XIII
La maravillosa elocuencia del cherif capta la voluntad de Silvestre.

Pasaron algunos días. El cherif meditó sin duda lo necesario y conveniente que le sería atraerse a Silvestre y borrar las asperezas y recelos que su actuación, bastante sospechosa por cierto, había despertado en el caudillo.

Y, en efecto; aprovechando la visita de éste a Arzila, a fines de octubre, le envió un recado, rogándole tuviese con él una entrevista. El forcejeo que siempre sostuve con nosotros el cherif, empezaba entonces.

Accedió Silvestre, y acudió al Palacio del bajá. Raisuni le expuso sus deseos de arreglarlo todo, y, a ser posible, que en el trámite de los asuntos no hubiese intermediarios. Sobre todo, en cuestiones políticas. Con esa astucia, que caracteriza al cherif, con extrema afabilidad, habló al caudillo de lo conveniente que era destituir al jalifa de Alcázar... Silvestre insistió al cherif en los buenos servicios prestados, tanto a él como a España, por dicho funcionario, diciéndole que era imposible acceder a su deseo sin la aquiescencia del Ministro en Tánger. Sin embargo, cedió el caudillo, mostrándose conforme con que, de quitar a Ben Asayag el cargo de jalifa, se le diese otro de importancia en la misma plaza, nombrándose a otro jalifa grato a todos...

Mostrose tan astuto el cherif en su entrevista con Silvestre, le habló con tal habilidad, que éste, al informar a la Legación sobre su dista, decía: «Pude comprobar el interés grande que demostró sobre los extremos tratados y en los que veo, como principal móvil, el amor propio satisfecho y sus recelos de que le traicionen; tal es su interés en conseguir sus deseos, que me dio la seguridad de que en lo sucesivo, contando con él para todo, por grande que sea lo que le pida, resultará ínfimo, siendo por el contrario un monte para él la menor resolución sin su anuencia.

Considero, pues, de gran utilidad se me autorice a mantener relaciones más frecuentes con este bajá y se me comuniquen instrucciones en cuanto al jalifa.

Al explicarle el funcionamiento de la radiotelegrafía, me manifestó deseos de tener una estación en Arzila, deseos que elevo a V. E. por ser indiscutible la utilidad que reportaría extender hasta Arzila, pasando por los puestos de Telatza y Tzenin, el telégrafo y teléfono a montar entre Larache y Alcázar, quedando este último como estación central. La periódica visita de un ingeniero militar bajo el pretexto de aconsejarle en las obras de su palacio, sería base más que suficiente para captarse por completo las simpatías de este imprescindible personaje y el medio de irse apoderando paulatinamente de su voluntad.»

Ya vemos el cambio de actitud de Silvestre frente a frente con la astucia del cherif. Y, sin embargo, contrastaban de manera extraña con todo esto, los informes que del campo se recibían, en los primeros días del año 1912. En Alcázar se presentaron moros de las cabilas de Ahí Serif y Rehona, manifestando que Raisuni había enviado cartas de excitación a las cabilas, que no llegaron a leerse. Manifestaban también los cabileños, que Raisuni había perdido gran parte de su prestigio, a partir de unos dos meses antes del envío de dichas cartas, y que el cherif había estado en Zinat unos días de incógnito.

XIV

La línea telegráfica.— Raisuni quiere una estación, Los franceses nos quieren tomar la delantera.

Conocedor también del propósito de los franceses, que a toda costa querían tender la línea telegráfica por Arzila, Silvestre decidió marchar nuevamente, el 31 de diciembre, a Arzila y definir con el cherif, en una entrevistas, los puntos esenciales con que imprimir un derrotero fijo a la política. La entrevista hubo de retrasarse unos días. Al cherif le ha gustado siempre que le hagan antesala. Silvestre, como cuantos le han seguido en política raisunista, han tenido que pasar por ello.

Por fin el 2 de enero del año 12, pudo verificarse la entrevista. Raisuni se mostró conforme con todo cuanto le expuso Silvestre: el pago de la muna a la guarnición se haría por mediación del médico del Dispensario, señor Moreno Sáenz, quien entregaría al cherif el importe de la misma, hasta que España organizara aquello.

El Raisuni enseñó al caudillo una carta de El Gebbas ministro de la Guerra del Sultán, en la que éste le anunciaba la visita de una Comisión de Ingenieros franceses al servicio del Majzen, encargada de la inmediata instalación de la línea telegráfica de Tánger a Fez, por Arzila, Larache y Alcázar, y cuyo material se estaba ya desembarcando en Tánger. Se mostró tan afecto Raisuni a nuestra causa ante Silvestre, que afirmaba haber demorado contestar la carta, hasta ver si nosotros tomábamos medidas urgentes para contrarresta o impedir que en nuestra zona de influencia fuesen acaparados los servicios por los franceses, como intentaban realizar. Es más pidió una vez más la instalación de la estación radio, mientras no se instalaba nuestro telégrafo.

Silvestre dijo al cherif que estando decidido a revelar los destacamentos que teníamos en Telatza y Tzenin por fuerzas regulares españolas, y haciéndose los aprovisionamientos por tierra, desde Larache, con mucha dificultad, sería conveniente permitiese el desembarco en Arzila de los víveres necesarios. No se opuso a ello Raisuni y rogó que nuestros barcos le llevasen el material que necesitaba para las obras de su magnífico palacio.

Igualmente ofreció el cherif recomendar al cadi de Alcazar se dieran facilidades para la adquisición de los terrenos que España necesitaba para instalación y seguridad de sus fuerzas.

Silvestre le hizo presente la desigualdad existente entre los tributos que imponía en nuestra zona y los de la zona francesa, pero el cherif contestó que no imponía más que los imprescindibles de Pascua, y éstos muy reducidos.

No obstante, ofreció apoyar los deseos de Silvestre de realizar a menudo paseos militares por nuestra zona para hacer labor de aproximación en el interior; y este apoyo indujo a Silvestre a pedir nuevamente al Ministerio de la Guerra que se le aprobase su proyecto de creación de los «gums», que dormía en Madrid el sueño de los justos.

XV
El cherif, ganancioso.— Su complacencia y buena voluntad

Pero no hay duda que el cherif jugaba con dos barajas, «la de ganar y la de no perder», como vulgarmente se dice. Raisuni cobraría en lo sucesivo dos munas: la de Francia, que seguía pagándola, y la nuestra, de acuerdo con lo tratado con Silvestre.

El cónsul Zugasti, que tanto trabajó en aquel tiempo en la política raizunista, tuvo noticias de ello. Para aclararlo y recibir del cherif una impresión general de los tratos que venían realizándose, envió a Arzila, en 25 de febrero, a persona de toda su confianza: al secretario-intérprete del Consulado, Alfonso Gallego.

Cuatro horas y media más tarde estaba el digno empleado en el palacio del cherif celebrando con este la entrevista. De ella adelantó un breve resumen, por carta, a su jefe, dándole cuenta de los asuntos tratados. Decía así: «*Muna*» no ha tenido más remedio que aceptarla; de rechazarla, confirmaría a los franceses que la cobra de España.— *Telégrafo*. Está dispuesto a impedir que los franceses lo establezcan. Espera que el señor Ministro le diga la forma que crea más conveniente de hacerlo. He tratado con él de varios medios, que ha aceptado, y que someteré a la consideración de S.E.—*Telegrafía sin hilos*. Se extrañado de no tenerla ya aquí, lo mismo que la barcaza. Dice que está dispuesto a hacer cuánto se le indique, *y se lamenta de la lentitud con que son tratados por España estos asuntos.*»

Y el emisario siguió para Tánger a dar cuenta al Ministro de su gestión cerca del cherif, que en sus quejas no tenía tampoco presente la *actividad* burocrática de Madrid.

Repitió Silvestre su visita a Raisuni a momento, fueron poniéndose de acuerdo. No era esto...Eran el espíritu y carácter poco equilibrados del cherif, que unos días se muestra fácil y dispuesto a todo, y otros días encastillado en su orgullo y soberbia. Al animo de Silvestre fue llevando Raisuni, desde luego, el convencimiento de que sus servicios eran imprescindibles. Hablaron extensamente en esta conferencia, durante la cual, Raisuni reiteró su absoluta devoción a nuestra causa y sus deseo fervientes de demostrar, con hechos, su adhesión y apoyo a cuanto pudiera afirmar nuestro prestigio e influencia en la zona española.

Tan convencido debió quedar Silvestre de estas manifestaciones de Raisuni, que al dar cuenta al Ministerio de su visita decía:

«Estas manifestaciones suyas las considero tan sinceras, que para corroborarlas no dudé un momento de hacerle indicaciones de si acogería gustoso la protección oficial española, no obstante su calidad de protegido inglés; contestándome que, no sólo no había inconveniente, sino que lo desea, y constituye su mayor aspiración.

No creo tenga necesidad de hacer resaltar la gran importancia que para nosotros tienen esas manifestaciones de Raisuni, dada la gran influencia, autoridad y prestigio que goza en la extensa zona de su bajalato.

Tratamos a continuación de algunos asuntos referentes a la política local de Alcázar. Dado lo perjudicial que es para nuestra influencia el permitir que en la cárcel de Alcázar continúen hacinadas infinidad de personas de dudosa delincuencia, y que, a fuerza del mal trato, perezcan en gran número de inanición, hice presente al Raisuni que había ordenado abrir unos registros de entrada y salida de presos, en que constase la causa de su prisión y la autoridad que la decretaba, disponiendo que, así mismo, las entradas y salidas se hicieran previo conocimiento de la autoridad militar española, y que ninguna indígena podía decretar lo mismo, sin una previa autorización escrita del bajá. En la cárcel de Alcázar se han llevado a cabo obras de saneamiento y limpieza, y otra de carácter moral, que en la supresión de cadenas y tormentos muy frecuentes en este país.

El Raisuni mostró a todo ello su más explícita conformidad, que también creo la merecerá de V.E., y aprobará las cuentas que se originen por este concepto, hasta que los arbitrios que se impongan por acuerdo de la Junta local permitan cubrir esas atenciones.

También traté con el bajá del asunto de la imposición de arbitrios en Alcázar, para, con su producto, atender a la higienización y limpieza de la misma; confirmándose nuevamente su buena disposición y apoyo para la imposición de los mismos, conviniendo en que, si el almotacén opone alguna resistencia, procederá a su relevo por otra persona de su confianza y la mía, que esté conforme con nuestra intervención.»

Como se ve, hay un momento en las relaciones entre Raisuni y Silvestre en que parecen marchar de acuerdo, y que una política de estrecha colaboración nos permite realizar cuantas empresas de orden administrativo y moral se deseen llevar a la práctica para lograr ensanchar nuestro prestigio ente el indígena.

En visitas anteriores, Silvestre había indicado a Raisuni la conveniencia de tener en Arzila una casa donde poder alojar a los oficiales que tenían necesidad de llegar a la plaza, y un almacén para los víveres que podían desembarcarse en aquella playa con destino a las guarniciones de las posiciones inmediatas a la plaza. En dicha casa Silvestre pensaba instalar la estación telegráfica tan pronto como pudiera ocupar Arzila, contrarrestando así la estación de la línea francesa.

XVI

La revolución de Fez y su resonancia en nuestra zona.

Así las cosas, el 17 de abril estalla en la zona francesa la revolución de Fez, con sus matanzas terribles. Los moros, hartos del yugo de los franceses dominadores, tramaron el movimiento trágico. Muley Haffid había firmado en noviembre anterior el Tratado con Francia, con gran descontento de los indígenas. Poo » a poco, el odio a los extranjeros fue acrecentándose hasta el día citado en que estallaron los sucesos. Silvestre y el Ministerio de Estado, se preocuparon seriamente del estado de ánimo de los indígenas. Se aceleró el envío de elementos a la zona de Larache.

Las noticias que se recibían de Fez, eran ciertamente inquietantes. Al medio día del 17 de abril, estalló la revolución en Kechla de los Xerardas. La señal fue una descarga al aire. Seguidamente, un grupo enorme de rebeldes dirigiose al Santuario de Muley Dris, disparando al aire sus fusiles y dando gritos de rebelión.

El oficial jefe del destacamento de Kechla, envió un recado urgente al hotel donde se hospedaban los oficiales instructores. Todos se aprestaron a marchar al sitio de peligro para ponerse al frente de su tropa. Pocos días después, los cadáveres de estos oficiales eran encontrados en las proximidades de la puerta Camprini. Habían tropezado los instructores con la horda que se dirigía hacia el hotel tumultuosamente, predominando en ella, mujeres y mozalbetes. La propietaria del hotel quiso cerrar la puerta, pero cayó atravesada a balazos antes de que con siguiera su objeto. La horda irrumpió como una ola terrible en el interior del establecimiento.

Un pequeño grupo de oficiales y hospedados, corriendo por las azoteas y defendiéndose bravamente del acoso de los asaltantes, pudo refugiarse en la casa de un cher que, interesado en prestar su colaboración a Francia, prestó apoyo a los sitiados. Otro grupo, en el que figuraba el célebre franciscano P. Fabré, se hizo fuerte en un departamento del hotel y se dispuso a vender su vida a dentelladas.

Pero el P. Fabré intentó salir a prestar los auxilios espirituales a quienes los necesitaran, creyendo que sería respetado por los salvajes. Un momento, los indígenas, asombrados, respetaron su vida. No fue más que un momento. Un viejo santón se abalanzó sobre el padre franciscano, gumia en mano, y le cortó el cuello.

Rugía la multitud enardecida por la lucha y por los gritos que salían de todas las casas de la ciudad. La lucha seguía en el hotel. El grupo refugiado en una de las habitaciones, se defendía con rabia, haciendo caer a tierra a cuantos asomaban por el pasillo. Los rebeldes, en vista de que no podían vencer los pocos cristianos que quedaban en el hotel, rociaron éste con petróleo y prendieron fuego. Pero el incendio no se propagó milagrosamente.

Al día siguiente, los actos de barbarie continuaron. Asaltos de casas, saqueos, degollaciones. Y la muchedumbre, borracha de alegría, paseaba triunfante por la ciudad los trofeos sangrientos de la victoria. El cheríf a que antes nos referíamos, salvó a los sitiados. Algún tiempo después, los franceses se apoderaron de Fez. La lucha para recuperar la ciudad, fue terrible. Los combates sangrientos, con pérdidas enormes, duraron seis días.

Tengan presente también estos fracasos de Francia en su actuación africana, quienes acusan sólo a España de dominadora e imprevisora.

En vista de todos estos acontecimientos, Silvestre fue llamado a Madrid. Pasó unos días en la Corte y dio cuenta a los ministros de la Guerra y Estado de los acontecimientos citados últimamente, de sus relaciones con Raisuni, situación general de la zona, etc. Habló al Gobierno de la necesidad de dar impulso a las negociaciones franco españolas para trazar una línea fija de conducta a seguir, y de lo necesario que era la aprobación de sus proyectos.

Regresó a Marruecos con las instrucciones todo lo concretas que entonces, como ahora, podían dar los Gobiernos.

Poco a poco y aún venciendo repugnancias—no estará demás señalar que también influido por el reciente descalabro de los franceses en Fez—Silvestre fue obteniendo el convencimiento de que Raisuni era un hombre peligroso, y que era conveniente conservar su amistad para bien de España; pero tenerlo de manera que, elevando su categoría y rodeándolo de todo prestigio, se le alejara en parte de la intervención, tan directa como peligrosa, que tenía en las cabilas.

XVII
Silvestre propone a Raisuni para jalifa.

En 4 de mayo, Silvestre escribía esta carta al general Ufan, comandante general de Ceuta: «Espero que al tranquilizarse el país, me permitan, contando con su beneplácito, hacer una visita a esa plaza y poder personalmente reiterarle mis sentimientos de gratitud.

Los sucesos de Fez y la efervescencia de las cabilas, me obligaron a exponer en Madrid la necesidad de aumentar estas fuerzas, lo que conseguí en un batallón, una sección de ametralladoras, una batería, columna de municiones y un escuadrón que, con las que tenía anteriormente, suman 4.200 hombres, con cuyo efectivo, podré atender a las posiciones ocupadas y disponer de una columna suficiente para acudir adonde fuese necesario, recurso del que carecía hasta hoy con la consiguiente incertidumbre y temor a sufrir los efectos de la veleidad de esta raza.»

Las noticias referentes al movimiento de Fez confirman la importancia del alzamiento y el fracaso de Regnault y Moinier, que pueden presentarse como modelos de imprevisión por esta vez; considero que el error, base de todo, es la existencia de varias jurisdicciones en un país en el que *no hay ni puede haber por ahora otra cosa que no sea la de guerra con facultades omnímodas* y sin trabas políticas ni diplomáticas; lo contrario sería malograr, exponiendo a errores gravísimos, misión tan difícil y que requiere orientación definida.

Uno de los extremos que considero de más importancia es el nombramiento del jalifa en la zona Española. Para la elección existen dos tendencias según comprobé en Madrid; y yo creo, mi general, que colocar en dicho Puesto un hombre político o palaciego sería un error; considero que el indispensable, en las circunstancias actuales, es un hombre de guerra que, con su prestigio e influencia a nombrársele, pusiera a nuestra devoción, sin gastos de sangre y dinero, importante bajalato en cuya región y en plena tranquilidad nos permitiese desarrollar la política adecuada e ir mermando su influencia a cambio de la nuestra, apoderándonos insensiblemente de los recursos del país en hombres y dinero con tributos moderados que hagan resaltar las ventajas de nuestra intervención y permitiéndonos de paso las organizaciones indígenas con cuadros de oficiales y clases españolas, que tampoco necesitan ser numerosas, pues las deserciones constantes y sediciones sufridas por los franceses tienen otras causas de orden moral y administrativo bastante deshonrosas que he podido comprobar cuando les deshice las mejalas en julio pasado y que demuestro plenamente al tener «gums» reclutados hace un año con ínfimo sueldo, cinco reales hassani, y no sufrir dichas defecciones, teniendo actualmente dos destacamentos exclusivos de moros a 40 y 12 kilómetros de Alcázar, respectivamente.

«Mi criterio es que el *jalifa político o personaje de abolengo de escasa autoridad o prestigio, nada práctico nos aportará*; me conviene recordar también en apoyo de mí, tesis la amarga lección sufrida abandonando al Roghi en Melilla. *El Raisuni es el Roghi; mejor dicho, es el Sultán de hecho y de derecho del Garb y de La Yébala. ¿Qué inconveniente puede haber en aprovechar las ventajas que el nombramiento de este bajá como jalifa nos reportaría? Esperando en breve saludarle, queda como siempre* incondicionalmente a sus órdenes, su afectísimo amigo, y respetuoso subordinado, q. e. s. m., *Manuel F. Silvestre.*»

Silvestre vio claramente la importancia de nuestro héroe en el foco de nuestra política africana. Raisuni, jalifa, hubiese sido desterrar el peligro de la guerra. Esto lo sabía Silvestre y por esto tenía tal idea de creer un acierto el nombramiento a favor del cherif, prestigiado por su abolengo guerrero

Poco a poco los ánimos parecían calmarse. A mediados del año 12 las relaciones entre Silvestre y Raisuni iban adquiriendo, quien sabe si «oficialmente», mejor aspecto. No obstante, parecía haber personas interesadas en que esta política fracasara.

El ministro de Estado, enterado de que Silvestre había hecho un viaje a Arzila en el mes de julio, pidió que se e informara de las razones de tal viaje y sus resultados. Tuvo que hacerlo Silvestre. No habían sido otras que los Lie buscar emplazamiento en el zoco Tetatza y Tzenin a los destacamentos que, sin novedad alguna, habíamos establecido allí para implantar entre ellos comunicación heliográfica, visitar las obras, y una vez allí creyó oportuno el caudillo saludar a Raisuni.

La visita fue de pura cortesía. Hablaron del emplazamiento de los tabores de Policía que mandaba el comandante Ovilo, el cual tuvo varios choques personales con Silvestre, pues también tenía sus ambiciones dicho comandante.

En aquella entrevista, Silvestre expuso a Raisuni sus deseos de hacer una excursión por tierra a Tetuán y Ceuta para visitar al general Alfau y reconocer los terrenos que median entre Arzila y el Fondak de Ain Yedida, para estudiar de paso el más conveniente para el enlace entre dicho Fondak y Arcila.

El cherif, quién sabe si mortificado por la pretensión del caudillo, nada dijo en contra. Es más, se ofreció a enviarle unos soldados de escolta con lo cual Silvestre diose por satisfecho y pidió permiso para hacer la excursión.

Huelga decir que la respuesta del Ministerio de Estado no se hizo esperar en el sentido de no hacer nada en absoluto sin previa autorización de aquel Departamento.

Y es que Silvestre era así: todo corazón, todo energía, todo voluntad. Una confianza ciega en sí mismo, en su valor personal, que fue el que en Melilla lo llevó al desastre.

XVIII

La ocupación de Arzila y las comunicaciones.

Silvestre entretanto aceleraba sus planes para entorpecer las estratagemas francesas. Tomados sin dificultad Zoco el Had, Zoco el Telatza y El Tzenin, pensó ocupar Arzila.1

Y en efecto; algunos días después, en agosto de 1912, sin la oposición de Raisuni, aunque sí con verdadero disgusto de éste, Silvestre llevó las fuerzas a las puertas de Arzila. Nuestras tropas quedaron acampadas en una altura dominante de la ciudad llamada el Aox.

Para impedir que los franceses instalaran el telégrafo (pues ya habían empezado a tender la línea con toda velocidad) había mandado al capitán de ingenieros, señor García de la Herránz, con algunas fuerzas, los cuales se opusieron a que continuase la instalación de la línea.

Los franceses cesaron en sus trabajos y regresaron a Tánger.

La actitud de valentía y decisión de Silvestre causó mal efecto en Madrid. Además, Raisuni se había quejado de la ocupación de Arzila al ministro de Tánger, quien se lo participó por radio. El ministro de Estado dijo a la Legación de Tánger: «Autorizado coronel Silvestre ir Arzila para desvirtuar en lo posible mal efecto que supone causado por últimos sucesos. Acerca de esto debe decirle V. E. que propósitos ministro Guerra y míos no fueron nunca ocupar Arzila, sino simplemente envío estación radiotelegráfica en condiciones que se concertarían con Raisuni para impedir, hasta donde fuera posible, y sobre todo al Sur dicha ciudad, línea telegráfica Majzen. Al enterarnos de que estación se había puesto marcha, acompañada de escolta de cierta importancia, ordenamos se detuviese en camino, lo que hubiera podido hacer sin llamar atención, si órdenes hubiesen llegado antes de pasar zoco Tzenin. Entretanto, línea telégrafo había alcanzado, al parecer, Arzila, y principal ventaja instalación radiotelegrafía allí había desaparecido, no mostrándose Raisuni tampoco muy partidario recibirla. Por eso, y para evitar dificultades en momentos en que se hacen negociaciones con Francia sobre telégrafo, hemos preferido estación se instale en proximidad Arzila y no Arzila. Nuestra decisión es no consentir línea terrestre pase de allí, y como vuecencia habrá visto, presidente Consejo Ministros francés parece conforme tendamos la nuestra entre Larache y Alcázar y nuestros puestos, con lo cual no veo pueda padecer nuestro prestigio esa comarca. Con estas explicaciones, espero comprenderá coronel Silvestre no ha habido vacilaciones Gobierno, sino confusión respecto nuestras instrucciones. En cuanto pago guarnición Arzila, no me parecen satisfactorias explicaciones de Raisuni; pero tengo desde hace tiempo convencimiento de que éste no se pondrá por completo a nuestro lado, al menos por ahora; y como circunstancias nuestras no nos permiten tampoco romper abiertamente con Raisuni, no veo más solución que conllevar de la manera más hábil posible la situación, poniendo en ello todo tacto posible y parsimonia de coronel Silvestre.»

Ignoramos la impresión de Silvestre ante tan diplomática reprimenda. Sólo afirmamos, convencidos hasta la saciedad, que si Silvestre no procede abiertamente contra las ambiciones y manejos franceses; la explotación de servicios tan importantes como las comunicaciones, hubiesen corrido a cargo de aquéllos dentro de nuestra zona. Hasta Raisuni había convenido con nosotros la lentitud desesperante con que España llevaba aquí todo. Ahora es cuando todos los *africanistas* tachan a Silvestre de impulsivo y de militarote sin tacto. Queremos aportar datos y pruebas para que nos podamos dar idea fija del comienzo de la maraña marroquí y podamos juzgar con elementos de juicio.

A Raisuni no le pareció mal la instalación del telégrafo español. No tanto la entrada de nuestros oficiales en el pueblo, a los cuales, justo es reconocerlo, trató con cordialidad.

El cherif, hombre de psicología especial, mostraba a cada momento una nueva modalidad de acción. Así se explica que a mediados de marzo no saliera a saludar a la Embajada francesa ni al Mokri, a su llegada a Arzila, como de costumbre. Sólo les mandó la muña con uno de sus empleados. El Mokri deseaba tener con Raisuni una entrevista para conferenciar sobre asuntos del Majzen; pero no lo consiguió.

XIX
Carta de Silvestre al Rey proponiendo a Raisuni como jalifa.

Los días amargos que Raisuni proporcionó a Silvestre fueron innumerables. El caudillo pensaba lo útil que sería alejarle de nuestro radio futuro de acción, esto es del contacto directo que con las cabilas de Yebala tenía como bajá de tan extensa región, y convencido de que sería el único medio de terminar con el foco de rebeldía pasiva y encubierta que mantenía el cherif frente a nosotros, debilitando nuestro prestigio ante los moros, propuso al Gobierno su nombramiento para jalifa cuando este cargo estaba próximo a proveerse

Y escribía esta carta al Rey: «Señor. Próxima la fecha en que se han de terminar las negociaciones con Francia sobre el protectorado de Marruecos, y siendo consecuencia del acuerdo que se adopte nombrar un moro desprestigio para desempeñar el cargo de jalifa de nuestra zona, me creo en el deber de informar a Vuestra Majestad sobre un asunto que tiene capital importancia para el próspero y tranquilo desarrollo de nuestra misión.

La persona que ejerza el Jalifato debe ser un hombre le prestigio reconocido y autoridad indiscutible en nuestra zona; pero como ese hombre, hoy por hoy, no lo tenemos, se debe buscar, a mi juicio, al que la ejerza en la mayor extensión posible.

Los grandes prestigios en Marruecos no nacen en el ejercicio de la paz, sino de la guerra. Él hombre político, honrado y bueno, que no es guerrero, podrá ser querido de los moros, pero no es respetado más allá de donde vienen las cabilas en demanda de justicia, que no suele ser de muy lejos, porque no es aventurero y carece de fuerza para mantener el derecho a distancia, al paso que el moro que por la sangre ejerce autoridad en unas partes y por la fuerza en otras, que ha paseado sus armas con éxito por una extensísima región y consigue en toda ella ser acatado y reconocido como jefe; que al prestigio que da la guerra une su condición de cherif santo, como le ocurre a Raisuni, que en unas partes es querido y respetado como santo y en otras temido por guerrero, es el hombre que nos conviene, a mi juicio, como jalifa, porque si se identifica con nosotros y ciegamente nos obedece, con tal de que le rodeemos de corta aureola de autoridad, allí donde él domine dominaremos nosotros.

Me permito decir esto a Vuestra Majestad a cuento de que ha llegado a mi noticia que el candidato para el puesto de jalifa es un moro de Tetuán llamado Erkaina, que no es santo ni es por cierto un dechado de virtudes, ni tampoco es guerrero, o al menos su fama como tal no se ha extendido mucho. Ese Erkaina tendrá autoridad en la región inmediata a Tetuán y acaso con su influencia pueda abrirnos el camino al Rif por la costa; pero no es conocido como lo es Raisuni en todo el Occidente de nuestra zona, lo mismo en las regiones inmediatas a Tánger, Tetuán, Arzila, Larache y Alcázar como en las cabilas de Ahl-Serif, Guesaoa, Mesmuda, Rjona, Hosmar, etcétera, etc., por donde cruza el camino a Xauen y al valle del Uarga y, en una palabra, en todas las cabilas del monte.

Raisuni es hombre de talento y además buen politice y, sobre todo, su adhesión a nosotros es decidida, porque tiene muchos intereses creados en la región que ahora ocupamos y que, por lo tanto, están a nuestra merced Con él tendremos fácil acceso a la montaña, al camino de Xauen, y con una hábil política haremos que, poco a poco, vaya pasando su autoridad y prestigio a nuestras manos. Pero si no recae sobre él el nombramiento de jalifa y se le obliga a someterse a la autoridad de otro moro que no sea de estirpe real, acaso su apoyo no sea tan decidido y acaso también, de una manera indirecta, nos cierre el camino del monte, haciendo nuestra acción protectora muy lenta y muy costosa.

Suele ponérsele a Raisuni la tacha de su vida pasada, un tanto aventurera y poco digna, y a eso, que nosotros le damos mucha importancia, porque nos parapetamos tras los códigos modernos, acaso no la tenga tanta para quien lo juzgue según las costumbres y leyes del país.

Tal vez esté equivocado en el juicio benévolo que formo de Raisuni, pero este es mi verdadero sentir sin apasionamientos de ninguna especie; y como así lo creo, me permito decirlo muy respetuosamente a Vuestra Majestad.»

Leída esta carta—inspirada en un gran conocimiento del país y con una clarísima visión del porvenir—quizá pensemos que Silvestre no obró tan mal como ahora se le culpa. Alejado el único peligro que entonces teníamos en la zona occidental, nuestra acción, elevando el prestigio de Raisuni, se hubiese deslizado con la ayuda de éste de manera fácil y pacífica en extremo... Así obraba Silvestre, quien a poco vio con amargura que no se le había hecho caso.

La ignorancia de nuestros hombres de gobierno no les permitió ver en este asunto con la claridad que hubiese sido de desear. El error, algo más tarde, había de consumarse. Se nombraba a Muley Ei-Mehedi, sin prestigio en nuestra zona, para el cargo de jalifa. Su visir, Benazús, tampoco gozaba del prestigio necesario...

Y en el espíritu del cherif Raisuni comenzó a incubarse el odio. Se supo desdeñado por el Gobierno, no obstante el apoyo del mando. Este era, sin duda, el punto de partida para no confiar ya nunca más en las promesas de los generales ni aún en las de los mismos gobiernos, cuya poca duración en el poder no pasaba desapercibida para el Raisuni, siempre enterado de la marcha política de nuestro país, tan turbulenta y desorientada.

XX

Castigo de la jarka raisuniana. —El cherif indignado escapa a Tánger. —Negociaciones diplomáticas. — Vuelta a Arzila.

Las relaciones habían proseguido un tanto tirantes incidentes y continuos arreglos en los que intervenían todos los diplomáticos hábiles aquellos días en Tánger y Carache, procurando armonizar y sacar algún fruto de una política indefinida que, al final, había de llevarnos a donde nos llevó irremisiblemente. El cherif no era tampoco hombre franco. Seguía la política mora, que es la de la tregua, la incertidumbre y el incumplimiento. El egoísmo. ¡Y este es el cherif tan avasallador y absorbente!... El 30 de agosto, Silvestre tuvo necesidad de realizar una acción de policía en Bu-Maiza obligando a levantar el campo a la mejala de Raisuni, pues las quejas de los cabileños eran continuas denunciando verdaderos desmanes de aquellas gentes. Este golpe fue terrible para el cherif y le obligó a ir a Tánger a quejarse de esto y de las naturales consecuencias que la ocupación de Arzila, con la intervención de las autoridades españolas, trajeron en su forma de gobierno. López Robert, pudo medio convencer a Raisuni de que era conveniente volviese a Arzila la, aunque no confiando mucho en que lo hiciera. Dicho diplomático, decía a Silvestre, dándole cuenta del «arreglo» que había hecho: «Celebrada entrevista con Raisuni, que se ha mostrado dispuesto a ir Arzila y allí, según instrucciones, tratar sobre el terreno de arreglar cuestiones pendientes. No se le han dado seguridades, ni se le afirmado categóricamente nada; pues aunque él preguntó varias veces si el Gobierno había aceptado la «fórmula», se le respondió evasivamente diciéndole que en Arzila se tratarían cuestiones para irlas arreglando a gusto de todos. Quedó conforme en esto y, al parecer, resuelto a llevar a cabo arreglo, aunque no respondo se vuelva atrás de nuevo, como hace siempre. Dice saldrá, en unión Zugasti y Ruiz, martes próximo para Arzila, dividiendo viaje en dos jornadas. Espero lo hará así, .aunque yo sólo lo creeré cuando lo vea. —*López Robert.*»

Regresó a Arzila el cherif, después "de cambiar impresiones con su gran amigo El Menehbi, súbdito inglés que tanto le protegió siempre. El golpe a su mejala lo consideraba Raisuni como un verdadero atropello.

En noviembre, Silvestre fue a Arzila para presentar a Raisuni al capitán Guedea, jefe de la Oficina indígena que había de abrirse en dicha plaza. El cherif ya estaba enterado de nuestros propósitos y los acogió como es de suponer, íbamos a intervenir más dilectamente en la política con las cabilas.

Quiso aprovechar Silvestre la ocasión de hablar de otras cosas con el sherif y avisó a éste. Raisuni, con varias excusas, tardó tres días en recibirle. La paciencia del caudillo se agotaba por momentos.

No obstante su animadversión, Raisuni lo recibió afablemente, pidiéndole perdones por no haberle recibido oportunamente. «Había estado enfermo.»

Silvestre le dio cuenta de la instalación de la oficina de asuntos indígenas. Le habló de la necesidad de que pusiera en libertad a tres chejs del Jolot que acababa de meter en la cárcel por no haber secundado sus órdenes je rapiña. El cherif accedió a los ruegos de Silvestre, ruedos que envolvían algo de amenaza, tras no corta disensión y con la condición de que dichos chejs quedaban destituidos.

A ruegos de Alfau, que se lo pidió a Silvestre, pidió también a Raisuni la libertad de los presos del aduar de Ramla que continuaban en la cárcel desde el secuestro del ganado en dicho aduar. Cedió Raisuni, de momento, después de tenaz resistencia, a hacerlo.

Sin embargo, como en casi todas las conferencias, el sherif se mostró conciliador. Pero se condolió que nuestro modo de proceder y encauzar la política, fuese mas dé la disminución de su prestigio en el monte. «Ahora mismo—dijo—, tengo cinco cabilas enteras que no me obedecen dentro de mi bajalato».

El caudillo mostrose quejoso al cherif, también, de que tenía con nosotros una conducta esquiva; pues que, a pesar de las visitas que le había hecho, no había tenido la atención de devolverle ninguna.

—Esto lo interpretan muchos—dijo Silvestre—, como una falta de acuerdo entre nosotros y a que no aunemos nuestros esfuerzos por el interés común.

—No hay tal esquivez—le respondió Raisuni. Y como prueba de ello, se ofreció a acompañar a Silvestre en su visita al campamento del Aox, presenciando el desfile de nuestras tropas y visitando con el coronel las dependencias del campamento.

A su regreso a Larache, Silvestre se felicitaba que en esta conferencia había querido entrever un cambio de actitud y de conducta en el bajá, actitud que, de perseverar, nos facilitaría mucho en nuestra labor. Quizá Silvestre esperaba que el Gobierno aprobase su propuesta a favor de Raisuni para el jalifato de la zona.

Alfau, Gobernador militar entonces de Ceuta, agradeció mucho a Silvestre su intervención por los presos de Ramla por quienes tanto interés tenía aquél, sabedor de que estaban injustamente encarcelados por el cherif. Y le decía a Silvestre en una carta: «Doy a usted las gracias por su interés en este asunto. Comprendo lo difícil será a usted mantener relaciones cordiales con Raisuni, *dados los abusos y tropelías que éste comete, de las que tengo noticia por nuestro ministro en Tánger*; y no dudo que sabrá usted obtener con su política e inteligente gestión, el mayor partido posible en pro de los intereses de España.»

XXI
Siguen los desmanes de Raísuni.

Pero convencido sin duda el cherif de nuestra veleidad, de que al propio tiempo su prestigio se mermaba por momentos y de que no era posible conseguir nada, continuaba sus fechorías. Por otra parte, en nuestras oficinas indígenas se recibían a cada momento noticias alarmantes, que de consentirse constituirían un verdadero descrédito para nuestra intervención. El cherif se apoderó arbitrariamente (pero dándole forma Wal, obligando a los adules a hacer documentos falsos) de importante cantidad de terreno de propiedades del interior de la población de Arzila, e incluso de las pertenecientes al Majzen. Decía Silvestre al ministro de Tánger entre otras cosas: «Tengo noticias que Raisuni se ha apoderado, dándole forma legal, de una faja de terreno desde orilla derecha Luccus al mar, al Sur duar Rekada, cérea desembocadura río, en sitio llamado Vir-Musuk, con objeto construir un Fondak. Tengo noticia que pretende tomar posesión en igual forma del bosque llamado el Sahel, entre Arzila y Larache. Continuas amenazas Raisuni tienen atemorizados indígenas, que son encarcelados si no le entregan sus bienes. *Cónsul Zugasti y yo creemos llegado momento intervenir enérgicamente cerca Raisuni,* obligándole a que cuantas compras y ventas ordene y tributos imponga, sea con intervención España. Para ello proponemos ir a Arzila cónsul Zugasti y yo, y en caso necesario, para mayor fuerza, un representante Legación con plenos poderes *para dar fin a nuestra desairada situación ante las cabilas.»*

Raisuni no se avenía a tener en cuenta—disgustado también por no ver convertidas en realidad las formales promesas que le hicieran Zugasti y Silvestre, acerca de su nombramiento de jalifa—, los propósitos que animaban a Silvestre de encauzar la misión de España en África por un camino positivo para el país, esto es, por los caminos de la verdadera protección al indígena, ¿Equivocadamente? ¿Acertadamente? ¿Debimos dejar gobernarse a los moros de esta manera atrabiliaria, hacernos los sordos a las continuas quejas de las numerosas víctimas que acudían a nosotros a pedir apoyo? ignoramos si el verdadero concepto de nuestro protectorado era el que tenía Silvestre frente a los apetitos del Raisuni, hombre que bien nos demostró cuánto le molestaba el Majzen y cómo le agradaba la vida independiente, de pleno albedrío.

El cherif iba acabando también con la paciencia de nuestro ministro en Tánger. En los primeros días de diciembre, sin otro delito que el de estar en relaciones con nuestra oficina indígena de Arzila, encarceló a dos indígenas. El marqués de Villasinda, hizo gestiones para que fuesen puestos en libertad; pero Raisuni no le hizo caso. La actitud de Raisuni en esta cuestión—decía Villasinda a Silvestre—, así como la manera evasiva que tiene de contestar, me mueve a hablar más enérgicamente al Raisuni en este respecto.

Así las cosas, y desarrollándose el tratado con Francia, el 12 de diciembre era llamado Silvestre a Madrid con toda urgencia.

Esta ausencia del caudillo la aprovechó el Raisuni para moverse con más desenvoltura, arreciando en sus desmanes.

La Nochebuena de aquel año se presentaron en nuestra Policía numerosos moros de Beni-Aros, casi todos ellos del aduar de Jaldien, denunciando que hacía más de cuatro meses habían sido metidos en la cárcel por Raisuni, y de manera caprichosa, seis de sus parientes, y que, en dicho día, les había enviado a sus soldados, exigiéndoles cinco mil duros para poner en libertad a los presos, amenazándoles con la razia, de no pagar dicha cantidad. Indignados los moros se acogieron a España, creyendo que a ésta correspondía intervenir en tales injusticias. Y al efecto, acudieron a la Policía de Larache y simultáneamente al cónsul de España en Tetuán, a Zugasti en Larache y a la oficina indígena de Arzila, sacrificando reses ante estas autoridades en señal de acatamiento y en demanda de auxilio.

Uno de los moros del aduar, preso por Raisuni, había sido chef del mismo; pero al parecer no interpretaba bien sus órdenes, y lo quitó para colocar a otro que atropellaba a"los cabileños caprichosamente. Otros aduares inmediatos habían huido, llevándose el ganado a otra parte, en vista de las disposiciones del Raisuni y actitud de la pequeña Mehalla que el cherif tenía en las inmediaciones de aquél.

Días después, nuestros policías interceptaron un correo en que los cabecillas de esta Mehalla (que después algunos «africanistas» han llamado tropas del Majzen) daban cuenta al xerif y a su Jalifa, por separado, de las «hazañas» que cometía. Decía así una de las cartas que traducimos como testimonio más real de los hechos, dispuestos como estamos a dar pruebas:

«La alabanza al Dios único. Y sus oraciones sobre nuestro y dueño Mohamed.

Al cherif Raisuni, la salud completa sobre vos y después: Te informo sobre la desobediencia de Jaldien sobre el pago.

En cuanto llegó la orden del Jalifa Sidi-Dris er-Rifi (1), nos hemos reunido y cercado sus casas hasta que .o la noche, y tuvimos fuego, pues estaban pertréchalos de cartuchos. Por la mañana nos acercamos y no hallamos ganado ni nada, pues se lo habían llevado al Saf Yarlati, Feraux y Beni der, y quemamos las casas de los traidores. Habíamos ordenado a Ueld-Gordda que se ocultara en su casa, y en cuanto llegó la noche hasta él nos hizo fuego; cuando se acercaron nos insultaron y nos decían: «Vosotros tenéis vuestro Gobierno, *y nosotros nuestro Gobierno cristiano.*»

Contéstanos si es que continuamos acampados frente a ellos o no, y si quemamos todas las casas o no, pues sólo quedan aquí las mujeres, y los hombres se han escapado; aquéllas sacrificaron ganado y algunas cabras y nos es precisa la contestación cuanto antes. Fecha 15 Moharren 1331. Xeij Kanfud, Sid-Hamed-ben-Musa y Xeij Taieb.»

Se dio cuenta a Tánger de estos hechos, en unión de otras quejas de nuevos individuos del mismo aduar, quienes manifestaron que parte del ganado que pudieron salvar de la razia lo habían ocultado, y que, sabedor Raisuni de que habían acudido a España en súplica de protección, había ordenado se recargase de cadenas a los moros del aduar citado, presos en la cárcel de Arzila. Confirmó nuestra policía que Raisuni, en vista de que de grado no había obtenido los cinco mil duros que como precio del rescate había impuesto al aduar, quiso obtenerlo por la fuerza, mandando a la Mehalla contra aquél.

---

(1) Entonces con Raisuni y hoy «amel» del Rif.

XXII
Excitando a las cabilas

En los primeros días del año 1913, la situación tendía a hacerse imposible; confidentes del Zoco el Sebt de Beni Aros traían noticias de que en todas las cabilas se leían cartas del Raisuni excitando a los moros a la guerra santa contra España. El cherif había marchado a Tánger a presentar nuevas quejas contra nuestra actuación ante el ministro, a la vez que se recibían nuevas confidencias de que Raisuni tenía propósitos de hacer una salida a Beni Aros.

El ministro decía a Larache entre otras cosas: «Sobre conocimiento relativo Raisuni salida Beni Aros, no siendo posible dadas circunstancias políticas impedir por medios violentos u otros salida de Raisuni de Tánger, seguiré negociaciones con él como se ha hecho, dándole alguna satisfacción de amor propio, recibiendo en cambio garantía de que cesará hostigar cabilas monte contra España. Actitud y manejos Raisuni, que conozco perfectamente, pues tengo en mi poder cartas suyas que me he procurado aquí, obedecen a su irritación por los recientes acontecimientos de Arzila y a su deseo probarnos que conserva todavía influencia grande y que hay que ir contra él. Por todo lo cual, conviene llevar ánimo cabilas monte, convencimiento de que no hay propósito de atacarlas, tomando sin embargo medidas contra cualquier sorpresa. Tengo noticias de que Raisuni está muy bien informado de cuanto dicen y hacen todos los españoles de Arzila, por lo que encargo extrema reserva prudencia.» No cabe mayor error que este de ordenar *se llevara a las cabilas el convencimiento de que España no pensaba atacarlas...* ¿Quién iba a realizar tal misión? Ya se le contestaba al ministro en Tánger con estos argumentos: «El procedimiento de enviar emisarios a las cabilas montañesas para convencerles de que no les conviene prestarse a las intrigas del Raisuni, lo creo poco menos que ineficaz, porque no habrá hombre de prestigio afecto a España que se atreva a predicar en la actual situación en contra de Raisuni, entre los partidarios de éste.»

Con este modo de enjuiciar y disponer desde Madrid, 'os errores eran más manifiestos. Con Raisuni no quedaban más que dos caminos: o el de dejarle gobernar a sus anchas, para lo cual holgaba bautizar nuestra acción con el nombre de «protectora», o romper abiertamente con él, como después hubo de suceder.

Los habitantes del aduar Jaldien, temerosos dé las represalias de Raisuni y sus secuaces, se habían refugiado en nuestro destacamento del Aox, y no se atrevían a salir de él hasta tener garantida la seguridad y le fuesen devueltos sus parientes de Arzila.

Las pruebas palpables y noticias que tenemos de los manejos que lleva a cabo Raisuni, demuestran su actitud de clara hostilidad contra nosotros (decíase a Tánger en aquellos días), que es necesario contrarrestar con procedimientos más fuertes e imperativos que los hasta ahora seguidos y más directamente encaminados contra el cherif y sus agentes.»

Llovían las quejas contra el cherif en nuestra oficina e Arzila. El jefe de ésta, capitán Guedea, con el fin de comprobarlas personalmente, se trasladó al Zoco el Had. Cerca del Uad El Jarrub, cerciorándose de la política de rapacidad, informando al jefe superior accidental de las tropas de ocupación, decía el capitán Guedea:

«Permanecí en dicho Zoco todo el día visitando al siguiente los poblados de Xelaula y Defila, cuyos habitantes son también esquilmados por el Raisuni. En todos estos lugares he podido cerciorarme de la animosidad que existe contra éste, verificando ante esta oficina tales actos de presencia, que pienso continuar para ir pulsando la actitud de las cabilas que a la misma están afectas, v como labor preparatoria de la que más adelante y con mayor intensidad tiene que realizarse dentro de nuestra zona de influencia.»

Por orden del cherif, y como venganza por haber acudido a nosotros en demanda de justicia, su jalifa escribió esta carta al Taieb, uno de los jefes de la Mehalla célebre:

«Ál Cheid-Abd-Es-Selam Be-El-Hach, Taieb. La paz sobre ti y la misericordia de Dios. Os ordena nuestro señor el cherif sean guardados por Dios presente todos los malhechores de Jaldien y de la Región que sean traidores y les obligues y los hagas prisioneros sin falta, y nosotros ya te enviamos un soldado del cherif encargado de traerlos. Sin falta haz esto. Cuidado con que os acobardéis, que si os acobardáis, luego os pesará bastante y os castigaremos. Conservaos bien y que Dios os ayude en el trabajo de nuestro señor.»

Una sección del Tabor, al mando del Kaid Buamarani salió hacia el aduar Jaldien, para ahuyentar a las gentes de Raisuni, devolviendo la tranquilidad al aduar.

Los informes del campo continuaban siendo alarmantes. A Madrid, donde continuaba, se enviaban notician confidenciales a Silvestre de cuanto ocurría, y éste hubo de activar su vuelta.

El Raisuni, que entonces se hallaba en Tánger, como queda dicho, salió el 9 de enero para Zinat. Los informes eran de que marchaba a Muley Abselam, donde tenía citadas a las cabilas, pero éstas no respondieron todo lo bien que esperaba el cherif, gracias a las predicaciones de paz hechas por algunos moros de prestigio (entre ellos Sid-Hamed-El-Tazzia), o bien porque su prestigio iba decayendo.

XXIII

El Raisuni vuelve a Tánger. —Silvestre no puede volver a Larache por el temporal. —La situación empeora.

El Raisuni regresó a Tánger el 13 de enero, donde recibió noticias de que su madre estaba gravemente enferma

En vista de lo delicado de la situación, se dieron órdenes a todas las posiciones de redoblar la vigilancia y estar prevenidos para cualquier golpe.

También se disponía que, en cuanto sonase el primer tiro, se prendieran con toda discreción en Arzila y Alcázar a los moros amigos del cherif o afectos a su causa.

Como es natural, el viaje de Silvestre se precipitó en vista del curso de los acontecimientos.

El 9 de enero, el «Almirante Lobo» llegaba a Cádiz para recoger al coronel. El ministro de la Guerra decía al propio tiempo al jefe interino de las fuerzas, que, por varios conductos, tenía información de la actitud de Raisuni, y que por todos los medios se procurase evitar ser sorprendidos.

A todo esto, Silvestre quedó encerrado en Cádiz, a causa del temporal, que hacía infranqueable el arribo a Larache. De suponer es la impaciencia de Silvestre, que se veía impotente contra los elementos.

A Larache pedía continuos informes sobre la situación.

El día 10 se le decía: «Raisuni se propone continuar a santuario Muley Abselam, donde parece se verificará reunión gentes otras cabilas montañesas para decidir actitud hacia nosotros, que no está aún definida, pues manifiéstase belicosa en unos y favorable a la paz en otros. En región Alcázar reina tranquilidad, y del conjunto información dedujese que, a excitación cabila Beni-Aros provocada por Raisuni, no responden las demás. Hállanse prevenidos nuestros destacamentos y vigilados a los más sospechosos y partidarios Raisuni.»

Y el día 11: «Confidentes montañeses aseguran no haber llegado efectuarse reunión proyectada en Santuario Moley Abselam, pues los cabileños desistieron concurrir convencidos por predicaciones favorables paz del Santón Tazzia. En campamento Aox se han presentado cinco moros armados de Beni Aros, cabila más adicta al Raisuni, acogiéndose protección a España y manifestando que mañana se presentarán más.»

Silvestre estaba intranquilo, no podía dormir, forjando mil planes para su llegada a Larache, temiendo también, a cada momento, recibir noticias fatales.

Aquella noche recibió de Larache otro telegrama más tranquilizador:

«Raisuni permanece en Sinat, y de todos los informes se dedúcese fracaso agitación que provocaba entre sus partidarios de Beni Aros.»

Y el 13, un nuevo telegrama, en el que se le decía que «Raisuni, acompañado de tres jefes de Beni Mesauar, había llegado a Tánger, donde encontró noticia de que su madre estaba gravísimamente enferma.

XXIV

Silvestre llega. —Una escena histórica y una resolución violenta.

Vuelto Silvestre a Larache, y en sus manos nuevamente las riendas del mando, es de suponer que el rompimiento era inminente. Las relaciones entre el caudillo y cherif no podían continuar por los caminos de la nobleza y la justicia. En el zoco del sábado de Beni Gorfet, los cabileños cortaban la cabeza al chej de Lañara, impuesto 1 la cabila por Raisuni, poco menos que a la fuerza. Raisuni negaba en Tánger la veracidad de nuestras confidencias.

En los últimos días de enero Silvestre fue a Arzila, y tuvo con el cherif una escena violenta. Decididamente fue a ver la cárcel, llena de indígenas, aprisionados injustamente, según todos los informes. Al efecto, se entrevistó con Raisuni en su palacio y le hizo conocer sus deseos.

Gran sorpresa causó al cherif esta pretensión, tan bruscamente manifestada, y con su fina diplomacia trató de parar el golpe, dando treguas al asunto. Recurrió primeramente al pretexto del te, pensando quizá que entre taza y taza disuadiría al coronel.

Pero Silvestre, que no pensaba más que en el objeto precioso de su viaje, acuciaba al cherif, y nervioso, impaciente, malhumorado, parecía dispuesto a derribar de un fustazo el lindo servicio de Sashuma. Había tenido que

que esperar la confección del te; luego, con la parsimonia de costumbre, había esperado que, a sorbitos, se vaciasen las finas tazas repetidas veces... Y no pudiendo esperar más, se levantó con violencia, y saliendo del salón ordenó:

«—vamos ahora mismo... ¡Ahora mismo!... Quiero ver la cárcel.»

Con el amargor de boca que es de imaginar, Raisuni acompañó a Silvestre... Llegaron a la cárcel. El espectáculo que se ofreció a los ojos del caudillo era, en verdad, desolador, al menos para un europeo. En unas terribles mazmorras inquisitoriales, lóbregas e infectas, se hacinaban racimos de indígenas harapientos y depauperados, Aquellos míseros estaban dolorosamente encadenados con pesados hierros.

Muchas mañanas había que sacar los cadáveres de entre el humano racimo, abriendo la cadena trágica.

Silvestre, horrorizado del bochornoso espectáculo, y sorprendido del número elevadísimo de cautivos, preguntó al cherif.

— ¿Cómo me explicas esto? ¿Son criminales todos los hombres de la localidad?

—Son éstos unos perros, ladrones y malhechores. No le des importancia tú, señor.

Estas frases del cherif provocaron un sordo murmullo de protesta en aquel montón repugnante. Todos los ojos brillantes de fiebre—corno luciérnagas en la concavidad de las ojeras—miraban al coronel implorantes y temerosos.

— ¡Esto es intolerable! ¿No lo estás viendo?—reprochó al cherif.

— ¿Qué quieres que digan ellos?—contestó éste socarronamente.

Consecuencia de esta visita á la cárcel de Arzila fue el encargo dado por Silvestre a un oficial de la Oficina indígena, de hacer una información detallada acerca de los presos, donde se expresase las circunstancias del delito y del delincuente.

Pocas horas después, el coronel escuchaba a varios indígenas de Arzila y formaba su proyecto. Le habían reiterado todos que el Raisuni los expoliaba sañudamente y al que no podía rendirle tributo en dinero o especies, lo encarcelaba arbitraria y caprichosamente.

Dispuesto a cortar por lo sano, Silvestre decidió entrevistarse seguidamente con el bajá. Este hizo entonces lo me ahora en el Buhasen repitió, con éxito, con el general Castro-Girona. Pretextó que se hallaba rezando, y no recibió al coronel; pero Silvestre irrumpió en casa de cherif:

—Vas a explicarme — le dijo con firmeza — qué haces con tus presos. Conozco tus infamias y sé los atropellos que diariamente cometes con la pobre gente que tiene fe en ti y cree en tu milagrería. Y has de saber que España, a la que represento, no puede, ni quiere consentir tus vejaciones e injusticias, está decidida a concluir con este bárbaro estado de cosas. Los presos que tienes en la cárcel no cometieron más delito que no poder satisfacer tus inicuas exigencias; por eso los encarcelaste y los has cargado de cadenas como a criminales feroces. Enséñame, si los tienes, los registros donde estén anotados los presos y el motivo de su prisión. Justifica, si puedes, tu conducta cruel y abominable...

—España, a la que dices representas aquí—respondió el hábil y diplomático cherif—, ha venido a otra cosa que a inmiscuirse en nuestra administración de justicia. España ha prometido respetar nuestras leyes y costumbres, tradiciones y ritos. Nuestro *cheráa* me autoriza para hacer lo que hago, como lo hago. Y tú, si representas a España, estás obligado a robustecer mi autoridad y no a debilitarla. Si tal haces, ni comprendes cuál es la misión de España en estas tierras, ni conoces tu mismo papel.

Cada hombre estaba en su papel. Eran dos temperamentos frente a frente. Aplaudimos el gesto gallardo y dominador de Silvestre y lamentamos que el Gobierno, ignorante máximo del problema, enviase aquí, a tan justo representante de nuestra hidalguía.

Las razones del Raisuni, que eran los principios arraigados en un pueblo, no mellaron el ánimo del coronel, todo fortaleza y tesón. Ordenó trajesen a su presencia algunos presos. Y humilló al cherif, interrogando a aquellos miserables en su presencia.

— ¿Por qué estáis presos?

Y uno dijo:

—Señó, no traje a Sidi Haméd el ganado que me exigió

Y otro:

—No pude reunir el dinero que el cherif me pidió con sus mejaznis...

Y así, parecidamente, los demás.

No obstante, aún el Raisuni, mascando la ira, replicó, dirigiéndose a Silvestre:

—Lo que dicen esos perros es falso. Todos son unos ladrones. Mi justicia es recta. ¿Vas a dar más crédito a ellos que a mí?

A esta última pregunta el coronel contestó, ordenando: — A ver, ahora mismo; todos los presos en libertad. Y regresó a Larache, rotas las relaciones con el cherif. Pero allí, aquella tarde, nacía la guerra de Yebala. En la madrugada siguiente, y cumpliendo órdenes del coronel Silvestre, el jefe de la oficina indígena de Arzila se incautaba del armamento y municiones que Raisuni había ido almacenando; él sabría con qué intenciones.

Y un día después, Silvestre cursaba a Guerra el siguiente parte oficial Jefe Oficina Arzila, en madrugada anterior, cumplimentando mis órdenes, se ha incautado de 133.000 cartuchos, sistemas Máuser, Martini y Gras, 501 fusiles y cinco tiendas campaña que Raisuni tenía almacenados dentro de población. También he puesto en libertad a 98 moros presos en la cárcel de Arzila, los cuales estaban encadenados por el cuello y sujetos con grillos, de modo hallarse imposibilitados todo movimiento y sometidos a diversas clases martirios. Sujetos a una sola cadena había 40 moros; dos de los presos murieron de hambre anteayer, y entre los libertados hay varios protegidos españoles, habiéndose alistado algunos, en el acto, en el Tabor de Arzila.

Jefe dicha Oficina indígena me participa también que ha puesto presos a dos moros llamados Jaubi y Mediuni, hombres peligrosos y afectos Raisuni, y que también ha encarcelado al moro Hiffa, encargado de la cárcel, que tenía a los presos sometidos a toda clase de torturas. He aprobado estas prisiones y me complazco en llamar la atención de V. E. sobre revelante servicio prestado por capitán Guedea y demás oficiales oficina Arzila al interpretar y ejecutar mis órdenes.»

XXV
Efectos de la actitud de Silvestre. —Raisuni huye.

Las noticias oficiales que Silvestre facilitaba cayeron en Tánger y en Madrid como una bomba. Raisuni se escapó a Tánger para no volver a Arzila más, e inmediatamente se presentó a nuestro ministro, poniendo el grito en el cielo. Me han puesto a todos los rebeldes y a todos los granujas en la calle, y en cambio me han prendido a moros amigos, entre ellos al preceptor de mi hijo.» El ministro se indignó y pidió informes a Silvestre sobre la exactitud de las noticias que le daba Raisuni, a la vez que le recordaba tuviese muy presente a quien correspondía adoptar tales medidas y autorizarlas.

Es muy natural que tan enmarañada dirección del problema político-militar de la zona tuviese tales resultados.

Por su parte, el general Luque echaba buena reprimenda a Silvestre en telegrama de 27 de enero, en que le decía:

«Recibido su telegrama dándome cuenta haberse incautado de armamentos, municiones y efectos que Raisuni tenía en Arzila, así como del acto de poner en libertad a moros que estaban en la cárcel y haber puesto en prisión a otros. Le manifiesto que no debe de perder de vista que el Raisuni es bajá, y como tal tiene carácter oficial, y depende del Majzen, que ejerce la soberanía. Además, el asunto tiene carácter eminentemente político, y como puede traer consecuencia que no convenga afrontar por ahora, y esto puede no encajar en marcha política que conviene seguir en circunstancias actuales, las que sólo puede apreciar el Gobierno, hubiera sido más conveniente que, antes de acordar acto llevado a cabo, pidiese instrucciones a ministro nuestro Tánger, ya que, para todo lo relacionado con el orden político depende V. S. del ministro de Estado, según dispone la Real orden de junio de 1911, por la que se daban a V. S. atribuciones para el mando que había de ejercer en ese territorio. Sería también muy conveniente que, sin que sufra menoscabo la autoridad de V. S. y como iniciativa suya exclusivamente, se pusieran en libertad algunos de los moros que han sido presos, pues esta medida sería práctica y beneficiosa para nuestros intereses desde el punto de vista político. Déme cuenta de estos extremos y hágalo también a Estado y ministro Tánger.»

Silvestre había puesto centinelas al hijo de Raisuni, como igualmente ordenó montar guardia en las puertas de la ciudad.

El caudillo recibió el preinserto telegrama y se apresuró a contestarlo diciendo se había fundado para tomar tal determinación en su «doble carácter de funcionario del Majzen y jefe superior de las fuerzas españolas que mantenían el orden dentro del territorio ocupador

En cuanto a la libertad de los presos que interesaba el Raisuni, no sólo no aparecía entre ello. el preceptor de su hijo, sino que Silvestre hacía ver al ministro la transcendental importancia que en sí llevaba dejar libres a elementos tan perturbadores y que tan fielmente secundaban la política hostil que contra nuestros intereses desarrollaba el Raisuni, colocado ya en franca rebeldía frente a nosotros.

Sólo se comprende que pudiera disponerse desde Madrid una cosa tan absurda como soltar en aquellos preciosos momentos los rehenes que teníamos en Arzila, y que podían ser base de parar, siquiera fuese de momento, la tormenta que se nos venía encima.

Las municiones recogidas al Raisuni, por las clases de sus empaques y flamante estado, revelaban ser de resiente adquisición, por lo que Silvestre pidió se destinase un cañonero para vigilar la costa.

El día 31 de enero Silvestre recibió confidencias de que Raisuni había ordenado al caid Ben Zelal, de Beni Mesauar, que reuniera cerca de Ramla cincuenta hombres armados, por cada fracción de dicha cabila. También le informaron que Raisuni tenía doscientos hombres armados, y que estaba repartiendo fusiles por las cabilas con firme propósito de levantarlas contra nosotros. La guerra era inminente. Simultáneamente, las oficinas indígenas de Tetuán recibían noticias de que había regresado, Wad-Rás el chej El-Arbi, que había estado en Tánger y se había entrevistado con Raisuni. Alentados por dicho chej, reuníanse en el Handak de Yebel Hebib, notables de Wad-Rás, Beni Mesauar, Yebel Hebib y Beni Ider, tratando de la conducta que debían seguir con España. El mismo día se reunían en Sidi Heddi, de Beni Aros, cabileños de Sumata, Beni Gorfet y Alal Serif, con el fin de nombrar chej Es-Siba (de país independiente), declarándose rebeldes al Majzen. En toda la región yebli se notaba bastante excitación al circular la noticia de que al Raisuni se le había detenido en Tánger y se le habían confiscado las armas y municiones que tenía en su casa de Arzila. A Tetuán llegaban informes de que los de Beni Aros iban a atacar a Arzila en vista del curso de los acontecimientos.

En vista del estado del campo, Silvestre comunica a Tánger la necesidad de estar prevenidos, así como la necesidad de acometer la ocupación del Sinat y establecer otros puestos militares para reforzar Arzila. A la vez, y cerniéndose el fantasma de la guerra sobre la zona, el caudillo pedía al Gobierno el envío de fuerzas europeas.

El marqués de Villasinda, verdaderamente enojado por la situación creada por el coronel Silvestre, dio cuenta al Gobierno, diciéndole: «La situación me parece muy delicada, pues por una parte el hallarse Raisuni en Tánger, como huido de nosotros, le ha hecho recobrar prestigio cabilas de la montaña, a las que solivianta, haciéndolas creer que pensamos atacarlas, y por otra parte, su ausencia de Arzila y las medidas recientemente adoptadas por nuestras autoridades militares, aunque hayan satisfecho a cabilas del llano, que eran víctimas de exacciones del Raisuni, han venido a suprimir de hecho toda autoridad Majzen, creándose por lo mismo un estado general de confusión, muy propio para que elementos perturbadores fomenten agitaciones en contra nuestra. Insisto, por tanto, en estimar, y así lo he indicado a coronel Silvestre, que cualquier movimiento u operación que decida Gobierno de S. M., debe realizarse pacíficamente, como una sencilla ocupación de puestos estratégicos para garantizar orden, preparando previamente ánimo cabileños y sin alardes que pudieran ser interpretados como provocaciones nuestras. Proceder de otro modo será, a mi juicio, causa de inmediata conflagración con incalculables consecuencias. Es menester firmeza, pero a la vez la mayor prudencia y tacto para infundir en espíritu cabilas que no nos proponemos conquistar ni intervenir directamente en sus asuntos, sino solamente mantener el orden y asegurarles un gobierno suyo, propio, que las administre honradamente.»

Por toda contestación el Gobierno ordenó a nuestro ministro se dijera a Silvestre que en momentos tan críticos toda prudencia era poca.

Por Tetuán, como decimos, la efervescencia era mayor por momentos. Una partida de indígenas mataba en el camino del Tzelata, de Wad-Rás, a un hebreo, poco después de haber pasado las patrullas de nuestro tabor destacado en el Fondak. De la reunión que se acababa de celebrar en Yebel Hebib, se sabía por moros adictos que habían asistido a ella que se trataba de la formación de una jarka, a cuyo frente había de colocarse el Raisuni, para hacer la guerra a España.

Nuestros confidentes nos decían que Raisuni había arreciado su campaña de instigación en todo el monte. A Beni Gorfet y Beni Aros les había ordenado se unieran para combatir al «extranjero», anunciándoles su próxima marcha a Beni Aros para dirigir personalmente el movimiento.

Dichas cabilas mantenían guardias y ejercían vigilancia sobre los moros amigos de España, principalmente sobre los puestos en libertad por nosotros, a quienes Raisuni había de hacer sentir después su odio y su rabia. La cabila de Ahl-Xerif era objeto de iguales instigaciones, pero al parecer los ánimos estaban bastante decididos.'

En vista de todo esto, Silvestre reforzó la guardia en Arzila a la familia del cherif, y pedía por radio a nuestra Legación de Tánger que se impidiese a todo trance, incluso con medios violentos, la salida del Raisuni de aquella ciudad.

En el mismo día se presentó a Silvestre uno de los moros que el cherif había tenido preso tres años en la cárcel de Arzila, y que fue puesto en libertad por nosotros. Agradecido el indígena, venía con ocho moros más, armados todos, ofreciéndose a España para luchar con el despótico cherif en unión de la cabila toda. Se ofrecían en total 200 moros armados, que veían con extrema simpatía la hidalguía de España frente al señor de horca y cuchillo.

Silvestre sintió una íntima e inmensa satisfacción escuchando de labios de aquellos moros las frases de elogio para su Patria.

XXVI

En Tánger. —Negociaciones diplomáticas.

Mientras tanto, nuestro ministro en Tánger, sin contar ya para nada con Silvestre, procuraba amasar un pacto con Raisuni— ¡vano empeño ya!—para lograr que éste depusiera su actitud contra España.

Al efecto, y tras no pocos forcejeos, acordaron las siguientes bases, que fueron transmitidas al Gobierno por telégrafo, aprobándolas éste en igual forma:

«Primera. Raisuni enviará inmediatamente su hermano a Arzila, como jalifa suyo, con plenos poderes, destituyendo, si así lo queremos, al Dris, a quien si yo quiero haría venir a Tánger para presentárseme y de mi autoridad recibir instrucciones.

Segunda. Pasados, los cuarenta días del luto de su madre, plazo que expirará dentro de tres semanas, el propio Raisuni volverá a Arzila, actuando de bajá, con su hermano de jalifa, hasta que se regularice la situación con nombramiento y llegada del jalifa en la zona española, prestándose también Raisuni a seguir después como bajá de Arzila si así lo deseamos.

Tercera. Su hermano irá a Arzila provisto de cartas suyas para las cabilas, a fin de que se reconozca su autoridad como jalifa y perfecta armonía de Raisuni con España. Las cartas irán abiertas, y después de ser examinadas por el señor Gallego se remitirán a su destino por seguro conducto y de común acuerdo entre el jalifa y Gallego. Además, jalifa hará constar por medio de pregones en cabílas y en términos convenidos previamente con Gallego su acuerdo con España para medida buen gobierno región ocupada hoy por nuestras tropas.

Cuarta. Raisuni, cuando vaya a Arzila, y desde ahora su hermano y jalifa, estará asesorado e intervenido en todos y cada uno de sus actos administrativos y de haciendo justicia por el señor Gallego, *cuidándose, sin embargo, de que a los ojos de los indígenas no aparezca actuando la autoridad Majzen, por respeto a su persona* y en propio interés nuestro. Las tropas indígenas estarán a la exclusiva orden de oficiales y jefes españoles, de quien dependerá todo lo referente a conservar orden y seguridad, actuando el jalifa de Raisuni en todos los servicios administrativos de carácter civil, bajo inspección e intervención de nuestro agente consular.

Respecto a servidores de Raisuni que están presos, le dije que una vez que esté su hermano en Arzila, cuando huya enviado las cartas y echado los pregones, restableciéndose tranquilidad, se examinaría asunto para poner en libertad a aquellos cuya inocencia resulte comprobada.

Raisuni quedó conforme con todas ellas; respecto traída su familia a Tánger, discutí largamente en mismo sentido, asegurándole mi mejor deseo en reciprocidad cumpliendo sus promesas.»

En un lacónico telegrama anunciaba nuestro ministro en Tánger a Silvestre lo acordado con Raisuni, así como también la salida para Arzila del hermano del cherif, a fin de que tomase ya posesión de su cargo de jalifa.

Pero al recibir las bases aprobadas por el Gobierno, de las que no tenía la menor noticia, creyó el caudillo que se prescindía de él para acuerdos tan importantes y que se le quitaba toda la autoridad que hasta entonces había tenido. Y se quejaba amargamente a sus amigos del pago que recibían sus desvelos.

XXVII
Silvestre presenta la dimisión.— No se le acepta.

Mas no queriendo transigir con las condiciones que se le imponían, pues entendían que quería subordinársele al cherif y a la política de patraña de éste, envió su dimisión al gobierno por telégrafo, confirmándola al ministro de la Guerra con la siguiente carta:

«Larache, 5 de febrero de 1913.— Excelentísimo señor don Agustín Luque.

Mi respetable general: Me apresuro a explicarle a usted las razones que me han obligado a elevar el radio de hoy 5.

Adjunto copia de las cláusulas acordadas entre el ministro de España en Tánger y Raisuni, de las que no tuve la menor noticia hasta que las recibí aprobadas por el Gobierno.

De su lectura se deducen varias consecuencias, siendo la primordial de todas ellas el desacuerdo en que aparezco con la Legación en la norma de política a desarrollar aquí. Dichas instrucciones echan por tierra toda la labor de las Oficinas Indígenas, en que basaba toda mi política, y las deja reducidas a meras Oficinas administrativas de las fuerzas de los tabores.

La verdadera misión de dicho organismo es la que le asigna la Real orden de 3 de octubre, y tengo la seguridad de que hasta aquí la han realizado con gran acierto e inteligencia, ajustándose en todos los casos a las instrucciones que en su carta oficiosa de 22 de noviembre tuvo a bien darme sobre relación de la misma con los cónsules; relación de perfecta armonía puesta de manifiesto en la actitud del señor Gallego y del cónsul Zugasti, cuyo radio de hoy es una aprobación rotunda a los actos por mi realizados hasta la fecha.

La actitud de Raisuni es *siempre falsa hacia nosotros,* y como tengo la convicción de que sus acuerdos con el ministro de Tánger los utilizará en su provecho propio y perjuicio nuestro, *no puedo hacerme solidario de un convenio que se ha hecho sin mi intervención y que puede traer graves consecuencias y originar responsabilidades* serias que recaerán muy directamente sobre mí.

La vuelta a Arzila de Raisuni o de su hermano en la forma y condiciones convenidas con él por su Legación redunda en nuestro desprestigio, quebrantando de tal modo ante las cabilas nuestra superioridad, que creo que, hasta las que nos son afectas y no se mostraban propicias a secundar las instigaciones de Raisuni, ante tal demostración de nuestra debilidad, indecisión y para ellas injustificable cambio de actuación por nuestra parte, nos negarían su calor y apoyo, viéndose obligados, faltos de nuestro amparo, a caer nuevamente, bien a su pesar, en manos de su antiguo amo el Raisuni, no obstante la crueldad y dureza con que éste les ha hecho objeto.

La liberación de los presos, ofrecida así como formal promesa, es, en mi concepto, otro error, pues por el contrario, a mi juicio, debe encarcelarse además de los que han sido, a todos cuantos secunden una política hostil a España.

Por otro lado, nada creo pueda alegarse en justificación o apoyo de que la dirección política local y la intervención en los actos civiles del Gobierno, administrativos, de hacienda y justicia que no se reconocen al que en mi opinión debe ejercer aquellas, o sea el jefe de la Oficina indígena, sean en cambio confiadas al agente consular o persona del orden civil que actúe como tal, quien, aun tratándose del señor Gallego, con todo, y ser de mi absoluta confianza y haber contado siempre con él, como interprete, resulta en definitiva siendo director e interventor de la política local en vez de serlo el jefe superior y por delegación suya el de la Oficina indígena, pues siempre, y más en las circunstancias actuales, debe tener la dirección política quien ejerce el mando de la fuerza, ya que en este país no se puede realizar aquella sin recorrerlo con las armas en la mano.

Las anteriores razones demostrarán a usted, mi general, las poderosas que me han impulsado a dirigir el telegrama de referencia, pues *prefiero sacrificar mis más caras ilusiones como militar, antes que secundar una política en mi concepto equivocada.*

Siempre de usted respetuoso subordinado y afectísimo, seguro servidor y amigo, que besa su mano, *Manuel F. Silvestre.*»

¿Qué comentarios hemos de poner a esta carta, que dice bien elocuentemente los errores de nuestra política de entonces? Un error era mantener a Silvestre aquí, puesto que el carácter, el acrisolado concepto que el caudillo tenía de los prestigios de la Patria y su alteza de miras en lo que él creía ciegamente misión de España en África, habían de chocar a diario con el espíritu de armonización y ardides de nuestros diplomáticos, que teniendo, el mismo concepto que aquél del honor nacional pensaba sin duda que las circunstancias y el trato con gentes del país de tan inferior nivel moral exigían de nosotros toda clase de sacrificios hasta obtener el fin que perseguíamos.

Es innegable también que el coronel Silvestre había procedido con una ligereza manifiesta; pero, ¿no es esta bien disculpable si se tiene en cuenta que era él solo quien directamente chocaba con la hiriente realidad de la conducta atrabiliaria de Raisuni, con las vejaciones de que éste nos hacía objeto a diario?

La actitud de Silvestre al presentar la dimisión en el caso relatado era una actitud digna y propia del concepto que el caudillo tenía de su prestigio. El error gubernamental fue no aceptarla y mantener en el territorio a toda costa frente a nuestro enojado ministro y frente a otro carácter violento y caprichoso además al firme carácter de Silvestre, que ya jamás podría transigir con una política de esta clase; donde los choques personales entre él, aumentados después por la actitud de nuestro ministro en Tánger, habían de hacer imposible toda la armonía y contemporización. Cada cual mantendrían en lo sucesivo sus principales puntos de vista, sus egoísmos. El militar, como soldado celoso y entusiasta de su cargo y de su carrera; el diplomático, prestigiado por ÍS órdenes de Madrid que le autorizaban a llevar una política de modo bien discutible por cierto; y el cabecilla, astuto y ladino, aprovechándose regocijado de este «río revuelto» de pasiones, en beneficio personal de su nombradía, que iba extendiéndose gracias a todo esto por toda Yebala, de manera que jamás él pudo soñar.

Lo que hubiese hecho un Gobierno hábil hubiere sido relevar inmediatamente al ministro de Tánger y al coronel Silvestre. Si los deseos del Gobierno eran realizar una política de tacto y prudencia, de transigencia, de robustecimiento de la autoridad indígena, nunca mejor ocasión que aquélla para haber quitado a quienes nos llevaban irremisiblemente a una era lamentable de guerras y de luchas, y haber limitado la acción de las Oficinas indígena, dando las funciones interventoras de la gestión de los bachas a un jefe militar o cónsul, hábiles para la política mora, de la tregua, el incumplimiento y el forcejeo.

Pero lo cierto es que el Gobierno, sordo y ciego ante la pravedad de aquellos momentos, hubo de dejar las cosas como estaban.

El ministro de la Guerra transmitió, de acuerdo con el Gobierno, un telegrama a Silvestre, notificándole *que daba por no recibida su dimisión,* y haciéndole saber que el acuerdo entre el ministro de Tánger y Raisuni modificaban la situación, siendo muy conveniente fomentar la política de atracción para intentar pacificar a las cabilas que habían recibido las cartas de Raisuni, excitándolas a la rebelión.

Accedió Silvestre a ello. Sacrificaba el caudillo sus impulsos a la voz del patriotismo.

Pero... estaba la indignación tan arraigada en el corazón de Silvestre, que el curso de los acontecimientos había de deshacer el momentáneo pacto.

XXVIII
Los presos de Arcila. —Doble política de Raisuni.

Como consecuencia del nombramiento de jalifa de Raisuni, a favor del hermano de éste, cesó Dris-Er-Riffi, que, amargado por la veleidad del cherif, empezó a inclinarse a nuestro lado.

Por exigencia del ministro de Tánger, tan indignado con la política que él llamaba «militar», de Silvestre, hubo de hacerse un informe sobre la calidad y delitos de los presos por nosotros libertados, con deseos, sin duda, de buscar responsabilidades concretas para el caudillo.

Afortunadamente, el resultado del informe fue bastante elocuente. De los noventa y un presos libertados; había cuarenta y dos cheijs destituidos por el cherif y encarcelados por no secundar sus órdenes; diez «agitadores», que no eran más que amigos de España; varios por venta de terreno y unos cuantos ladrones. Entre los libertados, figuraban dos homicidas, que, justo es reconocerlo, no debieron ser puestos en libertad.

El Gobierno invocaba patriotismo a Silvestre para conjurar la situación, y le advertía lo necesario que era aprovechar los prestigios del cherif para la pacificación de las tribus, a la vez que le ordenaba dejase al nuevo jalifa de Arzila entrevistarse con sus parientes que tenía vigilados y en rehenes, pues el caudillo había prohibido que Sidi Mohamed, hermano del cherif, viese a aquéllos.

Seguía en Tánger Raisuni forcejeando con nuestra Legación, para que se le entregase su familia y fuese llevada a Tánger, con su formal promesa de que nada haría contra nosotros. Hubo dudas por parte nuestra, bien justificadas ciertamente. ¡No era posible fiarse de aquel hombre astuto y ladino!

Sin embargo, entregó cartas dirigidas a las cabilas exhortándolas a la paz, de manera muy ambigua, ya que no hallaba, de momento, modo de justificar tan brusco cambio de conducta, teniendo en cuenta sus anteriores exhortaciones a la guerra santa. Una de las cartas leída en el Jolot, decía así:

«La cabila del Jolot, a sus auxiliares y a los notables: que Dios os dirija, y os conceda la paz con su misericordia y asistencia de nuestro Señor (el Sultán), victorioso por Dios, y después:

No ignoráis que marchamos al puerto de Tánger para asuntos del Gobierno y del bien público, y durante mi ausencia de Arzila enfermó nuestra madre (q. e. p. d.), cuya enfermedad me tuvo muy preocupado, hasta que fue llamada por Dios.

También en esta ausencia ha llegado a mi conocimiento las muchas murmuraciones que tenéis entre vosotros y otras gentes, hasta el extremo que hacía temer el quebranto de lodo Gobierno, por lo que muchos de vosotros se excedían hasta llegar a cometer robos y otros desmanes, y habéis vuelto, en fin, a costumbres malas de tiempo pasados, en cuyo estado os encontráis a causa de mi falta de atención hacia vosotros, y todo debido al luto de nuestra madre; y puesto que todavía me es precisa continuar en Tánger para el bien general, he resuelto, en su virtud, nombrar a nuestro hermano jalifa, en representación mía, con residencia en la ciudad de Arzila, y para este efecto ya ha marchado en salvación y paz, a fin de cumplir nuestras órdenes sobre los asuntos del Gobierno eferentes a vosotros y a las demás cabilas, y por ello os recomiendo le obedezcáis en todos los asuntos oficiales, y recomendéis, así mismo, a vuestro hermano tranquilidad y respeto, y que vivan con orden y sosiego, pues los delincuentes serán castigados, y espero desechéis de nuestro lado a los murmuradores y revoltosos, y que teniendo en cuenta las consecuencias mencionadas de mi ausencia, sepáis que lo que ha sucedido entre el Ejército español y mis criados, no ha tenido más causa que el mal entendimiento entre ellos, debido a mi falta de atención por las preocupaciones originadas por el luto de nuestra madre.

Hoy, que he podido fijarme en vuestra situación, la he arreglado como debía ser con los dueños de los españoles (la Legación) en los asuntos de los otros (marroquíes), y conforme a lo acordado, la tropa española no pasará los límites de su misión, y yo espero de vosotros que no hagáis caso de los revoltosos que desean encender el fuego de la revolución, por la que dijo el Verdadero: «Abandonad la revolución, que sólo encontrarán el mal los que no siguen el camino verdadero.» Así mismo dijo el profeta: «La revolución no es perdonada por Dios.»

Así, pues, os aviso para que desechéis las malas ideas del pensamiento y que sigáis el camino verdadero, que sólo el que sigue ganará y encontrará la salvación, y los que de él se desvíen sufrirán el castigo, y puesto que os muestro la buena dirección, os libraréis por ella del mal.

Cartas iguales a ésta hemos escrito a las demás cábilas de nuestra jurisdicción.

Además, y a fin de evitar malas interpretaciones de gentes mal intencionadas, os prevengo que cuando mi familia salga de Arzila, será debido a nuestra larga ausencia de ella, y también para que cambie de clima, puesto que todavía pudiéramos continuar en este puerto (de Tánger) para el arreglo del bien común, que ya hemos manifestado más arriba.

Dios os ayude y la Paz. —*Hamed-Er-Raisuni.*»

Y en efecto, fue contraproducente en extremo la lectura de estas cartas, tan extrañas después de las continuas reuniones inspiradas por el cherif para el fomento de la guerra santa. Los paganos de este astuto juego del cherif fueron los encargados de llevar y leer las cartas. El que empezó a leer la carta en el zoco del Yebel Hebib no pudo terminar. Fue apaleado, y hubo de ponerse en fuga precipitada. Los que llevaban las cartas a Reni Aros eran también maltratados y encarcelados. Esto lo supo el Gobierno inmediatamente, como tuvo noticia, igualmente, de que en aquel mismo día, los cabileños, enardecidos, hacían huir a los askaris del Tabor que teníamos en el Fondak, quedando cerrado el paso de los correos entre Tetuán y Tánger.

El comandante general de Ceuta ponía el grito en el cielo llamando la atención sobre este hecho, que achacaba sólo a instigaciones del Raisuni.

XXIX
La situación se agrava.

Los acontecimientos iban de mal en peor. Silvestre opinaba, contra las creencias del Gobierno, que el único medio de hacer abortar lo que se avecinaba, era destruir el prestigio de Raisuni, empezando por no soltar los valiosos rehenes que teníamos en nuestro poder.

A la llegada a Arzila del nuevo Jalifa, hermano del cherif, acompañado del agente español, para posesionarse de su cargo, tuvo necesidad de «hacer antesala» al Jefe de nuestra Oficina indígena, por causas de fuerza mayor. Esto dio origen a que el flamante Jalifa, siguiendo la política de su hermano y señor, formulase nueva queja. Sin embargo, el hermano de Raisuni, hombre sin muchas pretensiones (había sido babuchero en Tánger muchos años), se llevaba muy bien con nuestro agente consular señor Gallego.

El coronel Silvestre, ante el estado político tuvo que informar al Gobierno. Y decía en 16 de febrero, al ministro de la Guerra:

«Excelentísimo señor: Tengo el honor de participar a V. E. que ha sido trasmitidas a los comandantes militares, jefe de destacamentos, y muy especialmente a los de los Tabores y Oficinas indígenas, las instrucciones que V: E. tuvo a bien comunicarme en su radiograma de 10 del actual, relativo a la necesidad de extremar la polaca de atracción, *encareciendo a todos que se abstengan de medidas violentas y de iniciativas de relativa trascendencia,* sin previa autorización para ello. Debo hacer presente a V.E. que reina completa tranquilidad en el territorio, y que jamás se ha realizado violencia de ningún género, pues siempre ha sido normas de estas fuerzas guardar absoluto respeto a la propiedad, creencias religiosas y usos y costumbres de los indígenas, evitando cuanto pudiere molestarles.

La circunstancia de la espera sufrida por el Jalifa del Raisuni en Arzila, al fa visitar al Jefe de aquella Oficina indígena, que ha motivado su queja, fue debida a causas ajenas a la voluntad del referido Jefe; y aunque es de lamentar, en atención al agente español que acompañaba al jalifa, no se haya justificada la queja, teniendo en cuenta que la molestia que haya podido producirle la indicada circunstancia, resulta insignificante en relación con la incalificable conducta, que, en más de una ocasión y en actos análogos, usó su hermano con nosotros, teniéndonos a veces tres días en espera de audiencia, y sin que en ninguna de las muchas visitas que hice a dicha plaza, durante la estancia en ella de Raisuni, me hiciese este ofrecimiento alguno, ni me diera ninguna facilidad, ni aún para el alojamiento. Ello, no obstante, y como queda dicho, he ordenado que Jefes, *Oficiales y tropa sustenten con sus palabras y acciones, criterio contrario al incorrecto observado por aquel.*

Respecto a la intranquilidad, no del territorio, sino del monte, se debe únicamente a la actuación de Raisuni contra nuestra ocupación e influencia; actuación de Raisuni contra nuestra ocupación e influencia; actuación comprobada por sus cartas, fiándome la certeza de que pensaba sorprendernos en el mismo Arzila con el crecido número de moros armados que, por tolerancia nuestra y fiando en su supuesta amistad, pernoctaban dentro de la plaza.

La efervescencia que puede haber entre los montañeses es natural resultado de su labor desarrollada aun en el mismo Tánger, valiéndose de elementos que le son adictos, porque, como él, temen la implantación de un régimen de orden y justicia; y si más no hacen, es debido, sin duda, a su fracaso, pues las cabilas no le secundan por ahora ni le secundarán luego, si encuentra calor y protección afectivos en nuestras fuerzas que les libre de su tiranía y crueldad y de la rapiña y tropelías d funcionarios sin suelo, secuaces de tal bajá.

La frialdad, cuando no el ostensible disgusto con que es oída en los zocos la lectura de sus cartas por las cabilas que desean nuestra protección, y el hallarse en Arzila sus mujeres e hijo, sometidos a especial vigilancia son motivos que le obligan a tener que limitarse a realizar, como lo está haciendo desde Tánger, una política de solapada doblez, apareciendo, bien a su pesar, y según frase de los moros, *como una serpiente cuya cabeza he pisado y que se debate en coletazos de odio hacia nosotros.*

Por todo lo expuesto, y atendiendo especialmente a la trascendencia que para nuestros intereses tiene el acabar de una vez con el falso prestigio de que aún alardea el cherif, el Jefe que suscribe se honra en someter a la consideración de VE. las anteriores manifestaciones, en apoyo a la necesidad de que quede anulada la ya escasa autoridad de Raisuni. »

Dos días más tarde, el Jefe del Tabor de Policía de Alcázar, comandante laceras, enviaba a Silvestre estas noticias tan interesantes:

«Los chejs, Zel-lal; de Beni-Mesauar; Bajá de Yebela Hebib; Hach el Arbi de Uadrás, y otros, más el Harrak, de Zafzaf, en parte de la cabila de Ahel Sheriff, y este último mediante dinero que le ha dado el Raisuni, por encargo de éste, van extendiendo en sus respectivos territorios las versiones de que el Raisuni es poderoso, que conserva su puesto Majzen como siempre; que su situación no se ha debilitado en nada y que les dará armas y municiones a fin de que, como es preciso, le ayuden para guerrear contra los españoles; que en Beni Aros han repartido algunas armas y en las otras cabilas recomiendan su adquisición; y, por último, que el chej el Herrak con Sid Ahsen y chorfas de Beni Aros estuvieron el último martes, día 11, en el zoco de Beni Issef para recoger cartas de adhesión al Raisuni, estimulándoles con la unión para oponerse a los españoles, a lo que las cabilas de Beni ssef y Su mata respondieron que deseaban vivir en paz, y no entregaron cartas.

El espíritu de estas noticias, que concuerdan con las que tengo comunicadas, demuestran la conducta de Raisuni en su política de doble juego, por la que trata de aparecer ante los cabileños del territorio de nuestra ocupación como poder que acuerda con nosotros por el bien general; y ante las cabilas montañesas, que jamás le fueron afectas, pretende alcanzar su adhesión y sumisión, haciéndose figurar el Raisuni como caudillo de la fe y de intransigencia, despertando odios y fanatismos contra los invasores cristianos.

Esta política, que como muy marroquí, ha sido empleada muchas veces por los sultanes para conseguir sumisiones fáciles, a pretexto de preparar la guerra Santa, ocasiona una nerviosidad y mala disposición en las cabilas que entorpece toda labor pacífica de nuestra parte.»

XXX
Una entrevista histórica.

Hay un momento en que estas relaciones con el cherif .toman un interés enorme. Hay una última intentona de arreglo, en la que se espera poder aunar a los dos temperamentos. Se prepara en Tánger una entrevista que se ha hecho famosa, y a la cual asisten el coronel Barrera, el cónsul Zugasti, el marqués de Villasinda y un intérprete.

El Gobierno, siguiendo con interés este momento histórico, dirige al caudillo, por mediación del ministro de la Guerra, este telegrama:

«Le saludo muy afectuosamente, y espero que coronel Silvestre, dando una prueba más de su patriotismo, no regresará Larache sin haber zanjado todas las diferencias con Raisuni. La estrecha unión y concordia entre las autoridades diplomáticas y militares y una definida orientación patriótica, nos ha dado en esa zona un inmenso prestigio. Ahora, en vísperas de ratificación Tratado, se necesita extremar más la misión, y que Raisuni se convenza de las ventajas que puede reportarle nuestra amistad, la cual exige, por nuestra parte, suavizar toda clase de asperezas en Arzila.»

Frente a frente, el caudillo y el cherif, la conferencia tuvo momentos difíciles.

Los reproches de Raisuni a Silvestre, las quejas, iban mezcladas con una ira solapada de la que nacieron las frases célebres de Raisuni:

«Tú eres el viento, yo el mar. Teníamos que chocar... pero el viento pasa y yo me quedo en mi sitio».

Cada uno de los oyentes hacía una proposición, buscaba una fórmula. A Silvestre se le ocurrió proponer al cherif el cambio de sus hijos, como rehenes de que la paz sería una realidad y no una ficción.

No accedió Raisuni y Silvestre se exaspera.

—Este es un bandido, no puede ocultar sus intenciones...—exclamó.

La entrevista terminó como había empezado: sin llegar a acordarse nada.

El cherif prometía la paz si les entregaban a su hijo y familiares presos en Arzila. Silvestre advirtió que aquello era un peligro, que de manera alguna debía soltarse el único freno que contenía las iras del cherif...

Y Silvestre regresó a Larache, ordenando se extremase la vigilancia a los rehenes.

XXX
La ocupación de Tetuán. —Un error enorme.

A todo esto, por la zona de Ceuta-Tetuán se preparaba la ocupación de la ciudad blanca, donde había de residir S. A. R. el jalifa, nombrado ya oficialmente en virtud de los Tratados el primer alto comisario, general Alfau, que hasta aquí había desempeñado el cargo de comandante general de Ceuta.

El 19 de febrero de aquel año, nuestras tropas llegaban a tres kilómetros de la población tetuaníe, en la que sólo entró Alfau. Tres días después las fuerzas se establecieron más cerca de la ciudad (siempre fuera de "ella) y sólo se permitió de momento a los oficiales visitarla, y esto sin llevar armas.

El general Alfau recibió a los notables en unión de nuestro cónsul en Tetuán, señor López Ferrer, quien merece bien de la Patria por los grandes servicios que a ella prestó en aquellos días. Gracias a sus trabajos, la ocupación de Tetuán se llevó a cabo como un simple paseo militar.

El general Alfau, dándose cuenta perfecta de la situación, y teniendo presente la lección de Fez a los franceses, proyectaba ocupar puntos de apoyo o estratégicos, previo concienzudos trabajos políticos con los jefes de las cabilas—labor que había de echar por tierra posteriormente la guerra que se fraguaba en el extremo occidente de la zona —y decía a Silvestre telegráficamente:

«Es indispensable a todo trance, que las relaciones con Raisuni sean cordiales y que medien con él buenas relaciones de amistad, pues necesito de ese hombre.»

Alfau desconocía los hechos y la marcha del asunto; ignoraba que la situación con Raisuni era verdaderamente insostenible. Continuábamos con los rehenes en nuestro poder. El cherif, con su astucia enorme, continuó sus gestiones cerca del ministro de Tánger entre promesas de paz y veladas amenazas, si no se le devolvían el hijo y los criados.

Al fin pudo conseguir sus propósitos y deseos. El ministro de Tánger, sabiendo la opinión de Silvestre sobre este particular, en vez de pedirlo a éste, solicitó del ministro de la Guerra se pusiese en libertad a los rehenes. En efecto; a últimos de marzo recibió Silvestre orden del ministro de la Guerra de poner en libertad a los criados y trasladarlos a Arzila, donde debía hacérseles entrega de todo lo que tuviésemos perteneciente a Raisuni.

Y se le decía a Silvestre, causando la natural indignación de éste:

«Bien entendido, que estos criados a quien da libertad han de ser vigilados discreta, pero únicamente para que no sospechen vigilancia de que son objeto. Después de esto dispondrá V. S. que hijo del Raisuni, así como las mujeres suyas que están en Arzila, sean conducidas a Tánger convenientemente escoltadas y con toda clase de consideraciones; en inteligencia, de que dicha escolta tendrá carácter de custodia de referidas personas, las cuales *no van en concepto de prisioneras sino todo lo contrario*. Con la escolta deberá ir un oficial, el cual entregará el niño y las mujeres a nuestro ministro en Tánger. Tenga a éste al corriente del sucesivo cumplimiento de esta orden, poniéndose al habla con él para cuantas dudas puedan surgir y recomiendo a V. S. el mayor celo e interés, en cumplimiento estos servicios para que sean efectuados con la precisión que Gobierno desea. Acúseme recibo de esta orden y déme cuenta de su cumplimiento que se ha de llevar a cabo con urgencia».

La orden, aun a regañadientes, hubo de ser cumplida. Como decía Silvestre: « ¡Soltábamos lo único que podía conjurar el peligro terrible: el hijo de Raisuni!

El 13 de marzo, salían de Arzila con dirección a Tánger y con la escolta *de custodia* que se había ordenado desde Madrid, el hijo y las mujeres del cherif. En las afueras de Tánger, sitio señalado «desde Madrid» para ello, la escolta que mandaba el teniente Rueda soltaba las presas invalorables... Este oficial, conocedor del peligro que corríamos, entregó los rehenes lleno de indignación. ¡Error sobre error, de ellos está llena nuestra actuación en África!

En algunas cabilas del mismo corazón de Beni Aros, que seguían paso a paso nuestra política y, con marcado interés, todo lo que se refería a Raisuni (pues como sabemos muchas estaban hartas de su yugo oneroso), el efecto de todo este desdichado juego político causaba un efecto desastroso. En 28 de abril, Silvestre recibía cartas como esta: «A la nación española participamos que las cabilas que estaban reunidas han regresado todas a sus aduares al ver que a Hamed-er-Raisuni le han entregado su familia y sus bienes, por haber entendido que ha de volver a tener la misma autoridad. Ahora bien: la cabila de Beni Aros queda en sus cortijos observando si sale de Tánger para entrevistarse con él. Vosotros demostrarle vuestra fuerza, bien matándole o bien encarcelándole antes que salga, puesto que si sale al monte, os será difícil y no encontraréis medio. Vuestra nación es fuerte, PERO SU FUERZA PARECE MAYOR puesto que nada absolutamente habéis hecho con él. En cuanto a nosotros, estamos vigilados noche y día por si vamos a vosotros; pero en cuanto se separen las cabilas de Beni Aros y regrese cada cual a su casa, iremos en persona y hablaremos contigo con nuestra lengua. Vosotros contestarnos con el portador que cómo no le habéis cogido o matado. Nosotros, en cuanto oigamos que las cabilas dicen o hacen algo os avisaremos y vosotros contestadnos con el portador lo que penséis.»

¿Qué habíamos de intentar nosotros, ilusos cabileños? El pájaro voló con su rica presa—el hijo—a la montaña. El error se había consumado. Porque si cuando el hijo de Raisuni estaba en nuestras manos, si cuando en rehenes poseíamos a su hermano, a su harén, compuesto de veintiséis mujeres, sus armas, sus municiones, cosechas y ganados, la política no hubiese seguido derrotero tan distinto del que debió seguir; Raisuni hubiese sido hoy o un bajá más de la zona o el jalifa feliz y apoteótico que los viernes sale del Mesuar con dirección a la mezquita, cubierto por el quitasol verde de los Emperadores...

Fue ciertamente ésta una época de impopularidad que Raisuni tuvo y que no supimos aprovechar, sazonándola, en cambio con aquella política de nuestros centros tangerinos de incienso y de halago... Cuando pactaba con nuestra embajada en Tánger la devolución de los suyos, estaba propicio a cumplir sus promesas, a no expoliar a las cabilas e incluso a someterse al Majzen... Pero después de tener a su hijo y a sus mujeres, después de recoger sus armas y dinero y teniendo hábilmente dispuesto el avituallamiento con moros de Tánger de elevado prestigio, Raisuni empezó a tramar su escapada al viejo baluarte, ávido de su vida antigua de independencia, de libertad, de mando...

XXXII

Lleuda del jalifa Muley El-Mehedí. La eterna ignorancia. — Raisuni al monte.

Raisuni continuaba desde Tánger la política de propaganda de su prestigio que convenía a sus planes.

Nosotros, ocupado Tetuán y preparada la residencia del jalifa, que había de constituir su gobierno o Majzen de nuestra zona de influencia, disponíamos en los primeros días de marzo lo necesario para normalizar el mando en África, Se dio a la zona de Larache la categoría de Comandancia General, confirmando en el mando de la misma al coronel Silvestre. A Alfau se nombraba, en 3 de abril, alto comisario.

Y se dispuso el viaje del jalifa Muley El-Mehedí a Tetuán. El 27 de abril, a bordo del «Cataluña», escoltado por el «Extremadura» y los cañoneros «Lauria» y «General Concha», llegaba a río Martín, Muley El Medí, a quien Alfau había preparado un buen recibimiento.

¿Fue bien acogido, sin embargo, el advenimiento al Jalifato del príncipe sin ascendente en nuestra zona?

Por lo pronto, el viaje a Tetuán, en vez de hacerlo por tierra, tuvo que llevarse a cabo por mar.

Como efecto de la campaña de Raisuni, varios indígenas del campo que habían bajado a Alcazarquivir en el día de la recepción del príncipe xerifiano, fueron castigados; entre ellos, un chej de Ahl-Xerif, al que quemaron su choza y robaron el ganado.

Tan poco firme estaba la situación, que al comenzar el jalifa su gestión hubo no pocas solapadas protestas y disgustos no ya sólo en la ciudad tetuaníe sino en el campo, hasta el punto que a las cartas enviadas por Muley El Medí, respondió la indiferencia de aquella.

El odio del cherif con la entrada del nuevo jalifa se avivó en extremo.

Tan a tientas andábamos y tan en contra de la situación real de la zona, que el alto comisario, en 3 de mayo, pedía a Silvestre nada menos que esto, por orden expresa del Ministerio de Estado:

«Ruégole busque, con su reconocida habilidad, medio de que alguien insinúe al Raisuni la conveniencia de venir a Tetuán a saludar al jalifa; es indispensable procure borrar desconfianzas y atraerlo por todos los medios posibles. Esto nos pide el ministro de Estado.»

Ordenar esto a Silvestre en aquellos momentos era algo descabellado. ¿No sabíamos todavía cómo andaban las relaciones con Raisuni? ¿Es que era un secreto los manejos del despechado cherif, aspirante al Jalifato, cerca de las cabilas? ¿Es que no sabíamos de la incompatibilidad entre el cherif y el caudillo?

Silvestre, no obstante, hizo un intento, realizando varias gestiones, de las que sacó una impresión que no quiso ocultar al nuevo alto comisario, quien en lo sucesivo, anulado Tánger como director de la política africana, había de llevar el timón de la misma.

Teniendo presente los escasos conocimientos que Alfau tenía de todo lo que ocurría en el foco importantísimo de la política raisuniana, no hubiese sido aventurado predecir entonces que la era del titubeo y la desorientación continuarían viento en popa.

Silvestre, el día 9 de mayo de aquel año, decía al alto comisario, en este precioso documento:

«Excelentísimo señor: Las recientes confidencias, por su gravedad y las indicaciones que en su radiograma me transmite como deseo del excelentísimo señor ministro de Estado, ha sido la causa de mi reciente visita a las tres plazas y posiciones de esta Comandancia General, a fin de recoger directa impresión del estado ánimo de las cabilas e igualmente de la posibilidad de que el Raisuni se avenga a visitar, rindiéndole homenaje, al jalifa en Tetuán.

La constante labor desarrollada por Raisuni desde Tánger, llegará seguramente a soliviantar a las cabilas que hasta hoy están limitadas a estar atentas a los movimientos nuestros, para oponerse a ellos. Por lo tanto, considero que urge por todos los medios que en su mano tiene un Gobierno que ya posee un jalifa, y en nombre del cual procede cortar esta perjudicialísima campaña realizada con los mismos elementos que yo tenía retenidos en la cárcel de Alcázar y que, obedeciendo órdenes superiores, hube de poner en libertad; órdenes inspiradas seguramente por quienes, a pesar de su carácter de directores de la política, no han podido apreciar desde Tánger el ambiente que los indígenas respiran en esta zona, dando oídos y siendo juguete del que en la agonía de su poderío, impuesto por el terror, apeló a la astucia como último cartucho, consiguiendo que cuantos rehenes pudieran sujetarle le hayan sido devueltos.

Personalmente he comprobado que no ha dejado en Arzila un pañuelo, que igual conducta observan sus amigos, que, a ciencia y paciencia nuestra, delante de nuestras fuerzas, cargan diariamente centenares de acémilas (antes en mi poder y devueltas bien a pesar mío)' en sus silos de Alcázar, conduciendo estos granos (contrabando de guerra y armas, con las que conquista adeptos) al monte, para crear en el mismo intereses y deudos y cumplir con las promesas que en sus cartas anunciaba.

La venta de municiones y armamentos que descaradamente se realiza en los zocos del Arbáa de El Aiacha y Tzelata de Yebel Hebib, zocos que no están en mi poder por haberme prohibido la Legación de S. M. en Tánger que continuasen visitándolos las fuerzas indígenas;

el desmedido, natural y satisfecho interés de Raisuni en recuperar sus mujeres, hijo y amigos que yo conservaba en Arzila, cuyo bajá jamás trabajará sino en beneficio propio y siempre en contra de España, por no permitírselo su ambición desmedida; su intransigente fanatismo y los miramientos con que se le trata, que él traduce por debilidad y miedo, son razones que me obligan a exponer a V. E., una vez más, *la urgencia en cambiar de política, bien suprimiendo a ese bajá radicalmente* o nombrando uno nuevo en Arzila que imponga su autoridad con nuestro decidido apoyo y ahogue en sangre, si fuese preciso, cuanto huela a influencia de tan odioso personaje. La lenidad en proceder será causa de que cuando acudamos sea tarde, y quizá motivo de una campaña sangrienta, lo que no debieran ser más que paseos pacíficos e insensible apoderamiento del país, como hasta la fecha presente ha sucedido, no pudiendo asegurar lo propio del porvenir, pues los síntomas de trabajos en contra nuestra anunciados por el alto comisario, en radiograma reciente, producto de confidencias a él llegadas, que le han inducido hasta a la indicación de la conveniencia de ciertas medidas previsoras, confidencias comprobadas por mí me hacen temer que si en la actualidad no han encontrado eco en el monte, en plazo no lejano den fruto, poniéndonos en delicada situación, dada la extensión de la zona a guardar, pues las pocas cabilas que aún quedan adictas al Raisuni harán presión sobre las demás, que, temerosas de la venganza del que creían reducido a la impotencia, se vuelvan a sumar a su causa.»

Y lo que tenía que suceder sucedió fatalmente.

En los primeros días del mes de mayo, Raisuni salía de Tánger, a caballo, escoltado, con rumbo desconocido para nuestras autoridades.

¡Era el salto a la montaña! A Zinat fue a refugiarse, mejor dicho, a preparar la guerra contra España. El día 7 de dicho mes, por la inspiración del cherif, y en la famosa Zauia de Sidi-Issef-El-Telidi, reuníanse las cabilas de Benissef, para tratar de la conducta que habían de seguir frente a la situación creada con la toma de posesión de Muley El Mehedí.

Los agentes libertados por nosotros, incondicionales de Raisuni, tales como Sidi Hasen, Muley-Hamed-Taziri y otros, hacían una labor funestísima, excitando a las cabilas a la adquisición de pertrechos de guerra y a ponerse de acuerdo con el Rif, para establecer en sus territorios un régimen independiente de Gobierno.

XXX
Los bajalatos de la zona de Larache.

Preocupado con todo esto, Alfau pidió a Silvestre le informase sobre la conveniencia de dividir su mando en tres bajalatos, llamados de Alcázar, Larache y Arzila, y moros adictos a nuestra causa y enemigos de Raisuni que conviniese nombrar para ocuparlos.

Nos poníamos ya, por lo tanto, frente a la influencia raisuniana... Un poco tarde, ¿verdad?...

Ya sabemos cómo quedaron organizados los tres bajalatos: En Larache, el bajá de siempre, Sid-Mohamed-Fad-del-Ben-Yiach, que, conocedor de toda la historia de intrigas y bandidaje de Raisuni, y teniendo un gran concepto de la aristocracia, podía considerarse como franco enemigo del cherif.

En Alcázar el kaid Ermiki, de abolengo y prestigio y enemigo de Raisuni.

Este odio personal entre el nombrado bajá de Alcázar y el Raisuni venía de antiguo.

En el verano de 1905, y a consecuencia de intrigas en la Corte de Fez, el Sultán Muley Abd-el-Aziz, ordenó que los tres caídes del bajalato de Alcazarquivir emprendieran un viaje con objeto de ajustar cuentas con el Tesoro imperial; dichos caídes se quejaron al Sultán de los robos que la familia Ermiki, apoyada por el bajá de Larache El Guedari, venían cometiendo entre los aduares de su respectiva jurisdicción. Llamado el mencionado bajá a la corte, logró convencer al Sultán, y éste vendió el Gobierno de Alcazarquivir y las tribus inmediatas al caíd Buselliam El Ermiki en la cantidad de 80.000 duros. Los tres caídes, llamados para rendir cuentas, Ben Harradia, Jammali y Jaljali, acusados de crímenes y robos fueron encarcelados y desposeídos de sus bienes.

El nuevo Gobierno del caid Buselhan Ermiki se distinguió a poco por sus condiciones guerreras, realizando numerosas luchas con las cabilas rebeldes al Majzen. El Sultán, en vista de la labor de su nuevo bajá en Alcázar, le ordenó someter a las tribus montañesas, con objeto de cobrar el *tertib* (impuesto agrícola). Y apoyado por una fuerte Metal-la, al mando del Xerif el Omrani, logró reunir contingentes en la cabila del Jolot, e invadiendo todo el macizo montañoso, consiguió someter a la autoridad del Sultán a las cabilas de Ahl-Serif, Beni-Issef y Sumata; pero al llegar a la indómita cabila del Jomas, los Ahl-Serif traicionaron a Ermiki, derrotándolo, viéndose precisado a huir precipitadamente hacia Alcázar. Ante este fracaso de Ermiki, el Gobierno xerifiano decide de nuevo vender el bajalato, adquiriéndolo en buen precio Raisuni con el producto de sus primeras fechorías. Raisuni nombró a un jalifa en Alcázar. Y a su regreso de Fez, para posesionarse de su cargo, Si Buselhan Ermiki, no se conforma a perder el bajalato, levantando una numerosa jarca y estableciéndose en el zoco de Yumaa el Tolba, desde donde se propuso atacar a su rival Raisuni. Éste se enteró en Arzila de la presencia de dicho campamento en el territorio de su jurisdicción, y emprendiendo la marcha al mando de sus satélites, sorprendió y derrotó a Ermiki.

De aquí el odio personal que Silvestre entendía muy útil para desterrar de las cabilas, en lo posible, la influencia raisuniana.

Para el bajalato de Arzila, Silvestre propuso a Dris Er Rifi, antiguo lugarteniente del cherif, a quien abandonó, poniéndose francamente a nuestro lado.

XXXV
La hoguera de la guerra.

Nos aprestábamos a la guerra. Raisuni redoblaba sus campañas, organizando jarcas y fomentando la anarquía con la ayuda de sus agentes. Sin embargo, muchos yebalas, acomodados, no querían la guerra. Por lo que al Rif se refiere, sólo unos cien rífenos de las inmediaciones de Gomara acudieron a los llamamientos de Raisuni, pues temían que les atacásemos desde Alhucemas y el Peñón. Pronto tuvieron que volver a sus tierras.

En el alto Luccus, los cabileños disponíanse a recoger sus cosechas, y, cediendo a los requerimientos que Raisuni hacía, se preparaban para oponerse a cualquier intento de avance por nuestra parte. A todo esto, el hermano de Raisuni, nombrado jalifa de Arzila, abandonaba la plaza y se dirigía a Tánger.

Fracasado Alfau en sus intentos de paz, y confirmándose la gravedad de la agitación en el monte, el alto comisario se aprestó a la defensa.

Se redoblaban las precauciones en los campamentos y posiciones.

Un día fue asesinado un cabo de la Guardia civil en el camino de Tetuán a Ceuta, y después tenía lugar la degollina en la granja de Ruiz y Albert, y los asesinatos de varios soldados en el Martín y Aguada del Dersa.

El 5 de junio, los moros asaltaban, en las proximidades de Larache, el campamento de ingenieros de Kudia Freicatz, donde hicieron una verdadera matanza, y en el zoco el Tzenin causaron varias bajas.

Silvestre organizó dos columnas mixtas, que operaron, combinadamente, los días 12 y 18 de junio, en Duar Mzora y zoco el Arba del Aixa, sosteniendo un violento combate con el numeroso enemigo, que acudió a la lucha y que se vio obligado a retirarse.

En Tzenin resistieron nuestras fuerzas admirablemente, a pesar de que la posición no tenía ¡ni alambradas! fin aquel memorable día murió el hijo de Bermúdez de (astro, cuando las fuerzas que éste mandaba se dirigían a Tzenin.

Por la poca confianza que Bermúdez de Castro tenía en las fuerzas del Tabor de Arzila, no tomó parte esta unidad en aquella operación. Muchos moros eran «raisunistas», y se temía cualquier defección peligrosa.

La jornada sobre El Arba fue memorable. Nuestras tropas incendiaron las cosechas de los aduares rebeldes.

A todo esto, en Arzila la situación era verdaderamente seria.

Como en, Tetuán, todas las noches había tiroteos. Nuestros oficiales hacían los cuartos en las murallas. Los insumisos realizaban asesinatos y secuestros de algunos españoles en las cercanías del pueblo.

Silvestre ordenaba a sus oficiales llevasen siempre la pistola para suicidarse en caso de caer en alguna emboscada (1).

En Tetuán, cabecillas que después se han hecho tan famosos en nuestra historia africana como Tuileb, Hamiclo Succan, Ueld El-Far, El Gabi y otros, decíase habían tomado el mando de varias jarcas en el Jamas, el Haus, Beni Aros, Anyera y otras.

En vista de la precipitación de los acontecimientos, Alfau se decidió a planear el avance hasta Laucién, que tuvo lugar el 11 de junio.

Ocupado dicho punto, pudo apreciarse que la rebeldía en las cabilas había adquirido una importancia insospechada: los moros se batían bravamente.

Alfau se vio precisado a pedir fuerzas a Ceuta, llegando a poco los Regulares de Berenguer y la Brigada Arráiz, con cuyas fuerzas de refuerzo el alto comisario pudo arreciar la ofensiva, en la que se distinguieron principalmente dichas fuerzas indígenas.

Se «raziaron» los poblados del Dersa, Ben Hosmar y Beni Madan, y nuestra decidida actitud obligó a pedir la paz a numerosos aduares.

Algo despejada la situación, Alfau dispuso el traslado de los Regulares y Cazadores de Primo Rivera a Laucién, desde donde se continuó el decidido avance. No obstante, los escasos elementos de que nuestras tropas disponían, raziaron los aduares fronteros a Laucién, rechazando a las tres fuertes jarcas que se habían formado para impedir nuestros posibles avances hacia el Fondak, Xexauen o el Jemis.

Pacientemente, se afrontaban en Madrid los hechos consumados, tal como nuestra actuación, frente a la complicada psicología indígena, los iba presentando.

En premio a los méritos y relevantes servicios prestados por el coronel Silvestre como jefe de las tropas de ocupación de Larache, y especialmente por su comportamiento en los combates sostenidos por los rebeldes desde la marcha de Raisuni al campo, el 20 de junio firmaba el Rey su ascenso a general.

La dura campaña iniciada por Alfau, en la que tantos laureles ganaron los Regulares de Berenguer, hizo sus efectos en el campo rebelde, pues de momento, los moros suspendieron las agresiones y cedieron en su actitud de franca rebeldía.

Alfau dispuso la batida de Ben Karrik en los últimos días de junio, con la idea, sin duda, de no dejar al enemigo reaccionar. Pero el encuentro fue durísimo. Tuvimos cerca de 150 bajas, haciendo al enemigo unas 500, con lo que se quebrantó bastante a las jarcas de la zona de Tetuán.

A todo esto Silvestre había dispuesto en Arzila la confiscación de todos los bienes de Raisuni, previas las formalidades correspondientes. En uno de los mejores edificios instaló el hospital, del que se hicieron cargo nuestros Ingenieros. Otros locales se habilitaron también para distintas dependencias militares.

---

(1) Esta orden del general Silvestre demuestra el carácter del caudillo, y nos hace pensar en el día de la tragedia de Annual en que debió suicidarse, antes de caer vivo en manos del enemigo.

XXXV
Nuevos ataques furiosos de las jarcas.

Por lo que respecta a la zona de Larache, no era mejor la situación. Hubo que traer nuevos contingentes.

El día 7 de julio Alcazarquivir era asaltado por las jarcas de Raisuni, dando lugar a que el grupo de escuadrones de Larache (ya disuelto y al que tuve la honra de pertenecer en aquellas fechas) diese una carga memorable, al mando del comandante Queipo de Llano, en los olivares inmediatos al pueblo. Perdimos 17 de aquellos bravos jinetes, que, con empuje arrollador, se habían lanzado al olivar cuajado de enemigo, al que diezmaron y pusieron en fuga. Al frente de estos héroes, gallardo, aureolado por todas las bizarrías, recordamos a Queipo del Llano (hoy general) como un león encorajinado. Alcazarquivir debe a aquellos héroes del grupo de escuadrones un monumento.

El día 8, por Tetuán, la morisma se lanzaba sobre el campamento a través de la llanura del Martín, siendo contenida a unos dos kilómetros por el fuego de nuestras baterías.

Continuaron después, a diario, en toda la zona occidental, las inquietantes confidencias. Muchas noches se levantaba a la tropa para ponerla sobre las armas.

Silvestre planeaba la defensa del campo de Alcázar, y llevó a cabo, en el mismo mes de julio, la ocupación de Rafait y Yumáa El Tolba.

Y a todo esto, el Gobierno, por inspiración de Alfau, que tuvo una transición en su política, aún pensaba en gestionar cerca del cherif un pacto para obtener de él lo que ya era imposible. Nos había demostrado seriamente cuánto valía su amistad y su despecho por el nombramiento de jalifa... ilusos! Toda conciliación con Raisuni no podía ya llevarse a efecto, sin dejar prendido en el pacto los más caros entusiasmos de todo un ejército y unos jirones de prestigio nacional...

A fines de dicho mes se supo que Raisuni, en una visita que hizo a Tánger, gestionó la protección de Alemania. También había aprovechado el ex bajá de Arzila su visita a Tánger para disponer la recluta de gente para su mejala. ¡Cuántos sinsabores tiene proporcionados a España la deliciosa ciudad cosmopolita!

Cuidando de aumentar sus prestigios, Raisuni enviaba importantes partidas de granos para resarcir a Beni Gorfet de las razias de nuestras columnas. Por otra parte, el cherif procuraba recuperar las amistades con los anyerinos, entre los que contaba muchos enemigos.

Pero los duros encuentros que los rebeldes tenían con nuestras tropas, así como los daños que a estos causábamos, hicieron al Raisuni replegarse a su guarida de Zinat. Allí lo visitó por entonces un atildado periodista que ocultaba su nombre bajo el seudónimo de «Mohamed Bennani», y por creerla de gran interés, ya que refleja el estado de ánimo del cherif en aquellos momentos, damos a conocer su impresión de la visita [1]:

«Antojóseme, por apuesta de amor propio, ir a Zínat sólo con un guía; y un amanecer, cuando aún los anyezinos y cuadrasíes no andaban revueltos contra España, por más que ya se apercibían a la lucha, salime, casi como dice el poeta, del sol al primer reflejo, por la puerta de Ceuta en Tetuán, y fui de una cabalgada, sin perder de vista el Uad-el-Jelul, hasta las primeras extribaciones de Uadras. Un olivo secular nos prestó su amparo de sombra; luego, los doce kilómetros de áspera cuesta del desfiladero, trocaron en amable el inmundo reposorio del Fondak, de Ain Yedida, y el frugal desayuno, tomado apaciblemente. La marcha fue ya más fácil por las suaves ondulaciones en que presto muere la abrupta serranía. En breve, quedóse a la izquierda el camino de Arzila, y marchando por el de Tánger, en la desolación de incultos sequedales, pronto le perdimos de vista.

---

[1] Mi querido compañero Manuel L. Ortega reproduce esta crónica en su libro sobre el cherif.

Ahora alegraba un poco el paisaje la minúscula corriente del Uad el Telata, que corre paralela al camino. El zoco del martes de Uadras, al cual llegamos a campo traviesa, estaba desierto, y seguimos la ruta por entre olivos y acebuches enanos, sin ver nada, nada... Sólo allá lejos, de vez en vez, mostrábanse las míseras jaimas de los nómadas ladrones y pastores, y muy de tarde en tarde, por la senda polvorosa, un moro miserable con algún asnillo ético, resignados e indiferentes. El «balak» gutural, se perdía en un silencio absorbente, infinito, de cosas muertas...

Al fin, en la lejanía, altanero y desafiante, mostróse el agreste picacho del Zinat, roca ingente, que la misma naturaleza ha fortificado, dándole perfiles de castillo... Y sobre él, amarillosas techumbres; y más abajo, en las faldas del riscoso montículo, casucas míseras, tiendas renegrecidas. En torno nuestro, en un prado, verdegueante césped y florecillas campestres.

De repente, primero de que el guía y yo nos percatásemos de nada, cuatro hombretones, armados de máuser y que parecían surgir de las entrañas de la tierra, caen sobre nosotros, inmovilizándonos... En seguida, de todas partes acuden hombres y más hombres, que gesticulan furiosos, que se pierden en un charco furibundo, sin querer oírnos, sin permitir que expliquemos nuestros propósitos. Se nos toma por espías, se nos juzga venidos de Larache. Por dicha, llega Hamed-el-Raisuni... Sus gentes, con la verbosidad propia de la raza, quieren explicarle lo ocurrido. Él nos mira silencioso, desconfiado... Hay un silencio. «¿Quién sois?»—pregunta inquisitivo—. Y yo entonces, inclinándome con las manos cruzadas sobre el pecho, doy suelta a la historia que llevamos urdida: «Somos tetuaníes y, huyendo de los infieles que han sentado el pie en la ciudad santa, vamos a Zinat para pedir un salvoconducto que nos permita llegar libremente a Tánger, y partir después al interior con toda nuestra riqueza...» El Raisuni nos contempla receloso, y al cabo, tranquilizándose, formula: «Venid...»

Le seguimos a la Alcazaba. Ya no es aquella, vetusta y ruinosa, anterior a 1907. Aún se ven paredones viejos; mas el pesado edificio cuadrangular con grandes puertas y horadado por numerosas troneras, parece reconstruido en días no muy remotos. Luego del portalón, y a la mano diestra, se alza, dentro del recinto murado, una vivienda de paredes nuevas. Entramos. Y de repente el Raisuni, vuelto a nosotros, con un relámpago de ira en la mirada, murmura, cual si siguiese el hilo de un razonamiento acucioso: «*¡Malditos cristianos!* Creen que podrán vencerme, anularme. También lo pensaba Abd-el-Azis; también me combatió injustamente, y arrasó esta Alcazaba; pero ya ves, yo, pobre fugitivo, oculto entonces en Tazarut, estoy aquí ahora, mi Alcazaba fue rehecha y Abd-el-Azis ya no es nadie.»

Calló pensativo, cual si recordara aquellos días tan críticos cual los actuales. Yo, mirándole el rostro, amplio y bonachón, todavía juvenil, pues el Raisuni no representa aún cincuenta años, rememoraba asimismo la efímera victoria del Guebbas sobre el gobernador de Fahs, la huida de Raisuni y la organización de su jarka, las gestiones del Majzen para comprar la sumisión del cherif bandolero y las exigencias de éste sobre la reedificación de la Alcazaba que el Guebbas le había arrasado, y tocante a la partida de las mehallas que acampaban entre Tánger y Alcázar... Y en mi memoria florecían las negociaciones en que intervino el curioso caid Mac Clean, que de negociador se trocó en prisionero, paseando por la rebelión yebeli sus pantalones bombachos y sus botas amarillas, su caftán sedeño y su blanco albornoz. Y rememoraba aquella capitulación del Majzen, entregando a Inglaterra 275.000 pesetas de las 500.000 que hubo de pagar por el rescate del titulado «coronel».

¡Qué lejanos aquellos días! ¡Qué remotos semejaban los en que, triunfante Muley-Haffid, restituyera a Raisuni todo su influjo y bienes hasta nombrarle bajá de Arzila! Aquel magnífico palacio, erigido por el jerife, no sería de él nunca más; su favorita, su hijo, su hermano, ya no lograrían las dulzuras y comodidades de antaño... Ya la Alcazaba de Sinat era el único jalón de una prosperidad decreciente y moribunda... En el horizonte asomaba el brazo vengador de Fernández Silvestre.

—Sí—dije contestando a las reflexiones del jerife—: tú puedes mucho, tuyos son innumerables cabileños; mas no te fíes. Hay un hombre allá...

No me dejó terminar. Transformóse de nuevo su bonachón semblante, y repúsome con mal disimulado enojo:

— Sí, lo sé... ¿Quién había de decírmelo, cuando yo en Arzila acogí con los brazos abiertos al sargento y veinticinco askaris españoles que allí vinieron cuando la mehalla del capitán francés (1) quería apoderarse de todo?... Después—nadie lo ignora—comprendí que aquello acabaría mal, y comencé a enviar a la montaña el trigo de mis graneros. Un día, ese hombre puso vigilantes a la puerta de mi casa, impidiéndome sacar más grano; mi mujer predilecta, mi hijo y Sidi-Mohamed, mi hermano, fueron cogidos en rehenes; mis fusiles y municiones pasaron a, poder de los españoles. Reclamé, y en Tánger tuvimos una conferencia. Conmigo fue un hombre que sabía el castellano; con el ministro de España hallábase ese militar que dices, que tan afectuoso era antes para conmigo.

Me amenazaban con no soltar a mis allegados si me revolvía contra España, y yo, entonces, les dije mi pensamiento: «Es inútil lo que hacéis, porque no me moveré mientras no lo exijan los intereses de los que en mí fían. Mucho quiero a mi hijo, que es único porque no poseo otro; pero si tuviera que irme al campo lo haría sin acordarme de él. Además, no le pasaría nada porque nada podéis hacerle.»

---

(1) Monsieur Moreau.

Hubo una pausa. Raisuni recordaba.

— Yo — siguió — aunque se dicen otras cosas, solo he pensado en los que me ayudan a defender mis ideas. El dinero que me valió lo de Perdicaris abusos de los Sultanes y que se conservasen libres. Por mi deseo de libertad se me atrajo a la casa de un caid amigo en Tánger, y aprisionado allí, pasé a la cárcel de Mogador. Pero siempre he sido Rey, de Tánger a Tetuán de Larache a Tánger; y los Beni Aros que quisieron impedirlo, han conocido mi fuerza. Después... después... el ministro de España lo sabe.

—Este hombre—le dije—por el que guardaba en rehenes a mi predilecta, a mi hijo y a mi hermano es como el viento, y yo soy como el mar. El va y viene me agita, me encrespa, me enfurece; pero él, a igual que el aire, pasará y yo, lo mismo que el mar, quedaré en mi sitio... Se convencieron — siguió — y todo me fue devuelto; es decir, todo menos los fusiles y municiones. Ante los que me vigilaban siguió saliendo el trigo, y un día amanecí donde ahora me ves...Pero aunque yo seguía tranquilo, mis leales se mostraban díscolos y furiosos; ¿y sabes cómo se me pagó? Queriendo valerse de la traición de un antiguo secretario mío para sorprenderme cierta noche. Sid-Drid-el-Rifi, que así se llama el traidor, debía guiar a los soldados españoles a Yebel-Sinat para, entre las tinieblas, apoderarse de mí. Las tropas estuvieron formadas en Arzila, y yo, advertido por uno de mis leales, las aguardaba donde menos podían suponérselo. No vinieron. Al día siguiente comenzaba la guerra...

En el entrecejo del jerife se mostraba un plegue vertical, profundo y fuerte, indicador acaso de profundas cavilaciones.

—Sin mí—prosiguió tras breve pausa—, nada se podrá en Yebala, aunque mis enemigos se escuden un jalifa suyo. Yo quiero que los *rumis* se queden en su tierra y nos dejen la nuestra; y si hemos de inclinarnos ante la fatalidad, que recuerden cómo he luchado muchos años por la libertad de los yebalas, teniéndolos a salvo de la rapacidad de los *quiad*. Abd-el-Azis no pudo conmigo y hubo de ceder; Muley-Haffid prefirió tenerme por amigo ¿Acaso podré dejar de ser lo que he sido?

Sentados en esterillas, ante el humeante y aromoso te con hierbabuena, hierba luisa y menta, discurrimos aún largo rato. Raisuni, inquieto, contemplaba de vez en vez el horizonte con unos prismáticos de campaña que casi se perdían entre sus rudas manazas...»

XXXVI
La marcha de Alfau.

El intento de pacto de Alfau, cuando planeaba la ocupación del Jemis de Anyera, fue de efectos desastrosos, pues no pocas cabilas creyeron que España, debilitada por la campaña, pedía la paz. Se ensoberbecieron con esto más y más.

Se achacó la actitud de Alfau a la escasez de elementos de que disponía y a un deseo manifiesto de pulsar el estado político después de nuestras victorias militares y del estudio de un plan de operaciones que tenía como finalidad apoderarnos del camino de Tánger por el Fondak. Como decimos, en este punto se quiso emprender el camino de la paz.

Alfau la proponía a algunos aduares, y empezaron los sacrificios de reses, de gentes poco significadas, extremo que dio margen a que se pensase si no sería aquello una *réclame* del querido general.

Pero ni aún por esas. Entonces, enviados se dice que por Raisuni, una comisión de chorfas fue a Ben-Karrich a exhortar a los irreductibles a una paz positiva para moros y cristianos.

Los cabileños dijeron a los enviados que sólo el abandono de Tetuán devolvería la paz al territorio.

Lamentablemente el resultado de este forcejeo.

Alfau, francamente fracasado, hubo de marchar á conferenciar con el Gobierno.

No volvió más.

XXXV
El general Marina. —Defensiva y agotamiento.

El Gobierno nombró para sustituirle, a fines de agosto, al general Marina.

Antes de la llegada de éste a Tetuán desarrolláronse nuevos e importantes acontecimientos que demostraban bien a las claras el estado de ánimo de las cabilas y los efectos de las predicaciones del gran cherif. Se extendió el levantamiento al Norte de Anyera y Axfa, Ain-Sisa, hasta Beni-Mesala.

Una jarca de quinientos hombres, al mando del célebre moro «El Vinagre», hizo no pocas fechorías por las carreteras.

En Larache, Silvestre ocupaba Ulat-Alí, Cuesta Colorada, Buisa y Meyabah los días 3, 16 y 18 de agosto, buscando nuestra línea de frontera e intentando cortar el paso de los contrabandos de armas y municiones que de Tánger recibía Raisuni.

Cuando llegó Marina a la Alta Comisaría, la situación era bastante delicada. Aun cuando el prestigioso general se distinguió por sus procedimientos de pasividad, consiguió que se le enviasen de la Península muchos elementos, logrando reunir en el territorio alrededor de los cuarenta mil hombres.

Dilató por Tetuán las operaciones, colocándose más bien a la defensa. Restableció las ocupaciones entre Ceuta-Tetuán-Río Martín, dejando a la brigada Arráiz en las inmediaciones de Ceuta para contener una jarca organizada en el Biut. Entre Tetuán y Laucién estableció, igualmente, buen número de blocaos. El estado de opinión en España, que tanto pesa sobre la marcha de los asuntos de Marruecos (casi siempre con efectos desastrosos para éstos, gracias, también, a los efectos de ciertas campañas de Prensa, no siempre favorables), inclinaron sin duda al general Marina a mantenerse en esta política, indecisa e ineficaz por cierto, ya que con ella nada se conseguía para el futuro de la vida de Marruecos y curso de nuestra intervención.

En septiembre, las fuerzas de Silvestre sostenían un duro combate en Aomar y Xarkia. Se comprobaba que el cherif recibía auxilios de Tánger, porque el detalle de haber acudido gentes de Beni Mesauar al bosque de Meyabah—donde se encontraba Raisuni organizando la defensiva ante el avance de Silvestre—pidiendo al cherif armas y municiones y manifestarles «que esperasen un poco que las recibiría en seguida de Tánger».

No se descuidaba tampoco Silvestre de recuperar para Majzen lo que la voracidad raisuniana había estafado a aquél. Los *adules* de Arzila, de quienes Raisuni obtuvo por la fuerza certificados acreditando ser de su propiedad terrenos que eran del Majzen, anularon dichos documentos formalizando los verdaderos.

Nuestro Tabor de Tánger recibía confidencias del campo inmediato, en el mes de octubre, anunciando la presencia dé Raisuni en Yebel-Habih y sus trabajos para el levantamiento de aquellas cabilas, a las que obligaba a comprar armas y municiones para hacernos la guerra. A tal punto llegó en sus imposiciones, que razió varios aduares opuestos a secundarle en la guerra. Los cabileños de las inmediaciones de Zinat mostrábanse desanimados y deseosos de tranquilidad. El cherif mandaba a sus gentes a efectuar robos por los contornos. ¡Había que vivir sobre el país!

Para proseguir su campaña contra nosotros, Raisuni, que continuaba acampado en Yabel-Habib, enviaba a su agente el Hassen a recorrer las cabilas de Ahl-Xerif, Erhona, Guesava, Beni Scar, Settà y otras exhortándola a formar jarca y a que hostilizaran, siempre que pudieran, a nuestras tropas.

En aquellos días no parecían estas cabilas muy dispuestas a emprender de momento la guerra que el cherif les recomendaba, y se limitaron a entregar a El Hasen pequeños regalos para aquél.

La jarca de nuestro bajá de Alcázar, Ermiki, hacía frecuentes incursiones, ahuyentando a las partidas que

Raisuni tenía distribuidas por la zona, al mando de Ben Yilali, Embarek y Ben Musa, cometiendo frecuentes robos.

Acabó el año 1913 con las continuas agresiones a los puestos de la zona de Tetuán, y con la ocupación, por las tropas de Silvestre, de las posiciones de Sidi Aomar El Gaitón, Seguidla y Kudia El Abid.

XXXVIII
Se continúa la guerra. — El cherif, Sultán de la montaña.

Las tropas de Silvestre siguieron sus paulatinos avances. Ocuparon Huata y Muley Buselhan en febrero del año 1914.

A todo esto, Raisuni, fomentado el odio hacia «los cristianos invasores», se hacía proclamar Sultán de la montaña. Fue aceptado como tal por las cabilas de Guezana, Ahona y Beni Issef. Las demás no habían llegado a un acuerdo.

Para mantener constante contacto con todas, Raisuni tenía a sus ordenes una fuerza militar, integrada sólo unos 150 infantes y 50 ó 60 caballos, y su misión se limitaba a la trasmisión de órdenes de una a otra cabila, por cuyo trabajo percibían esta clase de emisarios una remuneración que las mismas cabilas tenían el deber de hacer efectiva. Los emisarios que salían a las cabilas del sector Sur (Beni Gorfet, Al Xerif, Jomas, etc.) percibían diez pesetas diarias los de infantería, 15 los de caballería y 25 los jefes. Los que salías al sector Norte (Beni Aros, Beni ef, Yebel Hebib, etc.) percibían doble sueldo.

Cuando se trataba de llevar a cabo una operación, su ejército tan reducido al principio, se veía engrosado con numerosos cabileños, para cuyo efecto pedía cierto número de hombres por aduar, elementos de combate que, por formar parte de sus fuerzas alistadas, no percibían retribución alguna. En algunas ocasiones trató de reclutar gente destinada a servir las piezas de artillería, asegurando a sus secuaces que España le enviará cuantos cañones necesitara.

Raisuni, moviéndose constantemente por Yebala, se aprestaba para ser considerado entre todos como Sultán de la montaña; y en una previa reunión celebrada en el santuario de Tazarut, por ulemas, notarios y xerifes, deciden también aquellas cabilas proclamarle Sultán de la montaña, ordenándose a los jefes religiosos la lectura de la siguiente oración, todos los viernes, durante los oficios de su ministerio, y en todas las mezquitas de la comarca a su jurisdicción sometidas.

He aquí la traducción de la oración dicha:

«Alabanza a Dios, el que nos creó en la verdadera fe; Dios inventa, el que adoramos en la Meca, el Mahometano, el que está arriba; nos quiere y le queremos porque desciende de nosotros y nosotros de Él; la bondad y el cariño, ellos nos adivinan nuestra sepultura; estos son los pecados, para que Dios nos perdone, esta es una alegría para ellos; maldicen los diablos y miran a Dios, que vela por los vivientes; y que vele por Mohamed Raisuni, que Dios lo ha nombrado Sultán y lo quiere mucho para ellos; que rechace a los que no lo quieren, y el que no lo quiera que resulte impotente ante él, y lo bendice; y Dios es el que vive, y el poderoso y el único; el que inventa, el que crea todos los seres, con todas las razones para ellos; Dios, Dios; Dios, el querido; esta es nuestra promesa y nada más, por el bendito Dios; y Dios, y Dios desde la altura, castigue al incrédulo.»

Esta fórmula es la de invocación de Sultán en la parte no sometida, variando únicamente el nombre en la parte sometida por el de Muley Yussef y su Halifa. «Ah-lah-insero, Muley Hamed Raisuni» (Dios proteja al santo Ah-med Raisuni).

Mientras sus cuadrillas continuaban dando golpes a los aduares e instigando a éstos para la guerra, seguía su peregrinación, sus continuos saltos por Yebala, viajando con el boato que le permitía su participación en las rapiñas de sus secuaces. En el mes de febrero, las cabilas de Jomas y Guezaua, por una deuda de sangre, entablan una verdadera batalla, que duró tres horas, teniendo más de 100 muertos e infinidad de heridos entre los dos bandos. Allí acudió Raisuni a mediar e imponer la paz entre unos otros, sin otra mira que la muy particular de realzar su prestigio por toda la región.

Nuestros confidentes anunciaban que, después de esto, el cherif se trasladó a Beni Gorfet, disponiéndose a ir a Iaxarut, y que, como en el monte había mucha hambre, Raisuni en sus predicaciones aconsejaba también a los cabileños que pidieran la protección de Alemania, nación que estaba dispuesta a establecer un campamento en el Faiardatz, para librar a los moros de las tropas españolas.

XXXX
A punto de coger a Raisuni.

Desde Madrid aconsejaban entonces la conveniencia de observar mayor rigor con los elementos activos de Raisuni.

En Tetuán continuaba la sangría suelta de las agresiones. En Malalien, orillas del Martín, el Negrón y Loma Amarilla, varios golpes aislados a los servicios y descubiertas nos causaban dolorosas bajas en las tropas europeas e indígenas. El regimiento de Córdoba, que salió de Granada entre el entusiasmo de mis paisanos, empezó a sembrar de heroísmos aquellos campos, hasta el Rincón del Medik.

En mayo preparó Silvestre, en Larache, un golpe maestro, que puso al Raisuni al alcance de nuestra mano. Fue en Kesiva, donde, establecido contacto con los jarqueños, se sostuvo con ellos un serio combate. Pudimos ver al cherif caer del caballo que montaba, el cual fue muerto por la policía. Los rebeldes montaron rápidamente al señor sobre otro caballo y escaparon. Raisuni dejó sus babuchas en el campo.

La sugestión que el cherif ejercía sobre algunos fanáticos, la demuestra el hecho de Drís-Er-Riffi, con ser lo enemigo de Raisuni que nos demostró tantas veces, al reconocer las babuchas dejadas en el campo de batalla, las besó con unción religiosa. Silvestre le reprochó este acto, que a tantas sospechas se prestaba, y Dris quiso que le formaran las fuerzas para abrazar y besar la bandera española. Era que no podía sustraerse...Al caballo de Raisuni se le quitó la preciosa montura que tenía, y el coronel Vives (hoy general) se la regalo al Rey.

XL
El gran estilo epistolar de Raisuni.

Mientras tanto, Raisuni invocaba a las cabilas su abolengo religioso, asombrándolas con la riqueza y fluidez de sus misivas, en las que les exhortaba a persistir en la guerra contra los cristianos. Y cuidando de atraer adeptos a su causa, en el sagrado mes de Ramadán de aquel año (mes de recogimiento y ayuno), el cherif dirigía a la importante cabila de Beni Gorfet la siguiente carta, donde el lector podrá apreciar una vez más esa habilidad que tanto caracteriza a Raisuni, bandolero y religioso. En el estilo epistolar del cherif, hábil y astuto, se adivina bien fácilmente lo peligroso de este hombre, cuya historia aún no ha terminado. Esta carta, que la suerte puso en nuestras manos, dice más que todos los comentarios que pudiéramos hacer a las protestas de amistad posteriores que nos ha hecho el cherif, cuando recibía con te y zalemas a los autores del pacto del Buhasen.

Dice así la carta:

Alabado sea Dios. Reza Dios por nuestro Profeta. Nuestros queridos, los muy respetables guerreros por la religión de Dios: a la cabila de Beni Gorfet, guardada por Dios con la salvación y la salud, a los ulemas y a los notables, Dios os ayude, os guarde y os dirija, a nosotros y a vosotros, que vuestra bandera sea victoriosa rechazando al enemigo.

El saludo y la clemencia de Dios y la bendición del Profeta sobre vosotros.

No ignoraréis que estamos dispuestos a que alcancen la victoria los creyentes, realzando la religión; por ella sacrificamos nuestras vidas y nuestros bienes, rogando a Dios por el bienestar de los musulmanes y por el sufrimiento de los infieles.

Ya sabéis la enfermedad que tengo; si no fuera por el bien de todos, yo no hubiese salido al campo. Desde el día que me separé de vosotros en el santuario de Tazarut, fue aumentando mi padecimiento, hasta que llegué a Zinat, adonde iba a reunir vuestra palabra, pero desde mi llegada estuve enfermo con muchos dolores, hasta tener que guardar cama, perdiendo el conocimiento, no pudiendo ocuparme de lo que allí me llevó. Gracias a Dios, hoy día me encuentro bien, y volveremos a nuestra obra, para realzar nuestra religión; pedimos a Dios que nos facilite con su bondad lo que piden los creyentes.

Llegó a mi noticia que había en vuestras cercanías tormenta de cañonazos, y que habíais resistido bastante, satisfaciendo a Dios con vuestras proezas en esta guerra contra los infieles, no habiéndonos quedado cortos en la matanza y habiendo sufrido bajas que aún no conozco; sé también que el infiel tomó algunas posiciones a costa de muchas vidas. Con esto se demuestra que no hay ni fuerza ni voluntad como la de Dios, y que, en la guerra, unas veces se vence y otras se sufre la derrota. Pidamos a Dios que nos ampare, y descansemos en Él para que nos ayude, que está en la sabiduría de los musulmanes. Dios dio la palabra de dar la victoria a los creyentes y estar con ellos; si con vuestras virtudes merecéis su protección, Él os conducirá a la gloria y os hará fuertes.

No sentirse débiles delante de los infieles, no asustare no discutir y ser hermanos, y ante el enemigo ayudaros unos a otros como manda la religión; guardad vuestro lugares y estrechad al enemigo de Dios con la guerra apoderándose de sus bienes, vigilándole por todas partes y cercándole. No penséis en la pérdida de gente que habéis tenido, sois lo mismo que los apóstoles del profeta; no os asustéis. Esperad de Dios lo que los infieles no esperan; si habéis caído en desgracia, ellos la tendrán igual; la mayor pérdida es la de la religión, no se puede atrasar ni adelantar la vida.

Al que se le acaba es porque se le termina el plazo que Dios le dio, que está siempre determinado.

Los muertos en combate contra los infieles, están vivos en el otro mundo, no mueren jamás; se encuentran en el más alto paraíso y están más cerca de lo que más ansían; Dios nos ha dado noticia de ello; ellos desean volver a este mundo para darnos noticia de las maravillas del otro y de sus goces.

Dijo Dios: no creer muertos a los que sucumben en mi camino, sino creerlos vivos, según el versículo del Corán. Si fuera posible que pudieran escoger entre uno y otro mundo, querrían volver a éste sólo para morir otra vez y alcanzar mayor gloria y estar en el paraíso con los profetas y creyentes.

Algunos de vosotros, alabado sea Dios, pueden practicar y convencer hasta a la piedra más dura, porque entre vosotros existen bastantes ulemas. El más ignorante sabe lo que gana el que guerrea por Dios y que vuestra muerte es un examen del Todopoderoso a su siervo, para distinguir al creyente del que no lo es. Guardad vuestra religión y no temáis, que la victoria está cerca; el mejor modo de adorar a Dios es esperar al enemigo. Antes no lo temíamos; nuestro temor era que las demás naciones le ayudaran, haciendo desaparecer la nuestra; pero Dios ha hecho estallar la tormenta entre ellos e incendió el fuego de la guerra, dividiéndolas en dos partidos; Francia, con las naciones que están a su lado, contra Alemania, Italia y otras, y esto no cabe duda que está hecho para deshacer a la nación francesa y aplastar su fuerza, porque Dios está contra ella y la maldice. La otra ya le ha tomado algunos terrenos. Dios ha hecho que se exterminen ellos mismos hasta acabar con todos los infieles. Queda después *este maldito español*, y Dios quiere acabar con su mala intención y con sus fuerzas. La que España ha demostrado delante de vosotros es un sueño; es como el relámpago que se extingue.

Creedme con todo vuestro fervor; rezad en los santuarios, que es el mejor medio de obtener la victoria, y pedid la protección de los santos.

Muy pronto tendréis noticias que os alegrarán, tener paciencia; dentro de poco estaré a vuestro lado; apoyad al Islam y armaros de valor.

Que prospere vuestro Abselam-Ben-El-Mechis, que intervendrá conduciéndoos a la batalla, de la que saldremos victoriosos.

Todas las noticias que haya, comunicármelas, como yo haré con vosotros.

12 Ramadán 1332 (5 agosto 1914).
Hamed-E-Raisuni. (Rubricado).»

XL
Bajo el mando de Marina.

Marina, en Tetuán, seguía la política de quietud y defensiva, y empezó a poner en juego, calladamente, los elementos con ascendiente para obtener un acuerdo con el cherif

Raisuni estaba ya en Tazarut con sus sobrinos Ali y Mustafá (1). Empezaron a moverse misteriosamente Zugasti, el intérprete Cerdeira y Muley Sadik. El pobre Zugasti, que en todos los ajetreos de Raisuni aparece mezclado, hacía viajes frecuentes al monte para entrevistarse con el cherif.

---

(1) Hoy bajaes de Beni Aros y Arzila, respectivamente.

Pero, como ya hemos repetido una y mil veces, nuestra política africana está cuajada de errores. Conociendo el odio personal que Silvestre tenía a Raisuni, Marina hacía esta política sin prevenir al caudillo, temeroso quizá de que éste la entorpeciese. O sea una política desde Tetuán y otra en Larache, cuyos resultados ya podemos pensar cuáles habían de ser. No nos son desconocidos los propósitos del Gobierno en aquel entonces. Se acababa de disponer «que se procediese con rigor con los elementos activos de Raisuni».

Ajeno a estas cuestiones, Silvestre y nuestra policía seguían su política, procurando consolidar todo el territorio ocupado y aislarlo de la influencia raisuniana.

En el campo de Alcázar y en el de Larache la tranquilidad era completa. Los ánimos iban asentándose y la política antirraisunista, secundada por los bajaes de Arzila, Alcázar y Larache, iba creando un régimen de vida normal en esta zona, que tan importante papel desempeña en la política africana.

En agosto y septiembre, mientras los agentes puestos en juego por Marina traían un forcejeo intenso con Raisuni, Silvestre ocupaba Sidi Buhaya y Saf-el-Haman, disponiéndose a consolidar la comunicación entre Larache-Arzila-Tánger, con la ocupación del Bibán y Regaía.

La oficialidad de la Policía de Arzila, secundando las órdenes de Silvestre, desplegaba una actividad sin límites.

El capitán Rueda, el teniente Gavilán y demás oficiales de la Oficina, esforzábanse por seguir ciegamente la política del caudillo.

En el sector Rafait Xarkia, de la cabila de Yebel-Hebib, se tocaban los resultados prácticos de la labor de atracción que se hacía cerca de ésta.

Rueda, jefe de la Oficina de Arzila, escribió una carta a inoro tan prestigioso como El-Hadi-Abselam-Yazi, chef de tan importante cabila, a fin de obtener una entrevista con él y compulsar el estado de las cabilas frente a la política. Accedió el Tazi, y el 30 de septiembre pudo efectuarse la conferencia, que fue interesantísima, pues nos dice claramente el efecto que las gestiones secretas de Marina para el pacto con Raisuni causaban en las cabilas.

El Tazi, hombre joven y fuerte y muy listo, mostró gran agrado al conocer al capitán Rueda como representante de Silvestre.

La charla se deslizó animada, antes de irse de lleno al objetivo de la entrevista. Con los moros es preciso guardar un tacto especial,

Preguntó por el curso de la guerra europea y sus relaciones con la cuestión marroquí. También mostró deseos de conocer a qué habían ido a Europa Abd-el-Aziz y Muley Haffid.

—Por las cabilas—afirmó Tazi—se dice que Abd-el-Aziz va a ser nuestro jalifa.

Rueda interrogó al Tazi sobre la situación de las cabilas.

—Si se completa la última operación—dijo refiriéndose a la ocupación de Saf-El-Haman—puede ser el principio del fin. Consideraba un golpe inesperado para Anyera y Uadras, de gran repercusión en las otras cabilas, de tal modo—dijo— que, unido a la carestía de la vida y a la imposibilidad de arar y sembrar en la región con tranquilidad, hace el momento preciso para emprender una intensa labor política, que, influido a la mitad por otro hecho de armas, dé como resultado la paz apetecida por la mayoría de los yebalas.

Trataron los conferenciantes sobre la necesidad de establecer dos nuevas posiciones en Yebel-Hebib, Kanca y Maida, muy convenientes para dominar la vertiente Sur de Yebel-Hebib.

—No os preocupéis—dijo Tazi—de la ocupación material de Yebel Hebib; de corazón está ya sometida a vosotros. Por mi parte, en nombre de la cabila me comprometo a evitar cualquier incursión de los jarqueños a la zona ocupada.

Y para corroborarlo, daba detalles de un incidente ocurrido la noche anterior: Una partida de diez hombres quiso robar en Tuansa, sin conseguirlo. Al retirarse hacia Beni Aros, Tazi y su gente los persiguieron, hiriendo a uno de los ladrones. Noches antes, y queriendo evitar la influencia y la excitación de los arosis, sostuvieron con éstos los hebibis nutrido tiroteo.

En una palabra: Rueda, que llevaba el plan de trazar con el prestigioso chej la ocupación de todo Yebel Hebib, vio sus planes desbaratados ante la actitud de éste. Hay una incógnita, un temor: Raisuni... El Tazi al fin rompe el silencio y pregunta al oficial:

— ¿Y Raisuni? ¿Qué hace Raisuni? ¿Qué pensáis de él?... Se dice por ahí que se somete, que le nombráis jalifa del monte, que le dais y pagáis una jarca, de la que ya tiene 5o reclutados, desertores franceses en su mayoría, en Tazerut; que hará su entrada triunfal en Arzila, que le devolveréis todos sus bienes obligados a ello por los alemanes, que en las gestiones Zugasti y el Menehbi de Tánger están interviniendo con bastante actividad (1).

Callaba Rueda, oyendo al notable musulmán.

— Y vuestro general, ¿qué piensa de Raisuni? Habéis de saber que Anyera y Uadras no lo pueden ver; que de Beni Mesuar sólo están con él los de Karnan (una quinta parte de la cabila); que nosotros le obedeceremos sólo por la fuerza; que en Ben Karrik no le escuchan; que la parte occidental de Beni Aros (Jaldien) no le quiere, y que Beni Gorfet obedece a Ben-Yilali, quien va camino de la independencia, de donde se deduce que no tiene más poder efectivo que su jarca y el apoyo condicional de Beni Aros, Beni Gorfet y Beni Ider... Yo he hablado estos días con Zelal.

Como sabéis, es amo de cuatro quintas partes de Beni Mesuar, y es escuchado en Uadras y Yebel Hebib, es amigo del chej de Anyera y puede haceros, una gran política. En cuanto a Beni Aros y Beni Gorfet, creo que vuestros aeroplanos tienen unas razones que les inclinarían bien pronto a pedir una paz que, en su mayoría, desean... En cuanto dichos aparatos no les dejen celebrar los zocos de Tzenin, de Beni Ider, El Arbáa y El Jemis, de Beni-Aros, y el Sebt, de Beni Gorfet—haciéndoles dar un gran rodeo para venir a Tánger —, tendrías mucho ganado para la sumisión.

---

(1) Todo esto lo desconocía Silvestre, como ya decíamos.

Escuchaba atentamente Rueda al moro perspicaz.

—Debéis ocupar Dahar Dabyan, la loma que existe en el centro del triángulo formado por Zinat, Jenak Él Biban y Dar Rmai. Zinat, la fortaleza de Raisuni, quedaría bajo vuestros cañones, y los que huyeran y partidarios de cherif de Karnan, Ain-El-Kasab y Sefsata, irían a los dominios de Zelal, que, mediante su política, los devolvería a sus aduares sometiéndolos a vuestra causa. Con esto, Zelal ganaría mucho prestigio y se le quitaba a Raisuni su foco próximo a Tánger. Además, tendríais abiertas las puertas del Fondak... ¿Qué pensáis de esto?... ¿Es verdad lo del Raisuni?...

Rueda le respondió:

—Tu plan no es descabellado; pero se necesitan garantías y además pensarlo muy despacio y consultarlo con el general Silvestre. De lo que me dices de Raisuni, nada sabemos; pero lo que sí debes hacer presente a Zelal, es que nuestras simpatías están por él y no por el cherif...

Se despidió el moro, ofreciéndonos su apoyo y seguir guardando las puertas de Yebel Hebib, reiterándonos la ocupación que había propuesto, en la seguridad de que no habíamos de encontrar enemigo.

Como puede verse, moros de prestigio y ascendiente se ofrecían a ayudarnos. Y si este apoyo lo encontraba Silvestre frente a la soberbia raisuniana, muy justo es reconocer que, al aceptarlo y fomentarlo, no hacía otra cosa, sino continuar en línea recta la conducta que desde el rompimiento con Raisuni se había trazado: El cerco, mejor dicho, el aislamiento, procurando ir poco a poco desmoronando a nuestro paso el ascendiente de cherif.

Y con el apoyo de esta labor política, Silvestre ocupaba con sus bizarras tropas, con poca resistencia, Biban y Kudia Riva en septiembre, y Regaia, la llave de paso a Tánger, a mediados de noviembre.

Y sin embargo... Marina en Tetuán no cejaba en sus trabajos para atraer al cherif... ¡Dos caminos completamente contrarios!... Ya veremos, algo más adelante, los resultados de esta falta de armonía.

XLII

Dos políticas y un suceso lamentable. —El antirraisunismo se extiende. —Política insegura.

Proyectada en 1915 la ocupación del Sinat por el general Silvestre, hubo de desistir de ello por indicación del alto comisario. Marina continuaba sus intentos para atraerse al Raisuni, aun cuando en la zona de Larache el antirraisunismo era manifiesto. Muchas cabilas estaban hartas de sufrir las cargas del señor de la montaña, y sí en más de una ocasión obedecieron a éste, no era sino por la fuerza y ante el temor de las razias de la partida de bandoleros que el cherif manejaba a capricho por toda Yebala.

Por ello, fueron muchas las que le abandonaron y se acogieron francamente a nuestra protección y tutela. A todo esto, el cherif procuraba levantar su prestigio, gracias a las nuevas negociaciones encaminadas a hacer la paz con él.

Pero he aquí que en la madrugada del 11 de enero, Raisuni fue objeto de un atentado. Se formó un revuelo enorme. Las confidencias que pudimos recoger en el campo moro aseguraban que fue una bomba arrojada desde un aeroplano; pero tal cosa no es cierta, por no haber volado aquel día ningún aparato. Otros aseguraban que fue una bomba preparada en Arzila y enviada con dos moros bien pagados... Los indígenas pidieron audiencia al señor de la montaña y dejaron el petardo bien oculto en la habitación donde fueron recibidos. El Raisuni salió después al campo. En aquel momento, la explosión enorme derrumba media casa. Y el cherif, santo tantas veces ante los ojos de los indígenas, se salva milagrosamente... Con odio reconcentrado alcanza la jugada y promete venganza... ¡Ah, perros cristianos!...

En Tánger esta noticia fue otra bomba si se nos permite el símil. Paxot, el jefe de nuestro Tabor, afirmaba que aquello era cosa de los franceses, teniendo en cuenta que Raisuni escuchaba las promesas alemanas.

Mr. Toulat afirmaba que habíamos sido los españoles, pagando a dos forajidos... Un duelo en puertas.

Todo queda en nada; pues, al parecer, se forjó la leyenda de que el petardo lo había preparado el propio Raisuni para demostrar que continuaba en posesión de la *baraka* del Profeta.

Y, sin embargo, todo esto fue una patraña. ¡Era el odio al Raisuni en la zona de Larache, el que inspiró el atentado, pero tan mal ejecutado, que no sirvió para nada!...

El prestigio del Raisuni entre las cabilas, gracias a nuestra desdichada actuación, iba tomando un incremento enorme. Favorecidos por los deseos del alto comisario de llegar a una paz con él, continuó su labor de propaganda por el monte para ser reconocido por todas las cabilas como el sultán de la montaña que había de librarlos de los deseos de los españoles, que, según él, eran los de «volver cristianos» a todos los árabes.

La proclamación comenzó a ser conocida entre los cabileños, y en un acta firmada por veinte *adules* (notarios) se ordenaba a las tribus acatasen el mandato, haciendo citas de ulemas y condiciones que el elegido reunía para ocupar el cargo de Sultán de la montaña. Raisuni después de su proclamación convocó a una reunión magna que había de celebrarse en Xauen, donde debía suscribirse la mencionada acta por las cabilas que le habían proclamado, a quienes después de acatar la soberanía del cherif entregaría éste armamento y municiones para hacer la guerra a España.

Una vez en inteligencia Raisuni, hasta con algunas cabilas sometidas a nuestras autoridades de la zona, decidió el popular cabecilla celebrar una nueva reunión en los macizos de Yebel-Hebib, con diez días de anticipación a la tradicional pascua del Mailud, para cuya reunión solicitó de las cabilas sometidas a su jurisdicción el envío de representantes autorizados al objeto de constituir, definitivamente, lo que podríamos llamar el *Majzen raisuniano*. En efecto; el día 11 de enero de 1915 fueron acudiendo, sucesivamente, las delegaciones de las cabilas, reuniéndose en el a Juar Zúa de (Yebel Hebib) las siguientes:

Jolot, Yebel Hebib, Ahl Serif, Beni Mesara, Beni Issef, Beni Ider, Beni Gorfet, R'hora, Beni Mesguilda, Beni Aros, Beni Mesuar, Guezaua y Sumata.

Los cabileños de Beni Gorfet, parte de Beni Aros y algunos de Beni Ider, Beni Mesuar y Jolot, que por entonces tenían hecho acto de sumisión, tan sólo representaban una mínima proporción del núcleo que componen todas las cabilas reunidas. Pero el tiempo pasaba y la impaciencia de Raisuni era tal, que decidió enviar a Ben-Karrich al Kaid Mohamed-Ben-Yilali con objeto de fomentar la autoridad religiosa de su jefe. Otros emisarios fueron enviados a Anyera y Beni Mesuar, designando para dicho cometido, respectivamente, a Sid Hamed-el-Kerman y Aiachi-el-Zel-lal.

Los emisarios no fueron muy bien acogidos. No es extraño. Zel-lal estaba muy inclinado a nuestra causa y su política en aquellos días no se distinguió precisamente por su fervor hacia el cherif. Además, el doble juego que traía Raisuni hacía desconfiar a muchos. Sabían las cabilas que el cherif recibía frecuentes visitas de agentes españoles con quienes, sin duda, estaba de acuerdo. Y tanto en la reunión de referencia, como en la que hubo de celebrarse pasadas las fiestas del Mailud, el 2 de febrero, en Xauen, no logró convencer a los cabileños; pues después de emplear unos cuantos tópicos, terminó aconsejando a las cabilas que no agrediesen a nuestras posiciones, ni molestasen a los aduares sometidos. «Que ya llegaría la hora de obrar.»

Las Oficinas de Policía indígena enclavadas en el territorio de Larache, comenzaron a desplegar una actividad sin límites para conocer a fondo la situación de Raisuni. Las distintas mías encargaron a sus confidentes la más estricta prudencia en sus gestiones a cambio de remuneraciones elevadas.

Siempre hemos censurado esta política del dinero, porque con ella sólo se consigue el encanallamiento de vividores que nos han vendido más de una vez después de hacer pagar crecidamente sus confidencias.

Pero conociendo el país y el desenvolvimiento de nuestra actuación, estos servicios son indispensables.

La oficialidad de la Policía empezó a trabajar con fe y cariño. Conocida es la labor admirable de la Policía de Larache, que ha dado en Yebala unos resultados excelentes. Bien es verdad, que fue alma de ella y supo inculcarle un régimen concienzudo el organizador de la misma, dignísimo teniente coronel de Estado Mayor don Luis Valdés, que fue jefe de Estado Mayor de Silvestre cuando éste vino a Larache, siendo hombre de toda su confianza.

Aún continua tan distinguido jefe en la Policía de Larache, a la que ha vuelto después de su brillante actuación en Melilla, y secunda las orientaciones políticas que convienen de momento a España con el acierto y patriotismo que más adelante veremos.

XLIII

El estado político de Anyera. —El sultanato del cherif.

Se procuraba por todos los medios seguir la pista a los movimientos de Raisuni.

Y al efecto, el capitán Rueda y el bajá de Arzila Dris-Er-Riffi organizaron una excursión a Bibán y su campo para recoger impresiones. Esto era a mediados de febrero. Se hablaba por toda la zona de la inmediata sumisión de Raisuni, dando pábulo a los comentarios la circunstancia de haber salido para Ceuta el general Silvestre a fin de conferenciar en Tetuán con Marina y hallarse recorriendo las plazas africanas el Ministro de los Estados Unidos en España.

Correos salieron de Bibán en todas direcciones anunciando la llegada del bajá de Arzila y nuestro deseo de escuchar a cuantos cabileños deseasen ponerse al habla con nosotros.

Los primeros en acudir fueron los del aduar Menezla y, pulsada la opinión, se ofrecieron a no disparar contra nuestras tropas si éstas ocupaban Meyabah E. También acudieron gentes de Darmar, Sefsafa y Ruief, manifestando su sumisión a España, pero afirmando no podían hacerla muy ostensible por temor a las represalias de la gente de Raisuni.

Los cabileños pidieron permiso para pasar por Bibán en dirección a Tánger, para allí vender sus mercancías. Los temores de los cabileños, el miedo de éstos, mejor dicho, al cherif lo demuestra el hecho de que otros aduares que acudieron a entrevistarse con nuestros emisarios hicieron el viaje de noche. El chej de Ramla, que hacía justicia en el zoco el Arbaa de Beni Mesauar, acudía a nuestro lado al frente de los notables de su aduar. Entre éstos venían varios de los libertados por Silvestre en Arzila.

Dris-er-Riffi, con su diplomacia, les habló de las ventajas de la paz, de la bondad del Gobierno español y de la conveniencia de que su importante aduar estuviese a nuestro lado. Se tendía, como se ve, a ir desmoronando la influencia raisuniana, mientras en Tetuán se hacía todo lo contrario...

—Mi aduar—dijo el chej de Ramla—ha recibido constante favor de España, y a vuestro lado hemos de estar siempre. Raisuni nos lo arrasó dos veces, nos robó nuestros ganados y nos dejó en la miseria. No tenemos más remedio que ser enemigos suyos.

Dris-er-Riffi, para inspirar a los cabileños más confianza, les replicó:

—Yo también estaba antes con el cherif, y ahora, convencido de los nobles propósitos de España, estoy al lado de ésta con toda mi alma.

Los indígenas se marcharon, prometiendo hacer política contraria a Raisuni y favorable a España. Días después llegaban a entrevistarse con nuestros emisarios representaciones de Anyera y Beni Mengud, mostrando deseos de someterse, pero diciendo que era preciso que nuestra línea de posiciones avanzase, para librarles de los golpes de la gente enemiga.

Para demostrarnos su odio a Raisuni, quedaron en tirotear, el Zinat cuando regresaran a sus aduares... Pero no lo realizaron. Sin embargo, unos mejaznis enviados por Rueda se *entretuvieron* aquella noche en tirotear la casa del cherif, para poder dar en un parte la noticia sensacional: «Esta noche ha sido tiroteada la casa de Raisuni... ¡Cuánta equivocación!...

Otra representación de Anyera vino, a plena luz, a entrevistarse con los nuestros y a pedirles el rescate de un anyerino que creían vivo y en nuestro poder aún.

A medias palabras, Rueda les hizo comprender que recomendaría el asunto al general Silvestre, a quien debían presentarse y sacrificar el toro de reglamento. El capitán quería sacar algo útil de Anyera. Bien es verdad que Anyera era la cabila más corrompida de la zona. Nuestras autoridades militares de Tetuán y las civiles de Tánger, repartiendo sueldos y gratificaciones a diestro y siniestro, hicieron un daño terrible en aquellas gentes.

No había que olvidar que, según todos los informes, Anyera tenía en aquellos momentos cinco mil fusiles, y que la división de los aduares haría dificilísima toda labor de penetración. El poco tacto de entonces en prestar protección a determinados indígenas, lo demuestra haberse quedado Si Mohamed Aharar con cuarenta mil duros que se le confiaron para «comisiones políticas». El dinero de España corría entre gentes que no eran, ni con mucho, la representación de las cabilas. Por otra parte, las gestiones las dificultaban los manejos franceses de Tánger, que, con cartas y sueldos que repartían frecuentemente, hacían desde la ciudad de los minaretes una abierta labor antiespañola.

Estos y otros manejos de nuestros «queridos amigos» los colonistas, influyeron en el ánimo de un prestigioso militar a aconsejar la necesidad de ocupar Tánger simultáneamente por mar y tierra, o reducir la zona mal llamada internacional. El mismo militar pensaba aquellos días:

«El estado político de Anyera nace, en primer término, de que es la menos castigada en muertes. Si nuestra diplomacia no puede conseguir la reducción de la zona internacional, no quedará otro recurso que la fuerza, mezclada con la astucia. Y astucia será conseguir la presentación del aduar de Rumman en Arzila ante Silvestre y cogerlos en rehenes, para obtener paso a nuestras fuerzas indígenas. Debemos desentendernos del espejismo del Zinat y mirar al objetivo final de esta campaña, que debe ser la unión de los dos ejércitos en el Fondak. Ocupemos Amersan, que será el primer paso para rodear Zinat, de modo que cortaríamos al Raisuni el camino que utiliza para trasladarse a Tazarut...

El 20 de febrero, el bajá de Arzila y el capitán Rueda, recibían la visita del jalifa de Uadras, y éste les notificaba que miraban con simpatías la causa de España, pero que aún nuestras fuerzas andaban muy lejos y que, en cuanto nos acercáramos, contásemos con su sumisión. Antes de regresar a Arzila, los expedicionarios escribieron cartas a cuantos aduares se habían puesto en relaciones con España, para que continuasen naciendo política de atracción a nuestra causa y el vacío a toda influencia raisuniana.

Esta, no obstante el antirraisunismo del personal de la Comandancia de Larache, iba haciendo su efecto. Nuestros confidentes, a mediados de marzo, nos decían: «Raisuni ha sido nombrado Sultán, definitivamente, por las cabilas de Beni Aros, la mitad de Beni Ider, Yebel Hebib, la mitad de Beni Mesauar, Beni Hasan, Beni Said (parte de Gomara), El Jamás, Beni Isef Sumata, Beni Gorfet, Ahí Serifj Guesaua, Beni Serual, Beni Zecar y parte de Beni Mesara y Erhoma. En casi todas ellas Raisuni ha nombrado sus jefes.» Decían también los confidentes que las cabilas de Tuayena, Ulat Ali, Bu Maisa y otras, sometidas a España, escuchaban las cartas del cherif. «A las cabilas antes mencionadas—siguen las confidencias—las ha conquistado con constantes conferencias, haciendo resaltar su propósito de ayudar a Turquía y Alemania, su aliada, que será la dueña de Mogreb cuando termine la guerra europea, organizando fuerzas, con las que arrojará a los franceses de Fez, posesionarse del sultanato y terminar arrojándolos de toda la costa de Marruecos. En cuanto a los españoles, no hay que ocuparse de ellos de momento; *los dejarán para los postres.*»

XLIV

La doble política de Raisuni. —El cherif, protegido alemán. —En Tetuán se prepara a Silvestre.

Raisuni nos daba los golpes que podía dentro de nuestra zona de influencia, no obstante estar en gestiones con Tetuán para obtener la paz. Mandó llamar a un moro adinerado de Arzila, Sid Abselam Bulifa, y lo apresó en Tazarut, pidiendo a sus parientes cinco mil duros si querían que lo pusiese en libertad.

No era ciertamente esta manera de proceder de uní «príncipe», como algunos exaltados «africanistas» denominaban a Raisuni, sino de vulgar cuadrillero.

Cuando llamaba a alguna cabila, no enviaba a cualquiera, si no que escogía a dos notables por cabila de las que le eran afectas, para que no fueran agredidos.

Aunque aparentemente ponían oídos a las exhortaciones de Raisuni, es lo cierto que las cabilas de Anyera y Uadras, y los poblados de Bení Mesuar, en que ejercía mando el Zellal, se mantenían en una neutralidad muy favorable a España.

Más, súbitamente, se da orden a las Oficinas indígenas de que cesen en sus relaciones con el monte. Hay quien precisa que esta decisión del mando fue encaminada a que la zona de Larache se mantuviera neutral ante las negociaciones que se seguían en Tetuán con el concurso de Zugasti y el intérprete Cerdeira.

Pero era imposible que cesase de una vez la política de oposición que se hacía en Larache a todo lo que se relacionaba con Raisuni.

Pensemos serenamente que esta política estaba inspirada en los vejámenes que Raisuni había ocasionado a los directamente interesados en la marcha de la influencia de España en su zona, como asimismo en el convencimiento que éstos tenían de que jamás el cherif había de estar lealmente a nuestro lado, si no era dejándole obrar como rey y señor de todo Marruecos.

Pero al regresar de Tetuán, Silvestre traía órdenes concretas sin duda. Las relaciones con el campo quedaron cortadas.

Los soldados, durante casi todo aquel año, continuaron en sus campamentos.

Y, sin embargo, podíamos recoger de un moro amigo cosas tan interesantes como éstas, sobre la situación del cherif:

A primeros de marzo, cuando ya tenía Raisuni en su poder los títulos que le acreditaban como Sultán del monte, las lluvias le obligaron a permanecer en Zinat más tiempo del que él hubiese deseado, pues que la noche en que le tirotearon la casa, no tenía garantizada su defensa personal.

Para no permanecer inactivo, escribió a las cabilas y las reunió en Tazarut cuando mejoró el tiempo. En esta reunión les dijo: «Preparaos; tengo documentos de los alemanes que me acreditan como Sultán cuando se termine la guerra. Sé que el triunfo de los alemanes es indiscutible, y si me ayudáis, a echar a los españoles del territorio será cosa fácil.» Y por los zocos del monte puso pregones ofreciendo 1,50 pesetas a todo el que quisiera servir en la jarca con él. En Ahí Serif empezaron a no hacerle caso, hasta el punto que en el zoco de Sidi Buker los del llano hicieron huir a los pregones. El cherif envió unos mejaznis a Tagarzat a llevar un mensaje, y el chej los desarmó. A unos trescientos hombres que envió a Beni Aros con igual misión, los recibieron a tiros.

El doble juego de política de Raisuni fue dividiendo más y más a los cabileños, y a mediados de abril, en Anyera, Uadras, Beni Ider, Beni Mesauar y parte de Beni Aros, no lo creían. Por la fuerza, y para engrosar su jarca, obligó a los aduares de Beni Gorfet, Ahl Serif y Jomás, a que le proporcionaran cinco individuos armados.

No es extraña esta actitud de los cabileños si se tiene en cuenta que hasta ellos llegaban noticias de que el cherif engañaba a los Yebalas; que lejos de echar a los españoles, había pactado con ellos y recibido 20.000 duros de primera intención. Fue, pues, fomentándose el estado hostil al Raisuni, cuyo primer chispazo fue la negación de Beni der a dar soldados para la jarca y la amenaza de rechazar con las armas al primer emisario que fuese con tal pretensión. Muchos aduares, en vista de esto, se unieron y acordaron que antes de ser entregados a los españoles por Raisuni, se entregarían ellos sin mediación de nadie, pero nunca por la de cherif. La dirección de esta idea encarnó en la personal del cherif Ueld-Si-El-Hasen, antiguo jefe efectivo de la jarca que principió la guerra. Las indicaciones de éste las siguieron Anyera. Uadras, Beni Mesauar, Beni Ider y representaciones de Ben Karrih. Beni Aros estaba dividida, y a causa de esta división, el 15 de abril sostuvieron un encuentro sangriento los dos bandos.

Con motivo del desarme de los dos mejaznis de Raisuni por el chej de Tagarzat, el cherif envió una partida a castigar al aduar; pero salieron a su defensa los partidarios de Ueld-Si-El-Hasen, haciendo huir a los bandoleros, cogiéndoles antes tres individuos y matando a cuatro. Al día siguiente, en el zoco, también habló la pólvora entre ambos bandos. Los de Raisuni fueron puestos en vergonzosa huida hasta Tazarut, dejando sobre el campo dos muertos y resultando con cinco heridos, entre ellos el célebre kaid del Jomas Ueld-el-Far, y el de Sumata Ueld-Hach-Aalami. La lucha terminó invocando los del Raisuni el Islam a los otros, y pidiéndoles por favor que los consideraran como hermanos que eran. Un día después, y ante Muley Abselam, se reunieron y concertaron el «ahed» (la alianza) para no admitir nunca el dominio del Raisuni. Y cumpliendo el pacto, estas cabilas no dejaban pasar a Tánger a ninguno de los conocidos amigos de cherif, y se oponían al paso de los convoyes que de Tánger iban a Tazarut para Raisuni.

Para adquirir prestigio y probar al monte, con sus argucias de siempre, que no estaba con España, mandó a El-Mudden a Arzila, y el célebre bandido se apoderó de 82 vacas de administración y del ganado que un sargento de la Policía tenía en su aduar.

A su vez, Raisuni, conocedor de la influencia del kaid Zelal, ofrecía a esta gente grandes cantidades de dinero rara atraérselo. Pero Zelal quería ser amigo de España...

XLV
El vergonzoso asesinato de Sidi-Ali-Alkalay.

Tal es el estado político en la región de Yebala a fines de abril, cuando Marina, más confiado cada día en concertar algo útil para la labor de España en África, seguía poniendo en juego a nuestros agentes. Zugasti y el intérprete Cedeira siguen moviéndose continuamente por la zona. Un moro notable y prestigioso, ligado estrechamente con Raisuni, hasta el punto de ser su secretario, era el parlamentario entre éste y la Alta Comisaría.

Y aquí, en estos momentos de tregua política, surge una página vergonzosa en la historia de nuestra actuación en África. Y decimos vergonzosa, porque la persona de un parlamentario en toda guerra, es sagrada.

No debieron entenderlo así quienes inspiraron el asesinato de Sidi-Ali-Akalay, cuando este parlamentario llevaba en su poder hasta un salvo conducto hecho y firmado de puño y letra del general Marina, para que pudiera pasar por nuestra línea de posiciones, y gestionar, con Zugasti y nuestra Legación en Tánger, las condiciones del pacto que el alto comisario proyectaba llevar a efecto con el cherif...

Ya vemos los efectos que causaba llevar una política en Tetuán y otra en Larache...

Pero descubramos a la nación el hecho. Hablemos de él ya que piadosamente se le cubrió entonces con un velo.

El 8 de mayo regresaban Sidi-A i-Alkalay y su criado Hamed de Tánger, en dirección a Tazarut a fin de ver a Raisuni y darle conocimiento de lo que nuestro Gobierno concedía para concertar el pacto que se proyectaba. De Cuesta Colorada a Buisa desaparecen el emisario y su criado... ¿Qué ha sucedido?

Unos días después aparecen los cadáveres en el río Hadaf. El misterio envuelve los hechos. Los cadáveres tienen señales de haber sido estrangulados...

El alto comisario, enterado del caso, pide noticias con urgencia. A la vez, se pide informe urgente a las Oficinas de Cuesta Colorada y Buixa, siendo confusas las noticias que facilitan.

El jefe de la de Cuesta Colorada daba esta información:

«El día 8 de mayo se presentaron en esta posición los moros citados, manifestando que venían de Tánger y marchaban a Tazarut; y estando el primero pasaportado en Tetuán por el excelentísimo señor teniente general Marina, se les autorizó para continuar la marcha, facilitándoles la escolta necesaria para la posición de Buixa.

El día 11, encontrándome en Arzila por asuntos del servicio, me notificó el cabo Antonio Zaragoza, encargado de la Oficina durante mi ausencia, que los policías que prestan servicio en la misma habían detenido a dos moros que conocían como enemigos; y al preguntarle éste el nombre de ambos y manifestarme que era el de los arriba indicados, ordené los pusiera inmediatamente en libertad y les devolviera armas y efectos de que les habían desposeído, reprendiendo a éste severamente, y manifestándome que el haberlo hecho así era por desconocer las relaciones que pudieran tener con la Oficina, pues no presentaron documento alguno. Y habiendo llegado a esta posición el segundo teniente don Manuel García de la Sota, encargado de la Oficina de Biban, le rogué hiciese presente a Sidi Ali nuestra buena amistad, y disculpase la falta que con él habían cometido por ignorancia, lo atendiese en cuanto fuese preciso y le indicase mis deseos de conferenciar con él, pues por noticias recogidas del campo, sabía que, en una reunión habida en el Azib de Xeragui, habían, no sólo acordado, sino también jurado, los de Wad-Rás y Beni Mesauar, partidarios de Ueld-Sid-Hassen, apoderarse de él a su regreso; y habiendo accedido con deseo a ello, salí para dicha posición inmediatamente, encontrándomelos cerca de ella, pues habían salido a mi encuentro acompañados del antedicho oficial, según propios deseos de Sidi-Ali. Después de saludarlo y de cambiar con él las impresiones que teníamos de la situación del campo, y de notificarle el peligro que corría, y que, según él, dijo conocer, le insté para que pernoctase en la posición, por ser ya hora de las siete aproximadamente, y no estar el servicio que protege el camino de Cuesta Colorada y Seguedla, y existir, desde hace tiempo, una partida de merodeadores de unos treinta hombres que bajan al camino cuando se retira el servicio, y temían pudieran ser éstos los designados para ejecutar lo que tenían jurado. Y habiéndome indicado que no podía, porque asuntos de grandísima importancia, concernientes al Raisuni, le obligaban a estar aquella misma noche en Tánger, me pidió que le acompañase una pareja hasta el vado de Sa-Haman, haciéndolo yo mismo y el otro oficial en persona, y poniéndonos de acuerdo para, en el caso de que volviera, apoyarle y protegerle, avisándome el día antes para salir a recogerlo, y desde donde partió para Tánger, satisfecho y agradecido.

El 12 tuve noticias, por unos transeúntes que venían de Tánger, de que *éste* se encontraba en el poblado de Xeroka, pues en él habían visto sus caballerías; pero al preguntar por la noche desde Tánger noticias de ellos, sospeché habían llevado a cabo lo que habían jurado, dedicándome, desde este momento, a practicar cuantas diligencias estaban a mi alcance, no habiendo podido obtener más que noticias contradictorias, pues mientras que unos decían que habían sido asesinados por venganza y pagados por una mujer, cuyo marido, llamado Bulifa, lo tiene preso Raisuni, otros afirmaban que de ellos se habían apoderado gente de Beni Mesauar, y que los tenía presos para impedir facilitasen a Raisuni medios de subsistencia, y otros que culpaban, aunque de un modo indirecto, a los franceses, por ser, según ellos, agente alemán; pero todo esto sin facilitar datos ni asegurarlo hasta que el 15 por la noche me comunicaron que en el río Haches, y cerca de su desembocadura, había aparecido flotando parte del cadáver de un hombre, que sospechaban fuese el de Sidi-Ali.

El 16, por la mañana, me personé en el lugar indicado, con objeto de verificar la extracción, reconocimiento e identificación del mismo, no pudiendo verificarlo por estar crecido el río por la marea y porque, sin duda alguna, la corriente debió arrastrarlo durante la noche. Continuamos las pesquisas durante todo el día, hasta que, por la tarde, volvió a aparecer agua arriba del puente indicado y cerca del vado que existe frente al poblado de Ain-Ye-digui, que reconocido era el de Sidi-Ali, y siendo ya hora avanzada suspendí los trabajos y establecí una guardia en dicho punto. Al reanudar por la mañana del 17 los trabajos de reconocimiento, se extrajo además el del otro, que no podía flotar por tener un jaique lleno de piedras amarrado, que, según manifestaron los que lo extrajeron, era éste y las ataduras de uso de los montañeses, y que, reconocido, resultó ser el de su criado; ambos presentaban huellas de haber sido estrangulados, no teniendo más ropa que un calzón, el primero, y una camisa el segundo; y no habiendo aparecido más ropa ni efecto alguno, di por terminado el trabajo, y ordené condujeran los cadáveres a Sid-Hamed, en el poblado de Hayar-en-Nahal, y los depositaran en una tienda de campaña, que, al efecto, había facilitado la posición.

Interrogados los pescadores indígenas que los descubrieron, separadamente, dijeron llamarse Mohamed Ben-Sir Tayeb, Hamed-Ben-Amo-Abd-lat y Hamed-Ben-Milu-di, habitantes en el poblado de Halua y pescadores de oficio, y que en la tarde del 15, al retirarse a su poblado, vieron flotar parte de un cadáver, que les pareció ser el de Sidi-Ali, pues se encontraba con la cabeza vuelta y no pudieron examinarlo bien, marchando inmediatamente a dar cuenta; y que sospechaban pudieran haberlos arrojado montañeses que merodeaban por el Harr, y que en la noche del jueves al viernes se encontraba en el sitio nominado Yamp-Aisa, cerca de dicho poblado. No habiendo incurrido en contradicción alguna, ni recayendo sospechas sobre ellos, los puse en libertad.

Presentada en esta Oficina parte de la *yemaa* a que pertenecían Sidi Ali y su criado, recomendados por el excelentísimo señor ministro de España en Tánger, deseando continuar la conducción de los cadáveres, después de consultarlo, hice entrega de los mismos a los más notables de ella, Hamed-Ben Abd-el-Malek y Ali-Sid Abd-el-Krin, que, acompañados de un policía de esta Oficina y escoltados convenientemente, continuaron la conducción a Tánger.

Es de parecer del oficial que suscribe que el delito habido en las personas de Si-Ali-Alkalay y su criado, Si-Hamed, ha debido ser cometido por gente de Beni-Mesauar y Wadras, por ser éste el rumor que más domina y más confirmado hasta por las prendas con que estaban amarrados y haber jurado el hacerlo»

La información del oficial de Cuesta Colorada no convence. Se nombra una comisión investigadora que preside persona tan competente como el señor Sostoa (delegado interino de asuntos indígenas) y el intérprete Tubau. A su vez, Silvestre envía a Cuesta Colorada al comandante Luis Orgaz Yoldi, para que aclare los hechos.

Y a poco se aclaraba el misterioso asesinato, inspirado por Dris-Er Rifi, bajá de Arzila. A presencia de los oficiales de Policía, tres moros dé la Oficina indígena habían estrangulado a Sidi-Ali-Alcalay y su criado.

En este sentido telegrafiaba Silvestre a Marina, diciéndole:

«Comandante Orgaz, desde Cuesta Colorada, ratifica su información terminada; que muerte Ali-Alkalay fue realizada por moros bendihas, El-Metugui y Korsan, a presencia teniente Sota y Morales, ordenada por capitán Rueda e inspirado cobarde asesinato por bajá Arzila.

Sinceramente interesado en esclarecimiento y comprobación hechos, he tenido a V. E. en todo momento al corriente de marcha de informaciones, y no he perdonado medio para el más exacto conocimiento de tan grave asunto, que lamento con toda mi alma, y que produjo en mi ánimo tan inesperada como amarga impresión. Al someter a la consideración de V. E. el fiel relato de lo que hasta el momento conozco, me preocupa hondamente el estado de opinión tan desfavorable al prestigio de España y nuestro Ejército que, necesariamente, han de determinar las medidas de carácter público que con todo rigor lían de adoptarse para el ejemplar castigo de estos desdichados oficiales, que en un momento, de la mayor e inexplicable obcecación, y subyugados por la inspiración de la autoridad mora del Bajalato, se olvidan del uniforme que visten, de la misión civilizadora que ha sido encomendada, y no sólo desacataron reiteradas y terminantes órdenes dadas para el más exacto cumplimiento de lo ordenado por V. E., sino que cometen el más infame de los asesinatos que jamás se ha registrado en nuestro Ejército, y que, con todas mis energías, condeno.

El comandante Orgaz dispuso el inmediato arresto de los oficiales, y espera la llegada de Sostoa para ponerse incondicionalmente a su disposición con cuantos elementos de juicio tiene a su alcance para la más completa terminación de la misión por V. E. confiada, habiéndole yo ordenado pase la información por él hecha al juez instructor especial que practica las diligencias por mí ordenadas y que procederá en ellas con todo rigor.

Por mi parte dispongo detención capitán Rueda para responder a sus actos.

Ruego a V. E. me diga si cree conveniente autorizarme para suspender viaje a Tetuán bajá Arzila, así como suspenderle en sus funciones, encargándose Bajalato su jalifa y quedando detenido, para evitar pueda fugarse o substraerse a las responsabilidades que pueda alcanzarle en el cobarde asesinato realizado, sin que pueda alcanzárseme la finalidad perseguida, ni prever las consecuencias que de ello se deriven.»

Marina clamaba al cielo. Se dispuso a venir a Larache y entrevistarse con Silvestre, a quien adelantó este telegrama:

«De acuerdo con consideraciones expuestas en su telegrama de ayer, y correspondiendo ahora satisfacer vindicta pública por repugnante asesinato cometido, contraviniendo órdenes expresadas, apruebo decisión vuecencia, nombrando juez especial que reúna condiciones especiales también, para que, con toda actividad, formule el procedimiento adecuado al caso, que consultará con su auditor.

Todos los complicados en el crimen cometido deberán estar presos en Larache a disposición del juez especial, incluyendo el bajá de Arzila Dris-Er-Rifi, que será sustituido en el acto, suspendiendo su viaje a Tetuán. Encarezco a V. E. la mayor diligencia en hechos que afectan al nombre de España y honor del Ejército.»

Silvestre suspende a Dris-Er-Riffi en su cargo dé bajá de Arzila, del que se posesiona interinamente su jalifa.

Los encartados en el asesinato son traídos a Larache, donde quedan detenidos a disposición del juez.

La indignación de Marina crecía por momentos. Y en un nuevo telegrama decía a Silvestre:

«Preocupado asesinato Ali-Alkalay y pensando su gravedad, entiendo debe V. E. estudiar con su auditor si procede dar *carácter sumarísimo* al procedimiento, y déme cuenta resultado consulta.»,

Al fin, Marina se decide a emprender el viaje y se entrevista con Silvestre en Cuesta Colorada... El alto comisario creía necesario dar carácter sumarísimo al proceso... Silvestre, sin embargo, le aconsejaba calma...

Y frente al teatro del asesinato, Marina decía al general Silvestre:

— ¡Somos dos fracasados!

— ¡Yo no me considero fracasado, general!... ¡Yo tengo trazada de siempre mi línea de conducta!—replicó Silvestre.

Dris-Er-Riffi quedó preso, igual que los oficiales... Y como consecuencia de este caso bochornoso, Marina y Silvestre salen de Marruecos...

* * *

Con el lamentable asesinato de Sidi-Ali-Alkalay, página bochornosa que quisiéramos poder borrar de la historia de nuestra actuación en África, termina el mando de dos hombres que lucharon con tesón, según su propia ideología. Marina y Silvestre, el furibundo perseguidor a sangre y fuego de Raisuni, quizá por haber sufrido demasiado cerca su soberbia. No comprendemos como el gobierno no atajó antes las discrepancias de criterio entre los dos caudillos, que tenía forzosamente que conducirnos a un resultado lamentable. Y sobre todo, no llevar sino hasta última hora la acción combinada en Tetuán y Larache, fue una cosa verdaderamente absurda. Pero ahora pensamos que nuestros gobiernos jamás han tenido una orientación fija, un criterio constante sobre Marruecos. Aún así, no es tampoco disculpable su indiferencia ante una rivalidad tan manifiesta y peligrosa. Hubo que llegar hasta la vergüenza de este asesinato para destituir a sus generales, premiándolos..., como es costumbre nacional. Por lo que se refiere a la actuación de los equivocados oficiales de Policía actores del drama, no es culpa de ellos tampoco el fracaso. La culpa es de quienes los envían a la Policía, con tan nula preparación para llevar la misión tan delicada que se les confía. Es culpa, repetimos, de los Gobiernos, que no se preocuparon de fomentar el cariño, o la afición siquiera, al problema africano, copiando de quien, por desgracia, tanto tenemos que copiar... No se comprende que hasta la fecha no tengamos escuelas de colonización, cómo no se hayan ampliado en las academias militares los estudios de África, cómo no existe alguna, entidad donde preparásemos hombres para Marruecos...

XLVI

Jordana, alto comisario

Es de suponer la impresión que el asesinato de Alka-lay causó en el cherif Raisuni. Si España trataba con él (acertada o descabelladamente), no podía explicarse cómo España inspiraba la muerte de uno de sus parlamentarios. Su indignación no tuvo límites.

Pero enterado de la marcha de Silvestre, Raisuni respiró. De Marruecos se marchaba su más grande enemigo. Para sustituir al alto comisario, se traía a Tetuán a un general de las condiciones políticas de Jordana. A Larache se destinaba al general Villalba.

Desde su arribo a la Alta Comisaría, la política de Jordana quiere ser de atracción del indígena. Empezando por atraerse a Raisuni, desde luego. Al efecto, el nuevo general empieza a mover los elementos que tan conocidos nos son, por indicación del Gobierno. Zugasti y Cerdeira y el coronel

Barrera (hoy general), llevan la negociación diplomática con su habilidad de siempre.

En el mes de junio de aquel año empezaron las conversaciones con el «Jabato».

El cherif conservaba sus características de siempre. Esta vez tiene donde apoyar su desconfianza. El asesinato de Alkalay le daba sobrado pie para tratarnos despectivamente. Sin embargo, se accede a lo que Raisuni quiere; hay un forcejeo grande, empieza a exigir... Las bases del pacto las tenia tratadas, en sus largas negociaciones con el cherif, el general Marina.

Durante el período de negociaciones con el cherif, Barrera y Zugasti, trabajando incansablemente, consiguieron no poco, con sólo una gran paciencia. El general Barrera se acreditó entonces de hombre político y diplomático en extremo.

En septiembre de 1915 España pactó con Raisuni, quien aceptó de momento (luego no las cumplió) las condiciones impuestas por Jordana. Se le ofreció el Bajalato de las cabilas que fuese sometiendo al Majzen. Se ocuparon Megaret, el Zoco el Arbaa y Maida sin esfuerzo, gracias a su intervención.

XLV
El pacto de Jordana. —Raisuni es el de siempre.

Y, sin embargo, veamos los efectos del pacto y el espíritu del cherif asomar tras toda política pacifista por él intervenida. En ella se ve cómo lleva siempre el afán de mortificarnos, de presentarnos ante los ojos extraños como inferiores y puede decirse que sometidos a él.

Porque la práctica ha demostrado que el efecto de estos continuos trabajos con Raisuni, en las cabilas donde habíamos predicado el odio al cherif, poniendo de realce para ello sus actos de bandidaje, era contraproducente en extremo. Y las cabilas que en principio nos fueron adeptas y nos prestaron oídos, acababan por no fiarse de nosotros, dando lugar a hechos como el ocurrido al ocupar la posición de Maida. Desde los primeros días concurrían moros de Yebel Hebib para vender víveres a la posición. Estos indígenas manifestaban su contento por la ocupación; decían al teniente de la Oficina que debíamos avanzar más, que deseaban se construyese un puente sobre el río Jarrub, y que debía el jefe de la Oficina Indígena de dicha posición ir al zoco. Esta última petición, hecha con frecuencia, y el conocimiento de que en el último que se celebró los de Yebel Hebib montaron guardia para impedir alguna agresión de gentes de Beni Mesauar, caso de que fuerzas nuestras hubiesen ido al zoco, hicieron creer al teniente de dicha Oficina que era factible y hasta conveniente su presencia para comenzar los trabajos de atracción, relación y conocimiento de la situación política, principalmente en lo que se refería a movimiento de Beni Mesauar y actitud de Zellal y Ueld-Sidi Hassen.

Sin embargo, conocida la calidad de las personas que mostraban deseos de que la Oficina hiciera acto de presencia en el zoco, se informó que había de desplegarse un tacto exquisito en ese sentido.

Mas, recibida autorización del alto comisario para que la Oficina asistiese al zoco, le fue comunicada al teniente de la misma, y el día 9, acompañado de cinco policías montados, se presentó en el zoco, siendo recibido fríamente por los concurrentes. Poco después, las mujeres se marchaban gritando «que habían llegado cristianos». Y antes de que el oficial pudiera evitarlo, le rodearon vanos moros armados, entre los cuales había seis mejaznis de Raisuni, mandados por El-Mudden famoso, quienes le instaron a que se fuese, manifestándole que para volver al zoco y permanecer allí necesitaba presentar carta de Raisuni.

El oficial quiso convencerles políticamente. Pero en vista de que los razonamientos para que se calmasen no eran atendidos; de que el chej del zoco, a quien mandó llamar el oficial, pretextó que estaba enfermo para no acudir, y de que mejaznis del chej con vehemencia le pedían que se retirase regresó a la posición para evitar algún incidente desagradable.

El primer cuidado del cherif fue, en suma, prohibir a los indígenas todo trato con las Oficinas de Policía, creando en torno a ellas un aislamiento tal, que tuvieron que renunciar algunas a llamar a los cabileños ante el temor de quedar en situación poco airosa.

Pronto empezaron las exigencias del cherif. Por omnímoda voluntad suya hubo de encarcelarse al Tazi, el prestigioso chej de Yebel Hebib, que tan favorable apoyo prestó a nuestra causa cuando ésta iba encaminada a aislar y anular al cherif.

Y no fue sólo la prisión del Tazi; hubo nuevas exigencias en las que no se veía otra intención y deseo que el de presentarse ante las cabilas como un ser superior y omnipotente y, aun estando sus relaciones con nosotros, ofrecernos a los ojos de los indígenas, como siervos suyos. Antes en el pacto con Jordana, como ahora en el famoso pacto de Burguete, los efectos de esta política son desastrosos para nuestro prestigio; pues nos hacen ante los árabes endebles, incapacitados e inconstantes.

Veamos si no, lo que a fines del año 15 decía la Policía al alto comisario.

«Hay completa tranquilidad en el territorio; la siembra se verifica con mayor intensidad que de costumbre, siendo de notar que indígenas de Beni Gorfet, Beni Aros y Yebel Hebib hacen estas faenas en los terrenos que posee en las inmediaciones de nuestras posiciones y hasta a retaguardia de ellas; el tránsito de habitantes de dichas tres cabilas, a las que estaban pacificadas, para comprar artículos o llevar a pastar a sus ganados, es grande; pudiendo decirse, en resumen, que el territorio presenta el aspecto da un país pacificado.

Es indudable, que tal estado político es debido únicamente al poder e influencia del Raisuni que, a partir de esta última época, se ha engrandecido en forma tal, que es superior al que llegó a tener en los tiempos más famosos de su vida; y es notorio, que el poder actual es debido exclusivamente a nuestro apoyo; pues los indígenas se muestran unánimes en asegurar que su prestigio, ya decaído, no hubiera vuelto a renacer sin nuestro auxilio.

Como consecuencia de esta creación de influencia, el Raisuni, que por ahora presenta todos los caracteres de poder personal y absoluto, aparece de un modo ostensible, una pérdida de prestigio nuestro, un apartamiento del indígena hacia nuestras autoridades y cierto recelo hacia la eficacia de nuestro apoyo al moro si el cherif mandase lo contrario.

Este ambiente parece haberse formado: primero, por la prisión del Tazi que ellos juzgan de dejación de poder por nuestra parte; segundo, por el vacío que el Raisuni hace a nuestras oficinas destacadas, castigando a los que las visitan, sin duda para que no entablemos vida de relación que pueda mermar su poder, o, por lo menos, darnos conocimiento de la zona avanzada; tercero, porque a retaguardia de las dos últimas posiciones ocupadas se encuentran aduares que no han sido obligados a hacer su presentación ni a las autoridades musulmanas, ni siquiera a las Oficinas indígenas, caso de que no dependan de las primeras; cuarto, porque en esos mismos lugares encuentran a diario dedicados a las faenas agrícolas cabileños de Beni Aros, Beni Gorfet y Yebel Hebib que transitan y trabajan libremente, que van con fusil y que al ser invitados a proveerse de permiso contestan que ya se lo dará el Raisuni que es el Majzen, y quinto, porque juzgan al cherif como poder supremo e independiente, ya que no se ha presentado a las autoridades españolas y musulmanas de Tetuán (1).

---

(1) Recuérdese en este punto las campañas que el autor de este libro hizo en El Sol a fines de 1922, cuando pedía, como único medio legal del amparo que prestábamos al cherif, su sumisión o acatamiento al jalifa.

XLVIII
El viejo régimen raisuniano.

Las expoliaciones vuelven a hacerse patentes. Prestigiado por nosotros, Raisuni somete a su autoridad a todo Beni Aros insumiso, no sin «aprovecharse», pues le impuso una multa de 30.000 duros que cobró.

Estas exacciones le permitían en aquellas fechas vivir como un verdadero Sultán. En este sentido se dirigía al los indígenas, poniendo al empezar lascarías un sello de tal que se había hecho y diciendo al principiar «mis súbditos», «mis esclavos» y no mi querido chej», como es de ritual en los gobernadores. Como tal Sultán tenía organizado su campamento; las cornetas y tambores tocaban diana y los toques para la oración a las distintas horas del día.

Casi nadie llegaba hasta él; sólo los de su familia, Bedardín, Sid-Kaddur, El-Bedui y algún otro muy contado. Si el caid Ben-Yilali, Ben-Musa o algún otro cabecilla de la guerra pasada querían algo, le enviaban un mensaje expresando sus deseos.

Gracias al tacto desplegado por Barrera y Zugasti en 1916, seguíamos ocupando Hach el Arbi, Sel-la, Amersam, El Borch, Sidi-Talha, Melusa, Tafugaltz, Ain Guenen, aprovechando la intervención del cherif.

Los que recordamos la labor de Barrera, sabemos con qué valentía cruzó aquellos días el Fondak de Ain Yedida. Un día, prosiguiendo su labor con entusiasmó inusitado, iba desde Sel-la a Tetuán sin más escolta que un cabo y cuatro soldados de caballería atravesando las cabilas rebeldes de Beni-Mesauar y Beni-Ider y saliendo por Menkal, frente a Laucién, con gran sorpresa dé la guarnición de esta posición. Pocos días después de este viaje, se realizó el paso por el Fondak de nuestras tropas, por primera vez, con la cooperación del Raisuni... Pero el cherif será siempre el cherif...

Puesto en el mando de las cabilas, gracias a nuestro pacto, inició con más violencia sus expoliaciones sobre aquellas.

En abril de 1916 recibió el alto comisario estos informes:

«La influencia del Raisuni en las cabilas dista mucho de ser tan grande como en otros tiempos: Tiene a Beni Gofert, Beni Aros y Beni Isef completamente arruinados con multas, fardas, sohoras y jarcas a las cuales no paga; tanto él como los caides nombrados, se están enriqueciendo rápidamente y el malestar no se manifiesta todavía, pero entre los indígenas se dice que no hacía falta más que una cabila rompiese el fuego contra él para que todas le siguiesen. Es, pues, conveniente que la resistencia de Wad-Rás sea pequeña, o mejor ninguna, pues así no habrá chispazo que pudiera reflejarse en las otras cabilas.

Hasta ahora la habilidad de Raisuni y su sentido político para tratar al país, son admirables; ha diferido la operación de febrero porque Wad-Rás no estaba en sazón, y al invadirlo podía una resistencia grande prender el fuego en las otras cabilas. En estos países se empieza un combate por la mañana con cien indígenas y se termina por luchar con 1.000. Cada individuo que oye el fuego siente la curiosidad y el deseo de asistir. No tiene nada que hacer porque para eso trabajan sus mujeres y sale a un montículo próximo con su escopeta, espingarda, fusil, etc., para ver lo que pasa y recrearse en el fuego; al cabo de un rato, él, entusiasmado con lo que constituye casi la educación del país, también dispara o se ve en la necesidad de disparar para despojar a un muerto de sus ropas y armas. Así, los habitantes de los aduares próximos al lugar de la acción (aunque pertenezcan a otra cabila), intervienen en la lucha y aparecen luchando fracciones que parecían sometidas.

La habilidad de Raisuni es el traslado del campamento que sin duda va a hacer. No son más que dos o tres kilómetros, pero es una advertencia para los levantiscos. En las cabilas la idea del patriotismo no alcanza más que a su límite político, y él, con ese traslado, va a sentarse en Wad-Rás pidiendo al país, mostrando la amenaza y luciendo una mejalla que tendrá buen cuidado de reunir más grande que nunca, llamando al mayor número de cabileños que le sea posible, para infundir respeto y temor en el enemigo.

En cuanto a consideraciones para más adelante, la opinión honrada es la de que nos ha de traicionar en cuanto pueda. Su pasado, su ambición, su carácter, la falta de sinceridad en los varios asuntos de que se ha tratado. La acogida que hace a nuestros desertores indígenas y españoles, el afán por inmiscuirse en asuntos de la zona ocupada, procurando siempre ganar voluntades, la impunidad en que deja a los ladrones de nuestra zona cuando a él se acogen, el modo de falsear las reclamaciones que el presenta, el vacío que hace a nuestras Oficinas recomendando se abstengan de presentarnos asuntos y la falta del rehenes o garantías de alguna clase, son motivos suficientes para pensar en una traición.

Su modo de tratar al monte es diciendo: «Yo soy el primer musulmán: No estoy con los españoles; si no fuera por mí, ya estarían éstos en el monte.»

Esta frase, que repiten todos sus adeptos para ir conquistando cabilas, claro es que puede tener doble justificación. Él no quiere decir que está con nosotros—sabiendo que todo jefe pierde prestigio en cuanto se hace público que trabaja con los europeos—, o emplea la frase para el día que de nosotros se separe recordarles que el nunca trabajó a nuestro favor, que sólo dio tiempo a que la guerra europea terminase, porque durante ella no podía entrar armas ni municiones.

Otro aspecto, del que se va pronunciando cada vez más, es el mantenimiento de relaciones con alemanes, turcos y cabecillas principales que hacen la guerra en la zona francesa. Como ella puede dar lugar a algún incidente, convendría tenerlo en cuenta.

Pero, ¿a qué vamos a seguir ofreciendo antecedentes de su conducta de aquellos días? Su carácter no podía ser otro que éste, y bien pronto un brusco cambio de actitud, una inexplicable serie de exigencias y vejaciones para nosotros, vuelve a demostrarnos cómo no es posible hacer nada duradero con el cherif. Su soberbia, su ambición desmedida, hicieron al general Jordana envejecer muchos años, mientras en torno a este general se formaba un ambiente desfavorable.

XLX
La carta histórica del general Jordana.

Tenemos datos para enumerar prolijamente la actuación de Jordana; pero poseemos una carta que el malogrado caudillo escribía a un señalado político, donde, contadas por él, tienen un alto valor histórico sus relaciones con el cherif, la imposibilidad de continuar éstas, sino era olvidando hasta nuestra calidad de protectores y nuestro prestigio.

En esta carta hallamos una sorpresa. El propio general confiesa que *tuvo que humillarse en un doloroso sacrificio, por el bien de la Patria.*

He aquí, en Jordana, un español bien insólito. Durante siglos enteros hemos paseado por el mundo nuestra gallardía, quizá sobrado fanfarrona. Hemos cometido desmanes, y atropellos sin cuento. Conquistadores y jactanciosos, nada hemos respetado, imponiendo nuestra ética de dominadores. En América y en Flandes, en Italia y en Oceanía, dejamos prueba de ello. Poco a poco nos echaron de todas partes. Pero no escarmentamos, y aún tuvimos para Marruecos impulsos que querían recordar la antigua jactancia...

Por eso decimos que este hombre, que por política y patriotismo se humilla ante un cabecilla moro, nos parece algo insólito e inverosímil. Nos parece que no es español. Porque no comprendemos al español que, ante el gesto de desafío, adopta un aire tímido y encogido. Y, sin embargo, ese español existe, ha existido; es el general Jordana, que, después de haber exaltado al cherif, es un juguete de su propia *creación*. Y no hablamos de memoria; aquí está ratificado por él mismo. Aquella entrevista famosa que los informadores de la Prensa no pudieron oír, pero que estimaron provechosa al estudiar el rostro satisfecho del general, fue efectivamente provechosa para el Raisuni.

Pero no queremos detener más al lector en la sabrosa lectura del importantísimo documento:

En ella se ve claramente el sacrificio enorme que hizo en holocausto de la Patria el general Jordana, conducido a ello por su pusilaminidad extraordinaria. Conveniente era pactar con el Raisuni; así lo deseaba el Gobierno, lo pedía la opinión y lo aconsejaba el ejemplo francés. Pero todo dentro de la dignidad nacional, sin mengua del prestigio y del decoro nacional. Y esto, dada la psicología del cherif, se ve que es una utopía.

Más que el patriotismo de Jordana, fue la debilidad de su carácter lo que hizo que en vez de «volverle la espalda, dejándolo con la palabra en la boca», como él mismo asegura de su puño y letra que procedía haber hecho, transigiese con una altanería inadmisible. La misma causa motivó el gran error de poner freno a su deseo de proceder activamente contra los franceses durante la guerra europea.

Desde su tumba, el general Jordana lamentará ahora su error, y más si ve desde allí la línea de etapa que va desde Paris a Fez y desde Fez a Axdir...

En el transcurso del documento se ve toda la odiosa jactancia del cherif, que se burla del protectorado, del jalifa, del alto comisario, de España y del mundo entero, desde su trono de la montaña. Y se ve la triste claudicación de la nación, que no sabe una palabra de la verdad. Y se ve en la vergüenza de los políticos que maniobran sobre Marruecos para las luchas de sus banderas mediocres y fatales. Y muchas cosas más que no necesitan comentario y que llenan nuestra alma de una profunda desolación.

El general Jordana vio con claridad meridiana todo el complejo y difícil problema marroquí, y falto de energía y de decisión para afrontarlo, puede decirse que su pesadumbre lo aniquiló. He aquí el referido documento histórico, cuyo estudio recomendamos al lector, y dedicamos a Burguete, Zugasti, Castro Girona y Cerdeira, por si hace alguna mella en sus espíritus de exaltados raisunistas:

«Tetuán, noviembre 1918.

Mis cartas del 5, 6 y 7 de octubre, dirigidas al señor Dato, entonces ministro de Estado, revelan claramente la génesis de mi actuación como alto comisario; pero creo del caso sintetizarlas ligeramente, para que, sin necesidad de consultarlas, pueda formarse idea exacta de cuanto se relaciona con este arduo problema.

Después de las sangrientas jornadas de los años 1913 y 1914, que obligaron a traer deprisa y corriendo numerosas fuerzas de la Península, no obstante lo cual no pudieron éstas dar un solo paso sin combatir en la zona Ceuta-Tetuán, y se encontraron en Larache detenidas en sus operaciones al llegar a la zona montañosa, el Gobierno comprendió sin duda que era indispensable cambiar de procedimiento, buscando el apoyo de algún jefe de prestigio que nos auxiliara en nuestra empresa protectora; y recordando la eficaz ayuda que el Raisuni nos prestó para la ocupación de Larache. Alcázar y Arzila, que sin su cooperación nunca se hubiera verificado sin gran derramamiento de sangre, pensé en él que en aquellos momentos era uno de los principales inspiradores de la rebelión.

Entonces comenzaron las gestiones en tal sentido del general Marina, alto comisario que me precedió, valiéndose como auxiliares del cónsul señor Zugasti y coronel Barrera, los cuales comenzaron a pactar con Raisuni cuando fui nombrado alto comisario.

Al recibir entonces instrucciones en Madrid del Gobierno, se me indicó la conveniencia de seguir la política iniciada por mi antecesor, basada en la colaboración del célebre jerife, que debía aprovecharse para implantar el protectorado en nuestra zona sin disparar un tiro ni derramar una gota de sangre; lema en que, como sabe usted, se inspiró siempre la política de todos los Gobiernos, con respecto a Marruecos, ante exigencias imperiosas de la opinión pública y del estado difícil de nuestro país, complicado además con la inseguridad que en todos los órdenes imponía el gran cataclismo mundial, que toca ahora a su fin en su aspecto guerrero.

La norma que me trazó el Gobierno constituía indudablemente un ideal que merecía desarrollarse con el máximo de cariño; era, por mejor decir, nuevo horizonte que se abría en momentos dificilísimos; era una carta que necesitábamos jugarnos, visto el mal resultado a que habían conducido otros procedimientos; y encargado yo de llevar a cabo esa empresa, puse en ella, como he puesto siempre y he de seguir poniendo en cuanto se me confía, todas mis energías, mi voluntad, mi entendimiento, mi alma entera.

Yo no conocía a Raisuni más que por su historia, pero ella demostraba que era el único que en nuestra zona podía realizar, si procedía lealmente, los ideales del Gobierno, y por ello me avine a seguir los pasos de mi antecesor y esa orientación que se me dio.

Tras muy largas, laboriosas y difíciles negociaciones, se estipuló el tratado, cuyas principales bases estaban ya acordadas por el general Marina, tratado que de haberse cumplido en todas sus partes, nos hubiera conducido seguramente al fin que perseguíamos.

En un principio, y merced al concurso de Raisuni, conseguimos apoderarnos, sin sacrificio alguno, de posiciones tan importantes como Megaret, Maida, Sel-la y Hach-el-Arbi, abriéndose además al tránsito el camino de Tánger, que por primera vez pisaron columnas de nuestro ejército en mayo de 1916, el día memorable en que se entrevistaron en el Fondak fuerzas de Larache, Tetuán y Ceuta, a las que revisté en dicho punto.

Pocos días antes, el 20 de mayo de 1916, celebré mi primera entrevista con Raisuni, y ella me bastó para comprender las enormes dificultades que habrían de ofrecer las subsiguientes negociaciones con él, revelando la desagradable impresión que me produjo el telegrama que dirigí a usted, entonces presidente del Consejo de ministros, en el que textualmente le decía entre otras cosas: «Acabo de regresar a ésta, después de celebrar con Raisuni conferencia de más de tres horas. Es el cherif hombre difícil, de carácter violento y muy desconfiado. Para tratar con él, y no dar por terminada la conferencia a los cinco minutos de empezarla, es preciso armarse de paciencia, etc.»

Como ve usted, en aquella entrevista que celebré con él, penetré en el fondo de su alma, adquiriendo la convicción íntima de que aquel hombre había de proporcionarnos muchísimos disgustos, haciendo dificilísimas nuestras gestiones sucesivas. *Fue aquel día cuando comenzó mi cautiverio*, pues a no proceder como procedí a impulso del más intenso patriotismo en que he inspirado siempre mis actos, *le hubiera vuelto la espalda dejándolo con la palabra en la boca;* pero esta actitud, la más gallarda en aquellos momentos, hubiera llevado consigo el fracaso de todas las gestiones que a la sazón se llevaban a cabo para abrir el paso por el Fondak, pacificar las cabilas rebeldes de Wad-Rás, Anyera y otras, y tal vez, hubiera encendido la rebelión, conduciéndonos a la dificilísima situación que precedió al pacto con el Raisuni.

Por eso me dominé como lo hice, he seguido y sigo haciéndolo, sacrificando al bien de España mi amor propio y mi prestigio; hice un esfuerzo sobrehumano para aparecer como fiel y casi entrañable amigo de este hombre, *a quien desde el día que conocí detesto, tal vez como nadie,* cosa lógica si se tiene en cuenta que he sido quien más de cerca y durante más tiempo he tenido que luchar con él y aguantar sus impertinencias.

Digo a usted esto, porque sé que la opinión me presenta como paladín de la política raisunista y como el más acérrimo defensor del jerife; cuando en el fondo, es todo lo contrario, si bien he comprendido que, para desarrollar la política que todos los Gobiernos se vieron precisados a seguir en Marruecos por las circunstancias, sólo transigiendo con él, sería posible lograr lo que al fin y al cabo, se ha conseguido: ese *statu quo* que tan recomendado me ha sido y que he alcanzado merced a un esfuerzo superior a toda ponderación y *a cambio de que se me merme mi prestigio* con los procedimientos empleados para conseguirlos, por la acerba e injusta crítica de los que han hecho de mí la cabeza de turco, en quien se han cebado los enemigos de nuestra acción en Marruecos.

Abierto ya el camino de Tánger por el Fondak, *empecé a encontrar en el Raisuni obstinada resistencia* a que ocupásemos posiciones que garantizasen la seguridad en tan importante vía de comunicación; poniendo como pretexto el que eran innecesarias, puesto que él respondía de aquéllas al extremo, de que no pudiera perderse ni un alfiler a quien por allí transitase, evitándose en cambio, el retraso que para la pacificación de Wad Rás, Anyera, Benider, Beni Mesauar, Beni Osmar y demás cabilas, había de ocasionar operaciones militares que suscitarían recelos y concitarían las pasiones contra nosotros.

Prometió, sin embargo, solemnemente *(cosa que no cumplió como no ha cumplido otras muchas de las pactadas)*, que en cuanto esas cabilas se pacificasen, se ocuparían las referidas posiciones y se llevarían a cabo obras públicas importantes; pero que por el pronto, toda la atención debía concentrarse en la pacificación de dichas cabilas, pues ello suponía el renacimiento de la tan anhelada tranquilidad.

A regañadientes, y siempre de acuerdo con el Gobierno, transigí con tales argucias, entre otras cosas, porque para no hacerlo así hubiera sido preciso ocupar las posiciones indicadas contra viento y marea del jerife, y, por lo tanto, con gran resistencia, dándole en cambio pretexto a un rompimiento prematuro o a que echase sobre nosotros la responsabilidad del retraso en la pacificación de las importantes cabilas que antes he mencionado.

Dedicóse, pues, toda la atención a la pacificación referida, entrando en una era de cooperación en la que, si bien con múltiples obstáculos por su parte, conseguimos ocupar sobre la zona internacional las importantes posiciones de Sidi Talha, el Borch, Tafulgalt, Genen y Melisa, en él territorio de Larache, y en el de Ceuta, El Biut, Cudia-el-Hámara y Ain Yir, a la vez que se sometían a él, como representante del Majzen, todas las cabilas referidas. También conseguí *tras muy laboriosas y difíciles gestiones*, se tendiesen las líneas telefónicas que nos unen con el territorio de Larache por el Fondak (la civil y la militar).

Antes de realizar esas operaciones coronadas por el éxito, en realidad con escaso esfuerzo militar, traté de llevar a cabo, de acuerdo con él, otras de gran alcance para ampliar nuestra base de operaciones sobre los valles de Wad-Rás y Busfeja. Concentré aquí para ello gran parte de la guarnición de Ceuta; se aplazó unos días el licenciamiento que debía efectuarse en aquella fecha; pero fueron tantos los aplazamientos que impuso, que al fin fue preciso renunciar a efectuarlas, toda vez que el jerife las juzgaba ya contraproducentes, por haberse sometido la cabila de Wad-Rás.

Como resultado de todas estas operaciones y de la pacificación de las cabilas antes mencionadas, pude ofrecer al Gobierno la repatriación de 20.563 hombres y 3.900 caballos y mulos, con una economía anual en el presupuesto de gastos de 23 millones de pesetas.

Resulta de lo expuesto que, en el período transcurrido desde que en junio de 1915 me encargué de este puesto hasta marzo de 1917 que terminó la repatriación de fuerzas mencionadas, obtuvimos de la cooperación de Raisuni *no todas las ventajas que aspirábamos y a que en realidad le obligaba nuestro pacto*; pero sí las suficientes para no dudar en absoluto de su lealtad, ni dar por mal orientada la política emprendida, que condujo a los positivos resultados que se han enumerado, nada despreciables por cierto, y que acusaban muy halagüeña situación, comparándola a la que precedió al pacto con el jerife, que obligó a traer de España numerosas fuerzas, que en su totalidad pude repatriar reorganizando las que habían de quedar aquí con carácter permanente a base de importante reducción en el efectivo de este Ejército.

Coincidió la época por que voy en mi relato, con grandes triunfos de los alemanes y turcos, que a la vez intensificaron su propaganda extraordinariamente; y con este momento, coincidió también un cambio radical de actitud de Raisuni, que empezó a no cumplir riada de lo convenido y a amenazar—cuando le exigía lo cumpliese—con inmediato rompimiento.

Sin duda, creyendo entonces seguro, el triunfo de los alemanes, debió entablar relacionas con ellos, o estrechar las que existían, para ayudarlos en su actuación antialiada, a cambio de promesas de Alemania para el día de su victoria, y si no llegó en sus trabajos germanófilos a emplear su gran influencia para proceder activamente en contra de los franceses, como lo hizo Abd-el-Vlalek, mucho menos temible que él, fue indudablemente porque, si bien cedí en otras cosas, me mostré siempre inexorable en cuanto pudiese afectar a nuestra neutralidad, pues el Raisuni, sin nuestro freno, les hubiese hecho imposible la vida, poniéndoles seguramente en trances apuradísimos,

A partir de este momento, que puede considerarse comienzo de una nueva fase en las relaciones con él, basó siempre sus negociaciones con nosotros en *exigencias inadmisibles*, tales como la de ser nombrado gran Visir sin someterse previa y personalmente al jalifa, lo que dio lugar a laboriosas y difíciles gestiones, que no condujeron a nada práctico, y a *exigirnos después la entrega de gran cantidad de armas y municiones* (1), so pretexto de que sin ellas no le era posible someter a las cabilas que le amenazaban con levantarse contra él, lo que también fue motivo de otra laboriosa negociación de resultado negativo para el jerife. indudablemente, *esas pretensiones, acompañadas siempre de la amenaza*, no cumplida, de separarse de nosotros, obedecía a un plan premeditado de no comprometerse a nada ínterin no terminase la guerra, a fin de inclinarse entonces al lado que más le conviniera,

Huelga decir que, durante el transcurso de esas negociaciones y según lo estimaba conveniente, se registraban atentados que seria prolijo enumerar y que conducían, bien a presentarse ante las cabilas como traidor a nosotros para aumentar entre ellas su prestigio a costa nuestra, bien a obligarme a que acudiéramos a él para imponernos la ley, que es a lo que siempre ha tirado, por su idiosincrasia y por propia conveniencia.

En el lapso de tiempo en que se ha desarrollado la fase a que vengo refiriéndome, ha dado mil veces motivo para romper con él. Es más; han sido tales las deslealtades y fechorías suyas que han quedado impunes, que para no romper con él ha sido menester por mi parte, un esfuerzo sobrehumano, e incluso contener la corriente formada por la opinión de todos los que no concebían mi paciencia, achacándola sin duda, a desconocimiento de la realidad o a apatía, y creando a mi alrededor un ambiente que he soportado con estoica resignación por considerar que

---

(1) Conviene advertir al lector que se dieron estos elementos a Raisuni. No pocos convoyes se le enviaron y en algunos casos exigía que los fusiles fueran debidamente empaquetados y nuevos.

cumplía con mi deber obedeciendo las órdenes del Gobierno, que á su vez se inspiraban siempre, como es natural, en el más acendrado patriotismo.

Verdad es que tuve buen cuidado, en todo tiempo, de *exponer a los ministros de la Guerra y de Estado la situación con claridad meridiana,* sin ocultarles nada de lo que aquí ocurría, y exponiéndoles mis puntos de vista, que en bastantes casos se basaban en temperamentos de prudente energía; pero siempre, y sin distinción de partidos, recibí instrucciones en idéntico sentido.

El general Luque, ministro de la Guerra, me decía en carta de 3 de enero del pasado año: «Precisamente ahora, esa política de Raisuni, o más bien dicho, musulmana, es decir, de dar tiempo al tiempo, a mi juicio, nos convendría continuarla hasta que se despeje la situación del mundo.»

El ministro de Estado (señor Gimeno), en telegrama de 19 del mismo mes:

«Será preciso contemporizar y adoptar una política lenta como la suya».

El general Luque, en 6 de marzo de dicho año:

«Ganar, pues, tiempo es ahora nuestra política, adquiriendo, naturalmente, en aquellas ventajas que sin grandes operaciones podamos conseguir.»

El marqués de Lema, en 10 de agosto de 1917, decía:

«Rehuir tratar de todas las cuestiones para más adelante, que es mi ánimo, cuando termine el verano, que el Gobierno, ocupado hoy por cuestiones urgentes, adopte una línea de conducta definida con relación a los importantes problemas pendientes en nuestra zona de protectorado... Conviene, pues, procurar hábilmente que demore regreso a su campamento... Por lo demás, excuso decir a usted mi convicción de que debemos conservar, con el mayor cuidado, nuestras buenas relaciones con el Raisuni, no dando motivo a tan receloso moro para que dude de nuestra lealtad y caballerosidad.

Y en otro telegrama de 21 de agosto:

«Respecto relaciones con el Raisuni, me ratifico en mis ideas anteriores, y entiendo que no será difícil sostener hasta otoño la situación de las cosas, fundándome en esa misma razón que el cherif expone cuando llegan épocas de reposo como el Ramadán.»

El señor Cierva, ministro de la Guerra, en 25 de febrero de este año:

«Noticias de V. S. sobre carta Raisuni, permiten esperar seguirán negociaciones con más calma.»

VA señor Dato, en telegrama de 8 de julio:

«El Gobierno, después de ver todas sus cartas, notas y telegramas de V. S. y de haber apreciado los numerosos y complejos aspectos de nuestra actuación en Marruecos, considera como lo más conveniente en estos momentos de tan extrema dificultad de orden interior y de orden internacional, el mantenimiento del *statu quo* en nuestras, relaciones con el Raisuni.»

Y en carta de 22 de junio:

«El actual Gobierno, cuyos hombres tienen, por otra parte, diversos y aun opuestos criterios sobre el problema del protectorado, desearía seguir manteniendo el *statu quo*.

En telegrama de 19 de julio:

«Si V. S. logra conservar el statu quo actual para ejecución, de obras y afianzamientos de nuestra neutralidad, evitando que el cherif vaya a combatir a zona francesa, habrá prestado V. S. a España un nuevo y valioso servicio.»

Y el 7 de agosto:

«Supongo en poder de V. S. mi telegrama de San Sebastián, expedido ayer, dándole en él instrucciones, que le tengo comunicadas respecto a las peticiones de Raisuni, confiando en que V. S. encontrará, dentro de ellas medios de mantener las relaciones amistosas con el jefe moro.»

Las frases transcritas, que sintetizan en lo esencial las instrucciones que se me han comunicado al exponer diversas situaciones de extrema dificultad, por que en las negociaciones con el Raisuni he pasado, denotan claramente el sentir de liberales, demócratas y conservadores. Gobierno de concentración y de notables, que con indiscutible unanimidad me han ordenado dé largas a la situación hasta llegar al fin de la guerra.

Esto se ha conseguido, merced a un *esfuerzo titánico, del que nadie puede formar juicio exacto más que habiendo luchado con este hombre*, a un sacrificio personal, del que yo sólo tengo idea; pero se ha conseguido al fin. Hemos llegado, pues, al término de la guerra, dentro de ese *statu quo,* tan deseado por todos los Gobiernos, y que el señor Dato consideraba como un nuevo y valioso servicio que el alto comisario podía prestar a España.

Creo haber cumplido exactamente lo que se me ha ordenado; creo haber realizado los deseos expuestos por todos los Gobiernos, y de haberlo conseguido, repatriando fuerzas, conservando incólume nuestra neutralidad, cosa nada fácil por cierto, evitando que el Raisuni faltase a ella combatiendo a los franceses, como seguramente no hubiera hecho sin mi constante vigilancia para evitarlo, y, por último, teniendo, como tengo, a mi disposición cerca de *un millón de pesetas, que no le he entregado para contar siempre con esa prenda* que indudablemente le ha llegado a nosotros.

Ahora bien, ¿es posible proseguir por este mismo camino? Para contestar a esta pregunta y para responder también a una de las contenidas en el cuestionario que motiva esta carta, es indispensable examinar, como paso a hacerlo, la situación actual de esta zona.

El no romper el *statu quo* ha sido debido, entre otras cosas, a ceder en muchos casos, que no debíamos ceder, y a una absoluta inacción, y todo ello da lugar a que *poco a poco padezca nuestro prestigio ante los moros*, que acabarían por juzgarnos incapaces para realizar nuestra obra de protectorado, *considerándonos como protegidos suyos* en vez de ser sus protectores. Esto nos hace perder terreno; *el día que reanudemos la interrumpida labor ha de sernos más difícil efectuarla si no atajamos a tiempo el mal* que acabo de apuntar. Ahora mismo, *el Raisuni es un obstáculo para todo*, y su *desleal proceder* ha llegado hasta el extremo de *inspirar hechos tan censurables como las agresiones de Kesiva (Larache) y Menzit (Ceuta), que ha costado la vida a doce soldados nuestros* y ha ocasionado la pérdida de doce fusiles y tres mulos; y contento con ello, no acaba de devolvernos los fusiles y los mulos, no obstante sus promesas de hacerlo, como *tampoco nos devuelve dos soldados europeos del regimiento de Victoria, que desertaron con caballo, armamento y equipo*; y se me asegura que están en su mehalla *muchos indígenas de nuestras fuerzas Regulares que se pasaron a ella,* y todo el ejército de Larache asegura que *agasajó y ocultó a los policías que asesinaron al teniente Bobadilla* (1). Por otra parte, no podíamos dar un paso más allá de nuestra zona ocupada sin exponernos a romper con él e ir a la guerra, y por su culpa, como indicaba en mi carta del 7 de octubre al señor Yito, *por el camino del Fondak, sólo se pasa cuando lo consiente (2)*. Tetuán está sin agua, no obstante tenerla al alcance de la mano, de buena calidad y abundante, por no querer la conduzcan aquí. Las zonas de Srnir y el Negro continúan sin sanear por la misma causa; el ferrocarril y la carretera de Tetuán a Tánger no pasarán del puente de Buceja, *porque él no lo consiente*; Alcazarquivir, la bahía de Almarza y otros puntos de la costa, no están, por su culpa, en nuestro poder, como debían estarlo; *cobra los impuestos que quiere en las cabilas y nombra de ellas jeques y gobernadores sin consultar a nadie*, y su intransigencia es tal, que no han podido vencerla las halagadoras promesas de la Colonizadora, de las que no ha hecho el menor aprecio; *impone, en una palabra, la ley*, convencido perfectamente de que nosotros no hemos de atrevernos a romper con él.

(1) Se comprobó después ser esto cierto.

(2) Un día no dejó pasar al mismo Jordana

Claro es que la derrota de los alemanes ha debido influir mucho en su ánimo, pues, como decía a usted en uno de mis telegramas, esa nación era para el Raisuni una de las esperanzas en que cifraba el logro de sus soñadas grandezas, y excuso decirle que, valiéndome de persona a quien escucha mucho, como es, entre otros, su primo Muley Sadik, le he hecho comprender cuánto han cambiado las cosas para él y para nosotros, y la grave y dificilísima situación en que se colocaría si se separase de España, que hoy puede ser su única salvación y sostén; pero *hombre sagaz y que nos conoce muy a fondo, como conoce perfectamente el estado político de nuestro país*, no ha mostrado hasta ahora la menor sensación ante los actuales sucesos mundiales, *y su conducta continúa siendo la misma de siempre, la de imponer la ley, la de amenazar .cuando quiere conseguir algo, o cuando espera le pidamos alguna cosa justa.*

¿Qué pretende con esto? A mi juicio, ver hasta dónde llegamos en nuestras concesiones; porque, claro es, que *su bello ideal sería seguir, como ahora, dueño y señor de toda la Yebala no ocupada, q*ue es la mayor parte de la zona de protectorado, y aun de la ocupada, pues en el territorio de Larache, que es donde tiene mayor ascendiente, hay muchos aduares que le son afectos, y en los que, según los pactos, sólo él ejerce jurisdicción; lo que da lugar al hecho anormal de que *eludan el cumplimiento de las órdenes del Majzen legal y de nuestras autoridades* ocasionando constantemente graves incidentes que, de no resolverse a medida de sus deseos, son causa de rompimiento.

Creo muy digno de tenerse en cuenta que este hombre, acostumbrado a vivir siempre de la revuelta y de la intriga, y sin más ideal ni freno que su propia conveniencia, no se ha de avenir fácilmente a convertirse de pronto en fiel y dócil instrumento de nuestros intereses; tanto más, cuanto que, como antes he indicado, no desconoce el estado difícil de nuestro país en su política interior y el papel secundario que le corresponde en esta transformación mundial; bien pudiera ocurrir que, con visión exacta del poder que Francia ha seguido realmente con su triunfo, y con la sospecha de que nosotros podamos abandonar esta empresa, haya pensado en una aproximación a la nación referida, viendo en ella la esperanza de satisfacer sus desmedidas ambiciones. Si fuese así—cosa muy probable, pues sus secuaces también insisten mucho en averiguar si seguimos aquí o no—, ofrecería seguramente seria resistencia para avenirse a nuestras pretensiones, y ello destruiría nuestra esperanza de que la derrota de Alemania le haya colocado en condiciones de interioridad que beneficie nuestra gestión.

Como es natural, todo tiene su limite; y si mi paciencia n» entra en esta norma general, pues ha de supeditarse, como he venido haciéndolo, al cumplimiento del deber y a las conveniencias del país, ella no bastará para evitar nuestro desprestigio ante propios y extraños, y ante el mismo Raisuni, que acabará por mirarnos con el mayor desprecio, y hasta por echarnos de aquí, si puede.

Por eso estimo que es menester cambiar de norma de conducta con él, y dentro, naturalmente, de la prudencia, exigirle todo aquello que debamos exigirle, que, por el pronto, debe ser, a mi juicio, *la devolución inmediata de los fusiles y mulos que nos ha cogido en las últimas agresiones, y de los dos soldados del regimiento de Vitoria que desertaron*, que juzgo indispensable sean objeto de un ejemplar castigo, para evitar la repetición de tan vergonzoso hecho.

Después, debe *modificarse esa cláusula de lo pactado que le autoriza para ser único arbitro en cuanto se refiere a los poblados de nuestra zona ocupada en Larache que le son afectos, porque ellos es origen de un semillero de disgustos que pueden conducir a fatales consecuencias* (1), *y porque es inadmisible que a retaguardia de nuestras posiciones se reconozca otro poder que el del jalifa*

Por último, garantía absoluta de que mientras no rompa con nosotros, no sólo no ha de realizar ni inspirar el menor acto hostil contra la zona francesa ni internacional, sino que ha de impedirlos con toda lealtad, así como cualquier inspiración que para llevarlos a cabo trate de fraguarse en nuestra zona.Estas primeras exigencias que han de revelarle nuestro cambio de actitud respecto a él, han de provocar su indignación, y seguramente ha de amenazarnos con el rompimiento amistoso, pero inmediato; y claro es que si hemos de conseguir algo práctico, es menester no oponer la menor oposición a ello, con lo que, si no está dispuesto a romper, cederá, y ganada la mano en este primer tanteo, seguiremos adelante en nuestras peticiones, llegando hasta exigirle el cumplimiento de lo pactado y la ejecución de obras que nos son indispensables; lo que entiendo requiere la garantía de una ocupación militar tal como la preconicé en mi discurso del banquete popular ofrecido aquí al infante don Carlos.

«Nada de guerra a sangre y fuego—dije—; nada de luchas innecesarias, que siembran de odios y rencores el terreno, que separa a protectores y protegidos; sólo las operaciones necesarias, indispensables, para abrir paso al progreso y a la civilización, cuando no haya otro medio de conseguirlo. Y para ello, primero la acción política intensa (en este caso en cooperación con el Raisuni), que anestesia; después, la operación quirúrgica, limitadísima; luego cicatrizar rápidamente la herida, con la creación de escuelas, dispensarios, etc., etc.»

El procedimiento que sintetizan las anteriores frases es el único eficaz; es el que siguen los franceses en su zona; es el que ha de seguir toda nación que trate de llevar a cabo misión análoga a la que se nos ha encomendado aquí, tratándose, como se trata, de un país que marcha a la zaga de nosotros muchos siglos.

Pero téngase en cuenta que para que el procedimiento dé el resultado apetecido, la labor ha de ser constante y decidida, pues cualquier interrupción en ella, por pequeña que sea (no hablemos de nuestra inacción durante tanto tiempo), echa por tierra todo lo que anteriormente hubiera podido conseguirse a fuerza de sangre, dinero y habilidad política.

---

(1) El autor de este libro ruega se tenga en cuenta este juicio de malcarado general Jordana, para cuando se llegue al lugar oportuno en este libro, darse perfecta cuenta de la situación actual.

De que esto es cierto, nos ha dado prueba fehaciente Francia, que ni aun en los momentos más angustiosos para ella en la pasada guerra, interrumpió su labor activa y decidida en Marruecos, donde, precisada a mermar considerablemente los efectivos por el envío a Francia de sus mejores tropas coloniales, sustituyó a éstas inmediatamente por número igual de territoriales, para que no tuvieran jamás los moros la impresión de que se desistía de su empresa, organizando, además, la Exposición de Casablanca, que tuve ocasión de admirar personalmente, y que constituyó un hermoso alarde de poderío.

Ahora bien: *puedo llegar en mis negociaciones hasta el rompimiento con el Raisuni si fuera necesario, si se obstina en no variar de conducta con nosotros* Esto es lo que no he conseguido me diga, hasta ahora, ningún Gobierno, y lo que desearía me dijese el actual; porque mal puedo hablar con energía a este hombre, si al hablarme de romper con nosotros he de batirme en retirada en cuanto vea que tal amenaza lleva visos de realidad.

¿Qué consecuencias tendrían para nosotros ese rompimiento, caso de que se llegase a él, cosa que no creo fácil, dada la situación actual de Raisuni (suponiendo que no cuenta ya con alguna promesa de Francia), como consecuencia de la derrota de los alemanes: A mi juicio, el rompimiento crearía, al principio, una situación anormal y, hasta cierto punto, grave, por la actitud que han adoptado nuestros partidos avanzados respecto a este problema; pero, claro es, que aunque aparentemente la situación fuese amistosa, cosa que trataría yo de conseguir a toda costa, *el moro de Tazarut, aparentando no mezclarse en nada, conciliaría los ánimos de los indígenas contra nosotros, tratando de hacernos la vida imposible.* El alto comisario hallaría medios seguramente de capear el temporal lo mejor posible, y desde luego, comenzaría una activa campaña política antirraisunista y de atracción (1), que ya está preparada, en la que no omitiera medio alguno *para fomentar el odio que profesan al cherif los cabileños, hartos de sus exacciones, conduciéndolos a la miseria.*

(1) Que fue la desarrollada después por Berenguer.

Creo que con este procedimiento, y tratando de atraer jarcas muy importantes, que *hoy están al lado de Raisuni por miedo,* pero que alguna vez se me han ofrecido antes de pactar con el cherif, y aun después, en la forma discreta que podían hacerlo, no seria difícil lograr desenvolvernos con la debida libertad de acción, empleando para ello el procedimiento que antes he preconizado, pero sin el concurso de Raisuni.

Claro es que sólo como único recurso creo debe llegarse a esto; *pero lo creo preferible a seguir como hasta ahora,* y necesario, si ello es indispensable para evitar que prosiga en su intolerable norma de conducta.»

En este imprestable documento que acabamos de transcribir está toda la historia de Raisuni durante el mando de Jordana. El prestigio del cherif había llegado a la cumbre, y en Maruecos empieza a incubarse la tragedia. El espíritu, militar decaía. Nuestro desprestigio se aceleraba de un modo alarmante. Todo se iba relajando y envileciendo, hasta la disciplina misma. La oficialidad ya no venía voluntaria a Marruecos. Para cubrir las plantillas de las fuerzas indígenas se destinaban oficiales forzosos, algunos de los cuales pedían la separación por no venir a África...

L
Berenguer a la Alta Comisaría.

Y nuestros políticos, con su inconsciencia habitual, nada veían. Bien es verdad que nuestros políticos tampoco miran nunca más allá del momento presente. Con disfrutar el Poder sin grandes conflictos de momento, están más que satisfechos. El porvenir no les ha preocupado nunca lo más mínimo.

Jordana murió y lo mató el Raisuni. Entre el Raisuni y nuestros políticos mataron a aquel hombre de grandes lotes, pero demasiado débil para luchar con los dos frentes: el marroquí y el madrileño. Y para sustituirlo vino a África Berenguer.

Conocedora la pléyade de oficiales que había desfilado por África de las vejaciones sufridas últimamente con motivo del pacto acordado por Jordana con el cherif, así corno los habitantes de la zona, sin olvidar determinadas campañas de Prensa contra Jordana, el estado general de opinión al anunciarse la venida de Berenguer a Marruecos era bastante delicado. En el Parlamento, las izquierdas censuraban que todo el Ejército de África estuviera a merced de un cabecilla que nos había costado mucha sangre, dinero y vejaciones. Le habíamos facilitado armas, municiones y material de campamento, a la vez que un apoyo para elevar su prestigio, verdaderamente providencial para el chef. Por otra parte, Berenguer conocía demasiado con quien tenia que entendérselas, pues ya con sus Regulares, a raíz de la ocupación de Tetuán, tuvo que hacer frente a las efervescencias ocasionadas en el país, no sólo por la ocupación de la capital del Protectorado, sino por las predicaciones de Raisuni después de su rompimiento con Silvestre.

Durante la interinidad de la Alta Comisaría se siguió el plan marcado por el Gobierno «de ir restando paulatinamente autoridad al cherif», una vez oídas las razones que para ello había aducido en su famosa carta el malogrado general Jordana.

Sin embargo, al llegar Berenguer a Tetuán en enero de 1919, y estudiar lo delicado de la situación, procuró establecer una política adecuada con los deseos del Gobierno, que eran de paz. Por cierto; pero sin olvidarse que el Majzen necesitaba el decidido apoyo de España para establecer su mando en todas las cabilas de nuestra zona de influencia.

A todo esto, y siguiendo indudablemente aquellos deseos del Gobierno de ir restando autoridad al cherif, el general Barrera, comandante general de Larache hacía tiempo, adonde se incorporó, haciendo audazmente la marcha desde Tetuán, a caballo, por el Fondak y entrando en el territorio de Larache por el desfiladero del zoco el Tzelatza de Yebel-Hebib (primera vez que pasó por este sitio un militar, y que no se ocupó hasta tres años después), el general Barrera, repetimos, conociendo, por otra parte, bastante a fondo al cherif, imprimió a la marcha de la política en Larache un espíritu de aislamiento de Raisuni con las cabilas sometidas, las que fue ganando a nuestra causa, con el natural enojamiento del cherif.

LI
Berenguer al habla con Raisuni.

El nuevo alto comisario escribió a su llegada una carta a Raisuni, por conducto de Gómez Jordana (hijo malogrado general), coronel del Gabinete Militar del alto comisario, extrañándose de que no hubiese bajado a Tetuán a saludarlo...

Fácil es comprender que el señor de la montaña hubo de sonreír ante esta pretensión de Berenguer. *Raisuni no irá a Tetuán jamás*, sólo en el caso de que una nueva guerra lo reduzca, como estuvimos a punto de reducirlo antes del famoso y último pacto de Burguete.

La contestación de Raisuni se demoró bastante; pero llegó al fin. Mi estimado compañero Gómez Hidalgo la recoge en su interesante libro «La tragedia prevista».

Pero surge una duda ante esta carta, extensa y clara a ratos, laberíntica, como el alma del cherif, en otras...

Hay quien piensa que esta carta, aun enviada por el cherif, está inspirada por algún espíritu europeo, dictada casi toda ella por uno de esos elementos interesados de siempre en que la sangría de dinero que ha costado Marruecos a España, continúe... Sea lo que fuere el texto de la carta, que reproducimos por ser de un valor indiscutible, contrasta notablemente con la del abnegado general Jordana, donde las cosas ocurrieron al revés, en parte, de como el Raisuni las relató.

Y aun en el supuesto de que la tal carta fuese del cherif, pondría de manifiesto, una vez más, la habilidad política, la astucia y sagacidad del señor de la montaña.

He aquí la carta:

«El Xerif Raisuni al señor coronel Gómez Souza, Jefe del Gabinete Militar.

Dar-ben-Carrix, 22 de febrero de 1919. (Saludos de cortesía).

Llegó tu carta participándonos que desde hace tiempo tienes deseos de escribirnos, con el fin de reiterar y afirmar la amistad sincera, demorando el así hacerlo obligado por las muchas ocupaciones, agregando que Muley-Sadic, al tener ocasión de entrevistarse con S. E. el nuevo alto comisario, pudo apreciar el tacto y excelente predisposición y loables intenciones que hacia mí guardaba S. E., y ello a pesar de la tesis sostenida por los adversarios míos en España, que en su decir sostienen que yo no he cumplido las condiciones pactadas. También dices en tu carta que la gestión política del alto comisario se basa en la paz y el orden, y que se halla decidido a desarrollar y terminar la misión que le ha sido conferida dentro de un plazo improrrogable y perentorio, etcétera, y agregas que todos los amigos de vuestra nación, unos fueron a felicitarle, y el que no se presentó le escribió dándole la bienvenida, y que como yo no le he escrito nada, el hecho ha producido extrañeza, tratándose de mí, atribuyendo mi silencio a las muchas ocupaciones que nos impidieron así hacerlo, en vista de lo que me indicas que redacte mi aludido escrito, en tu buen deseo de que perduren con él las buenas relaciones que antes sostuve con vuestro padre, señalándome que está S. E. dispuesto a oír nuestra opinión utilizando mis servicios si, como espera, los presto a base de sinceridad y buena fe.

Luego sigue diciendo que viene S. E. provisto de plenos poderes para resolver este problema marroquí y con la obligación de terminarlo en un plazo muy breve y limitado, siendo indispensable el ponernos mutuamente al habla antes de que pase la ocasión propicia y adecuada, pues de demorar este trato perderíamos la labor anterior y la presente, así como los beneficiosos resultados del futuro, etc.

Todo cuanto desde el principio de tu carta al fin de ella nos expones lo hemos comprendido, pasando ahora a contestaros:

El motivo de mi demora en escribir a S. E. dándole la bienvenida es probable difiera, a nuestro entender, del que tú expones, y la explicación será sencilla; y de la entrevista de S. E. con Muley-Sadic, efectivamente, teníamos ligeras noticias.

En cuanto al decir de los que en España y aquí me critican, sólo les contesto que a ustedes todos bien es consta y con evidente certeza conocen la serie de fatigas e innumerables penalidades por mí atravesadas para conseguir la restauración de la tranquilidad y la calma, y así lograr el restablecimiento del orden y la seguridad completa en la forma alcanzada Así las cosas, sin desmayar no cesamos de buscar remedio, en unión de vuestro padre, para conseguir aquel auxilio indispensable para dar exacto cumplimiento a las condiciones estipuladas en la gestión política, sobre la que habíamos ambos pactado previamente. Y cuántas veces sucedió que vuestro padre, él mismo, buscó cerca de vuestro Gobierno el remedio para el asunto, y no llegó a obtener resultado práctico alguno, y ello a causa de la conmoción política reinante en vuestro país, debido al frecuente cambio de Gobiernos y diferencias de opiniones políticas opuestas, que hicieron transcurriese estérilmente cierto número de años, en el transcurso de los cuales se pudo muy bien, no sólo dar por terminada nuestra obra y organización de esta nuestra zona, sino que hasta probablemente hubiésemos podido tener interesadas miras de expansión fuera de ella, de favorecernos Dios. Mas he aquí que los Destinos inexorables no nos prestaron su ayuda, y convencidos de ello llegamos (de Tazarut) esta vez con el decidido propósito de terminar y elegir uno de los dos aspectos. Aquí permanecimos esperando el día en que celebraríamos la conferencia con vuestro padre, hasta que vino a sorprendernos la muerte.

Ocurrida ésta, pretendimos considerarnos desligados completamente de todo compromiso; mas vino a vernos el bien querido por ambas partes cónsul señor Zugasti, y él solicitó de mí la espera de mejor ocasión y el sosiego, al menos, por un plazo de quince días, ínterin no llegase el nuevo alto comisario. A ello accedimos, sin que en dicho plazo fuese nombrado el esperado sustituto. Más tarde viniste a vernos tú, y de mí solicitaste prorrogásemos el plazo de espera y calma estipulados, haciéndolo llegar al final de la pasada Pascua de Mujud, fecha por la que llegaría el nuevo alto comisario. A ello también accedimos y transcurrió el citado plazo y no apareció el sustituto. Fue entonces cuando nos dirigimos por escrito al señor alto comisario interino rogándole activase la pronta venida del titular, contestándonos repetidas veces en el sentido de que tuviésemos calma, pues él elevaba al Gobierno nuestra petición.

Cansados de esperar y agobiados por la resignación y la calma forzosa, así pasaron buen número de meses y de años sin lograr ver el resultado práctico alguno, ni en el decir ni el hacer, y ello ha ido unido a la actitud de Barrera y a la de los jefes militares de las posiciones de su mando que, sin dejar pasar un día, cometen acciones punibles en las gentes aprovechando toda ocasión para detener indígenas en las ciudades, como en los zocos y en los caminos, dañándoles en sus cultivos y sembrados, tomando de ellos sus haciendas y dineros sin pararse en prodigar ni la muerte ni causar heridas, ni en propinar golpes y otra serie de suplicios militares. Las quejas de todo esto llegan a mí sin cesar y la situación resulta apremiante, quedando plenamente convencido de que tales hechos realizados con intención premeditada para provocar la insurrección y la rebeldía aportando elementos para suscitarla y luego atribuírmela a mí, inspirado en sus sentimientos y su aberración.

Ante tal situación, nos apresuramos a poner en práctica una estratagema de orden político, enviando a Tetuán a esos ingenieros telefonistas que residían en el campamento de Dar-ben-Carrix para hacer ver (a los cabileños) con ello una señal de ruptura de relaciones políticas entre nosotros y vuestro Gobierno; pudiendo así, en parte, contrarrestar el decir en los descontentos, asegurándoles que sus derechos lesionados no sufrirán en el futuro pérdida por el poder de Díos con sólo tener paciencia y esperar, pues las comunicaciones oficiales habíanse interrumpido con la muerte del general Jordana, agregándoles, en cuanto a los soldados, que, hallándose estos insubordinados, lógico era su proceder, el cual no debían ellos (los cabileños) imitar, pues de hacerlo, todo redundaría al final en manifiesto perjuicio de los musulmanes de la zona; pues en ello estriba precisamente todo el afán de los militares al desear fuésemos nosotros y los cabileños los que les diésemos los primeros motivos para operar.

Todo eso sucedía y, en realidad, nuestra gestión política con vosotros, perduraba sin interrupción alguna, y si algo de anormal ocurría (de vuestra parte) era debido (les decíamos) a la muerte del alto comisario y a la tardanza de su sustituto, que debía haber venido acto seguido, para, al reanudar la normalidad en su gestión política, poder atenderlos (a los quejosos) en sus derechos lesionados.

Basándome en todo lo anterior, les impuse la absoluta quietud y tranquilidad y muy especialmente dicté mis órdenes a las cabilas vecinas, a las posiciones militares más avanzadas y también a las próximas de las poblaciones, para que perdurasen en paz y en orden en espera de la llegada del nuevo alto comisario. Todas estas precauciones las tomé en mi fundado temor de que pudiese estallar la revuelta antes de la llegada del sustituto y entonces creer que éramos nosotros los instigadores del desorden, cosa que nuestros enemigos celebrarían con regocijo de haber sucedido así. A Dios gracias, la antítesis está clara: por un lado, nosotros, inspirados en completa tranquilidad, respeto y sosiego, y por la otra parte, Barrera con sus atropellos e injusticias.

Refiriéndonos a lo que expones que S. E. el alto comisario basa su gestión política en la paz y el orden, te contestaremos que no lo parece así, al menos exteriormente, y esa es la pura verdad; pues nunca los relatos pueden ser tan veraces como las propias acciones. En confirmación de nuestro aserto tenemos los públicos sucesos y acontecimientos acaecidos con posterioridad a su llegada, y con mucha más frecuencia e importancia que en años anteriores, pues de llegar nosotros a corresponder con otra acción similar a cada una de ellas, ya hubiese estallado a estas horas la rebelión. A continuación tendré lugar de citar algunos hechos.

Al decir vosotros que os extrañó el no recibir carta mía de bienvenida para S. E., al igual que lo habían hecho otras gentes, etc., no debéis olvidar que precisamente esas gentes, a cada una de ellas, le guía un fin egoísta y particular determinado, y, en cambio, a mí, ni fin, ni interés egoísta alguno me obliga, desde el momento de haber quedado rotas, entre ambas partes, las relaciones políticas.

Ciertamente, de habernos apresurado a escribirle, hubieran llegado a figurarse lo que no existe o séase que anhelábamos el percibir el haber que sobre vosotros tengo, y Dios bien sabe, y dígalo en buena hora, que por el momento no nos hace falta alguna; considerando además con resignación, que tanta pérdida hemos venido a sufrir al final como la soportada al comienzo de la labor y todo ello en justo acatamiento a los inexorables destinos de la Providencia.

Además, justificábase plenamente mi silencio ante las alarmantes informaciones que a nosotros llegaban vertidas en el sentido de que el nuevo alto comisario venía en calidad de enemigo mío y con orientaciones políticas diametralmente opuestas a las trazadas por tu difunto padre. Era, pues, lógico el esperar y si él tenía interés en mí, ya procuraría indagar por nuestra persona, al igual que vosotros lo hicisteis allá en un principio (año 14), pues a Dios gracias aún viven y existen los intermediarios de ambos entre los que figuras tú.

Y aun en el caso de que no tuviera para encomendarme asunto alguno, nada hubiere conseguido yo con adelantarme; pues aun cuando me propusiese un sólo objetivo, éste sería inútil entre los noventa y nueve restantes que él pudiera tener.

A pesar de todas estas consideraciones, juro por Dios que nuestra voluntad vióse vencida y nos decidimos escribir a S. E. felicitándole y dándole la bienvenida, firmando la carta el día de martes 3 del mes corriente, al poco de enteramos de su llegada, que tuvo lugar el domingo anterior, del actual, despreciando yo, al «sí obrar, el decir de todos los perversos intrigantes y maldicientes, tomé la decisión de enviar la carta a su destino el miércoles. Mas sucedió, que, precisamente, al amanecer de ese día presentase a mí un correo expreso enviado por mis cortijeros instalados al pie de la cabila de Beni Gorfet, vecinos del Jolot, participándome que el jefe de la posición militar del Tenín les había atacado el martes, raziándoles todos sus ganados que pacíficamente pastaban en el llano, sin haberles restituido nada ni aun libertado a sus servidores los pastores que en unión de sus rebaños habían sido conducidos.

En esta ocasión pareciónos ver confirmada la versión pesimista, en un principio propalada, y por eso demoramos aquel día el envío de la carta. Con posterioridad recibimos la misiva de Muley-Sadic, en día de viernes, participándonos su favorable impresión de simpatía y afecto recibida en su visita al alto comisario, etc., asegurándote que entonces, a Dios invoco por testigo, deseé vivamente el envío de mi felicitación, contrariándome grandemente el hecho de que en aquellos días hallábase Su, Excelencia ausente recorriendo Larache y su zona.

Ahora bien: en este su viaje y de toda su expedición, ha venido a destacar aquello que precisamente estaba oculto en su mente al desarrollarse encadenados y en su presencia los hechos y acontecimientos notorios que vais a oír.

El ataque a la cabila de Yebel Habib empleando la artillería sobre los aduares una y varias veces hasta cinco, disparando sobre sus ganados e impidiéndoles el cultivo de sus tierras, tomando por todo motivo la sospecha de haber desertado un soldado de policía pasando por aquellos lugares.

La deserción de un policía no es un caso extraño y sí resulta frecuente que, tanto los que prestan servicio con vosotros como los que están a nuestras órdenes, huyan y deserten de las filas; y por más medios puestos en práctica por tu señor padre y por mí, para impedirlo, resulta casi imposible el evitarlo decidiendo ambos demorar el estudio de dicha cuestión. En cambio, el empleo del cañón era un asunto grave, solucionado y convenido entre ambas partes, de que no se dispararía con cañón sobre los aduares cuyos habitantes, fiados en ello y en nosotros, vivían en paz y con garantía de seguridad, no siendo una deserción motivo suficiente para demoler toda la labor hecha.

El mismo día que S. E. hallábase en el Tzenin (de Sidi - Liamani) salieron los jefes de las posiciones de Maida y del Tenin, con fuerzas mixtas a sus órdenes, con la misión de recorrer todos los poblados de Bedaun y los cortijos de los Beni Aros sujetos a mi jurisdicción, en unión de los cortijos de Beni Gorfet, y a viva fuerza, les obligaron a salir de sus moradas golpeándoles, y también dando muerte a los perros que a su paso les ladraban, sin omitir en el despojo las prendas de vestir que sobre ellos tuvieran los cortijeros, a los que ordenaban fuesen a recibir al alto comisario; todo ello, para hacer ver a éste el crecido número de los sometidos a Barrera, cosa inexacta, pues todos aquellos poblados y cortijos, de ordenarles nosotros su retirada de aquellos parajes, ni uno solo quedaría la primera noche. Quien de ellos llegó a demorar su concurrencia a la aludida cita, abonó una multa, etc.

Otro: El Jefe de la posición militar de «Sauia», en la Garbia, atacó durante la noche a nuestros cortijos sitos en Yebei-Rih, próximos a nuestro puesto de Dahar Bu Gas, apoderándose de cuanto pudo en ganados, resultando muerto un cortijero y heridos dos más, perdiéndose gran cantidad de ganado que allí murió o quedó herido. Entonces detuvieron a un cherif, pariente nuestro, que tranquilamente se dedicaba a las faenas de su cultivo y ganado, y maniatándole, después de despojarle de sus vestidos, lleváronselo desnudo su cuerpo y aún le tienen preso en su poder. Todo ello, sin tener en cuenta que dicho cherif es persona de renombre y fama, conocido como sujeto pacífico y prudente, de gran formalidad.

Estos y otros muchos sucesos, todos escandalosos y deplorables, ocurrían en aquella zona precisamente cuando la recorría S. E. el alto comisario, aumentando sus campañas los oficiales y. jefes de las posiciones al tenerle entre ellos, procurando molestar a los indígenas por todos los medios a su alcance, dándoles malos tratos, y, por último, diciéndoles que su jurisdicción se extendía sobre ellos sin distinción, y que, por lo tanto, compareciesen al ser llamados y que se les nombrarían sus jefes indicados por ellos, sin que restase a mi jurisdicción ni poder alguno sobre aquellos cortijeros y aduaneros, pues toda nuestra gestión política con vuestro Gobierno, habíase derrumbado sin dejar rastro alguno de existencia.

A ello hay que agregar la política que personalmente ha sostenido S. E. con los de Anyera, a los que recibió, nombrándoles jefes y atribuyendo luego dicha gestión al Gran Rabino Ben Azuz «El de los tufos», cuando ello está perfectamente claro, y ni a los privados de razón se les oculta la realidad, pues todos bien saben que Ben Azuz (1) está como cautivo asalariado, que no merece de vosotros ni un céntimo, pues permanece sentado como el ciego supeditado a las gentes que vienen y le ponen el alimento en la boca. Lo propio sucede con el hijo de Torres, que se ha dirigido en plática a los de Beni Hosmar, invitándoles a que se personen ante él, olvidando con ello lo más fundamental, que es dar a Dios gracias por el bienestar presente, rico en paz y tranquilidad que le permite, gracias a mi presencia, el lucir sus mejores trajes, les garantiza el seguro usufructo de sus tierras y campos de cultivo, sitos en las afueras, y pueden deleitarse con el manjar de los alimentos que ahí llegan, siéndoles factible el dormir reposados sobre las más elevadas camas. Y todo ello lo hacen sin dirigir a nosotros ni una mirada, ni detenerse en considerar el ver que aquí estamos en pleno campo, privados de la presencia de nuestros hijos y familiares, lejos de nuestras casas, pasando fatigas, siempre vigilantes, alertas día y noche, preocupados en la conservación de nuestra tranquilidad, tarea ésta que no ignoráis es penosa y difícil, pues los elemento con los que tengo que tratar para alcanzarla, están hecho al mal.

---

(1) Hemos aclarado después que la destitución del visir Reír Azuz fue debida en parte a exigencias que Raisuni impuso a Burguete al iniciarse las gestiones del pacto.

Y aún si consideramos que el alto comisario se hubiese en un comienzo equivocado, es lógico que luego, al darse cuenta de que por estos derroteros iba a la revuelta y al desorden, lo prudente en él hubiese sido el reparar o retroceder en ella, mas así tenía que suceder aplicándose aquí las célebres frases del libro sagrado, que dice: «Quien hallándose en gracia y en bienestar no está satisfecho ni agradecido, puede decirse abandonó sin darse cuenta la dicha que tenía.»

Agrega a todo eso la conducta política observada por S. E. en Tánger con el más grande de todos los demonios, con el que no tiene creencia ni religión alguna, siendo el perfecto perverso (me refiero al Darcauy ben Sadic), unido a sus relaciones con sus partidarios de éste en Gomara. Precisamente, por conducto fidedigno sabemos que en ocasión de embarcar el próximo sábado para Melilla, el alto comisario, le ha prometido hablarles al pasar por la Marsa (bahía) de Targa, y a su barco subirán a verle varios individuos de entre ellos. Y no es lo asombroso en este caso lo que esos cabileños hacen, pues son aún capaces de más; lo que causa admiración y extrañeza, es la intervención personal de S. E., el alto comisario, en estos asuntos, de estériles resultados, y que aún cuando pudieran presentarse algunos, no corresponden a la elevada categoría y alta representación política que ostenta y para la que fue elegido por su Gobierno, con fines y resultados muchos más importantes y transcendentales.

Con esto iniciase toda una serie de patrañas y falsedades por parte de los cabileños citados, y ellos, a pesar de que S. E. ya tiene conocimientos sociales y políticos de este país, adquiridos anteriormente, y al haber podido ver de cerca la realidad de las cosas. Sin embargo, él sigue haciéndose el desentendido ante la razón y la verdad, a pesar de que ante él no resulta velo alguno. ¿Es que acaso ignora que esos mismos cabileños que acuden a él desde Anyera y Gomara, etc., están todos bajo mi dominio amenazados con el severo castigo y el asedio a causa de su negativa de reintegrarse al buen camino de orden respetando lo ajeno y cesando en sus desmanes y revueltas? A dichos fines, como bien sabéis, hemos enviado a sus tierras, y en Gomara continúa nuestra mehalla, allí acampada, una por el lado del mar, y por la parte de Xexauen la otra. Lo propio acontece con los anyeras, y todo conjuntamente va encaminado a fomentar en bienestar que redunde en nuestro provecho, sacrificando nosotros en ello nuestro propio capital, alucinados por la esperanza de que se aclare algún día éste nuestro asunto con vosotros, resolviendo el dilema planteado, sin que a ello me guíe interés ni ambición.

No dudo que vosotros reconoceréis cuanto queda expuesto y que desmentiréis lo erróneo que hubiere de cuanto ha venido realizándose. Si en realidad la gestión política actual toma por base y fuente lo hasta hoy hecho por él, y si con este sistema quiere el alto comisario obtener resultados prácticos y alcanzar la gloria del éxito dentro del plazo improrrogable que le ha sido fijado al venir, BIEN PUEDE AFRMARSE QUE SU TAREA POLÍTCA SERA NULA, INEFICAZ, desprovista de todo fundamento, sin base de apoyo, y ello, aun cuando lo prorrogue su Gobierno, plazo sobre plazo, y así transcurra el plazo dado por las naciones a la vuestra. Con tal sistema no obtendrá resultado práctico alguno, y *sí en cambio se invertirá el dinero y se sacrificarán hombres*. Si en realidad vuestro Gobierno es consciente y alcanza a conocer el fin de las naciones al determinarle un plazo fijo, claramente comprenderá que con este descabellado sistema de política iniciado, contribuirá a facilitarles sus concertados designios, haciéndoles posesionarse de su premeditado objetivo, al precipitar los acontecimientos, adelantando lo que más conviniere a su demora, y por Dios juro que os doy leal consejo.

Si S. E. el alto comisario pretende, al emplear esta política, amedrentarnos y atemorizarnos, sabed que nosotros no pertenecemos a los árboles, que con las sacudidas bruscas dejan caer sus frutos, y sí somos de aquel mineral de piedra que no altera su naturaleza ni bajo la presión del frío glacial, ni sometidos a incandescencia del fuego intenso. Pertenecemos, sí, al grupo de las gentes sometidas a la voluntad de Dios, y cuyas existencias posee en sus manos el Señor Único y Plenipotente. Somos de los que consideran que no existe beneficio ni daño alguno que no procedan del Dios excelso y alabado, Sumo Hacedor y Perfecto.

Os agradecemos vuestro interés por nosotros al indicarnos escribiésemos la bienvenida, y diciéndonos deseabais quédasenos siempre en buen lugar. A ello os contesto que, tanto el buen lugar como el alto y el bajo están todos en la mano del Dios Único, que selecciona a quien le place y destituye al que le parece, y ya arriba os dejamos escrito cuál fue el verdadero motivo de mi demora en enviar a su destino la aludida carta, que salió en vista de tu insistente indicación, y al tomar en consideración la amistad cariñosa que a ambos nos une y la muy leal que antes existió entre vuestro difunto padre y nosotros, nos apresuramos a complaceros enviándoos adjunta la referida carta.

Agregas en tu escrito que el fin que perseguimos el alto comisario y yo es uno mismo, realidad, y a ello te digo que ninguna similitud observo yo, como queda ya antes demostrado, a no ser que se refiera su finalidad a entenderse conmigo como indicas, en lo que no hay impedimento alguno, hallándonos dispuestos a ello en cumplimiento de mis compromisos estipulados con vos en vida de vuestro padre. Y para lo porvenir, nosotros deseamos que nuestro trato con vuestro Gobierno sea el de una perfecta conducta de inhibición, obtenida a título amistoso y bien cordial, para el caso de que Dios nos decrete la separación y nos prodigase el auxiliar y amigo que nos guiare y sirviere de compañero nuestro.

Bien os consta haber siempre oído de mí que yo jamás busco motivos para suscitar la rebeldía en contra vuestra, reservándome sólo la legítima defensa al iniciarla vosotros, y fiel a dichos compromisos, aquí estamos dispuestos a tratar y entendernos con el alto comisario en el momento y hora que le plazca, aun cuando nos hallemos convencidos de que nada práctico obtendremos con dicho concierto o acuerdo a pactar de nuevo, pues seguramente su única intención al hablarme, será el exponernos escuetamente los planes y trabajos que le han sido encomendados, para buscar los medios y el sistema de llevarlos a la práctica, etc., y nosotros nada nos permitiremos en absoluto alegar a todo ello, si antes no llegamos a percibir todos nuestros derechos, en metálico y cortijos, de los que se ha apoderado Barrera últimamente, además de los daños que en nuestras haciendas nos fueron causados durante el mando de Silvestre.

A pesar de todo ello, declaramos que no hay inconveniente, ni mal alguno en llegar a la inteligencia proyectada si así lo desea S. E., y entonces surgirá el aspecto a dar la respuesta y a los hechos. Si S. E. se decide a conferenciar conmigo, es muy necesaria la presencia del intermediario (señor Zugasti) que nos sirvió a tu padre y a mí, pues para nosotros no será factible la citada inteligencia sin hallarse él presente, dado que, como sabéis, ni me habéis conocido ni yo os he conocido sin haberle visto siempre a vuestro lado, pudiendo afirmar que en nuestras conferencias reinaba la mutua confianza y completa seguridad merced a su presencia.

Refiriéndonos a los planes y amplios poderes que dices trae el nuevo alto comisario, te diremos que eso mismo nos decían al principio de vuestro padre, y aquí, en nuestro poder, obran gran número de cartas escritas en tales términos y por eso nunca conseguimos completar definitivamente nada, pues apenas planteado un asunto, veíase de nuevo desaparecer. Esa fue la única y exclusiva causa que nos obligó a dar tantas vueltas alrededor de Tetuán durante varios años, cual si repitiésemos el suceso público de los errantes hijos de Israel. Si el alto comisario trae plenos poderes, factible es le suceda que le den una orden por la mañana para enviarle la contraria por la tarde. Si, efectivamente, desea S. E. terminar este problema en un plazo corto e improrrogable, y para conseguirlo sigue la política hueca antes indicada, perderá el tiempo, sin obtener nada práctico, y a quien lo dude o me desmienta, el tiempo le hará conocer la realidad. Antes florecerá la sal y tendrían canas los cuervos, que verse realizadas tales cosas.

Refiriéndonos a tu frase de dejar a un lado sucesos y cuestiones pasadas, puedo asegurarte que siempre tuve por lema el colocarlas bien dobladas en el libro registro, fija nuestra vista en la llegada de la época propicia para extenderlas, y de seguro, de no haber obrado así y de no habernos impuesto la paciencia más absoluta, ya hace mucho tiempo que la revuelta y el desorden reinarían triunfantes, y de ello a vosotros invoco por testigos, pues por vuestros ojos bien lo habéis visto.

Pero hoy lo que más daño nos ha hecho y lo que ha producido nuestra inquietud extrema, es el presenciar lo que en la actualidad acontece a la vista de S. E. el alto comisario; es decir, de aquel a quien resignadamente le guardábamos las ausencias y del que anhelábamos la llegada para que colocase a cada cual en su debido puesto, evitando de los militares todo desmán o pasión, y sucede que él es el primero en anhelar la revuelta, según se desprende de los hechos y acontecimientos relatados antes y ocurridos, según afirman, en su presencia.

Ayer mismo estuvimos oyendo desde aquí el estampido del cañoneo nutrido que sonaba hacia la región de los cortijos de Beni Aros, y que duró desde la hora de las tres hasta las cinco de la tarde, ignorando hasta el momento lo que haya podido suceder allí.

De seguir así vuestra gente, observando esta-conducta y camino tomado al contar con la debida autorización de su jefe superior, ¿a título de qué continuaremos aguantando impuestos de paciencia, tanto yo como las gentes que conmigo están? ¿Qué clase de inteligencia o análisis a hacer nos queda que ello merezca la pena?

La revuelta procede de él (de S. E.), y estalla en todas partes y no hay posición militar que no promueva su correspondiente desorden con los vecinos, no restando tranquilidad nada más que esta región vuestra de Tetuán la cual, en realidad, tampoco está exenta de mal, pues hasta en la propia población habéis sembrado discordia entre nosotros y vosotros a fuerza de tantos dimes y diretes y tantas conversaciones, y ya bien sabéis que la herida que produce la lengua es más grave que la causada por la espada; para ésta hay remedio y para la primera no hay curación.

Te quedamos muy agradecidos por tus frases y consejos, que testimonian tu sincero afecto, asegurándote que así lo tenemos por cierto, y el cariño que profesábamos a tu padre es el que nos ha hecho permanecer en este estado hasta estos momentos, pues estábamos convencidos de su seriedad, talento y constancia en la amistad, siempre deseoso del bienestar para todos. ¿Dónde está tu padre? ¿Dónde encontrar su manera de conducirse? ¿No recuerdas, acaso, aquellos contingentes que venían a verle, tan lucidos como no los presenciará otro, y a los que, fiel a su palabra, despedía sin admitir a ninguno?

Era hombre que de equivocarse, al hacerle ver su error, comprendía las cosas y ponía a ellas el remedio eficaz. Así demostraba su seriedad y valer.

Tu consejo, como has podido ver, lo hemos aceptado convencidos de tu sinceridad y cariño, siendo también en ti un deber el ser consejero de ambas partes por igual, hablándole (a S. E.) con claridad y diciéndoles la verdad, y si su propósito tiene por base la sinceridad y buena fe, como en tu carta afirmas, es indispensable le pidas dicte sus oportunas órdenes generales a todos los jefes de posiciones militares en el sentido de que cesen en su actitud, dejando a las gentes tranquilas en sus hogares cual antes estaban, y también que él (S. E.) relegue este sistema político estéril ahora tomado.

En el caso de hallarse ausente S. E. no sería difícil el hablar con él por telégrafo, solicitándole dictase las aludidas órdenes sin demora para sostener la situación al menos hasta poder conferenciar y entrar en materia, pues entonces nada resultaría difícil para todos, e inmediatos serían los resultados, ya bien fueren éstos buenos o malos.

Tú bien sabes que el muro del mal es muy bajito, y para saltarlo no es necesario ni talento ni inteligencia, y el más ruin de los seres o el más perturbado, puede fácilmente saltarlo; pero lo difícil de lo difícil y lo más arduo y grande, es el practicar el bien y a él sólo alcanza a subir el Señor de los hombres, pues requiere el don de la paciencia y resignación ante las desgracias calamitosas y las conmociones terribles, y por eso ya Dios en su justicia prometió, en premio a los que sufren con resignación, la morada eterna en la otra vida.

De no cesar la actitud a la que antes aludimos, no quedará punto de resistencia a la paciencia, y entonces nos convenceremos de que todo lo que redactaste en tu carta carece de eficacia; y si todo ello fuera obra de tu mente, te diría que estás equivocado, y si acaso te hubiera ordenado escribirla con un fin político ciego, tendría que ordenar a las gentes rompieran radicalmente sus relaciones y a los más próximos de nuestras posiciones les ordenaría el inmediato traslado y mudanza, advirtiéndoles el peligro de verse atacados haciendo propalar por las reuniones y juntas de los musulmanes la noticia de nuestra separación política en un todo destruida, y en esos críticos momentos ellos (los cabileños) libremente obrarán según su criterio, disponiendo de sus tierras.

Hasta la hora presente, nuestras bocas no se han abierto para proferir la menor palabra fea, y al hablar juro hacerlo amonestando continuamente a las gentes al bien, imponiéndoles la resignación. La prueba más evidente de cuanto digo la doy al tener todas mis fuerzas repartidas por las diferentes cabilas, al objeto de conservar el orden, y, para conseguirlo, gasto de mi propio peculio, conservando así abierto el camino a la labor política.

Esta es la causa única y verdadera que hoy da facilidades en el camino de Ben Azuz y de otros, pues la situación les proporciona la ocasión de que vayan a verles, precisamente los cabecillas rebeldes, al verse materialmente acosados por nosotros. Ciertamente, si a todos ellos (a Ben-Azuz, Torres, etc.) les hubiésemos colocado frente a frente de los malhechores rebeldes, acto seguido veríamos asaltados y atropellados por éstos, arrasadas sus huertas y robadas sus haciendas, sin ser necesario para ello mehalla alguna y, por lo tanto, superfluo el dinero que en ella se invierte. En este estado de cosas, todos los musulmanes surgirían formando un solo ejército, y cada cual defendería y lucharía por su tierra, por su buena reputación y por su ley. Pero esas no son nuestras ideas, y por eso la diferimos no aceptándolas, aunque reconozcamos que no están lejanas.

Cuanto va escrito en esta extensa carta a ti dirigida, compendiase en estos tres puntos principales:

1º. Desligarnos en nuestra responsabilidad moral ante Dios, haciéndolo en paz y en armonía si se inclinan a ello (nosotros).

2º. Propósito decidido de cumplir lo estipulado en los convenios entre ambas partes concertados.

3º. Consejo o sermón si encuentra oído que lo escuche, e inteligencia que sepa discernir rechazando y aceptando (según los casos).

Esperamos la contestación del amigo querido por vía de leal sinceridad tal y como la hubiésemos obtenido de tu padre, ya bien haciendo cese cuanto antes relatamos, o con la negativa categórica.

Perdurar en bien con dicha y alegría completa, etcétera. — *Hamed-Er-Raisuni.*

La carta del cherif la acogió fríamente Berenguer. Sabía por demás la de falsedades que contenía; pero queriendo quizás extremar la nota, escribió a Raisuni nueva carta, en la que después de agradecerle el saludo le decía, entre otras cosas de pura fórmula:

«Mi alegría será mucho mayor el día en que reciba de ti, en vez de la palabra escrita, la palabra hablada que es mirándose frente a frente, los ojos puestos en los ojos, como se conocen los hombres; y en los míos podrás leer la estimación y el aprecio que borrarán y harán desaparecer las suspicacias y malas interpretaciones que introducen en nuestros corazones las falaces palabras de los que se complacen en sembrar la discordia entre los buenos servidores de Dios.

Como el único objeto de mi venida a esta bendita tierra es ayudar al pueblo musulmán para alcanzar el bien para todos y el mayor brillo y esplendor del Islam, que es el objeto de todas mis preferencias, quiero que todos estéis conmigo y contribuyáis con vuestras facilidades y con vuestra ayuda al logro de mis planes o intenciones, en las que sólo hay deseos de salud y bienestar para los cuerpos y más tranquilidad para los corazones y las conciencias; obra a la que no dudo has de ayudarme con tu alto prestigio y reconocido saber para bien del reinado de nuestro señor Muley-el-Mehdi y provecho de sus súbditos.

Perdurad en bien y con paz. —*Berenguer.*

LII
Raisuni no se somete y quiere independencia, guerra berenguerista.

El cherif como es lógico siguió, su táctica. Le tenía sin cuidado los buenos propósitos de armonía de Berenguer si estos habían de llevar la base de su sumisión al Jalifa. ¡El pretendiente al Jalifato, con mando omnímodo en toda la Yebala por la fuerza, se ríe del Majzen!...

Toda la armonía del cherif fue la de empezar a enviar a sus cuadrillas por la zona a iniciar las agresiones con el deseo de justificar su fama y poder. Los primeros golpes fueron dados a las puertas mismas de Tetuán.

Quería convencer a Berenguer y al jalifa y a los españoles que él era grande siempre. A poco, apresó a un notable de Anyera y pidió por su rescate, a la cabila, una fuerte suma.

Arreciada nuestra política antirraisunista de nuevo, las cabilas empezaron a ver en nosotros deseos de terminar con el cherif, que fue a lo que se dispuso abiertamente Berenguer, convencido de que era inútil todo intento de armonía con Raisuni si no era dejándose a jirones el honor y el prestigio-de la nación protectora ante el Majzen y ante las cabilas.

Y Berenguer se aprestó a la guerra. Inició el avance por Anyera y dispuso el desembarco de Alcázar-Seguir. Las cabilas fueron sometiéndose cuando nuestra decisión les convenció de que íbamos a anular al cherif.

En torno a éste fueron reuniéndose, no obstante, los huidos de las cabilas, pocos de cada una de éstas, pues que se comprobaba que los más eran gentes sin apego al orden y al trabajo. Anyera y Beni Hosmar se sometieron, y los avances hasta Beni Said, obligaron a Raisuni a huir al

Fondak. Al cherif le fueron confiscados nuevamente sus bienes.

El 5 de julio aparecía en el boletín de la zona el siguiente dahir:

«Loor a Dios.

Sólo su reino es perdurable.

(Lugar del sello.)

Se hace saber por este elevado escrito y orden ejecutiva, que ha de acatarse con respeto, que Nos, con la ayuda de Dios, su fuerza y su poder, después de haberse cerciorado nuestra jerifiana persona de que los actos que ejecuta Ahmed-Er-Raisuni obedecen a miras personales, y que no presta obediencia y se aparta de aquellos que la guardan, demostrando lo que ocultaba su mente pérfida (siguen los cargos contra el *rebelde y criminal* y los fundamentos de derecho aplicables), ordenamos la confiscación de todas sus propiedades y lugares; todo cuanto posea en bienes, en ciudades y campos; sus animales, ganados, cortijos, asimismo las cosechas que haya en sus propios terrenos y las que estén en poder de sus aparceros. Será también despojado de todos los bienes que haya confiscado a las Zauia y a los Ahbús; procurando así reparar los daños que han sido causados a aquellos que dependen de estas instituciones. Los bienes Ahbús volverán a su primitivo origen, y los que pertenezcan a las Zauia se devolverán a quien en derecho corresponda.

En cuanto a lo que se halle en su poder, y haya percibido en calidad de impuestos Majzen, zacuats o diezmos, abusando de la fuerza, será devuelto al Majzen, que es a quien corresponde, y que sabrá lo que deba hacerse con estos ingresos.

Todo esto se hace en castigo a este rebelde, y a modo de escarmiento, que sirva de ejemplo, y para que aquél comprenda que su proceder es el que le ha conducido a este fin.

Esta orden es terminante, ineludible, severa y ejecutiva, y ordenamos a quienes corresponda que la obedezcan y la acaten con el debido respeto, obrando a su tenor y sin extralimitación.

Y la paz.

Dada nuestra orden jerifiana a 6 de Xual de 1337 (5 de julio de 19r9).

Visto el dahir expedido en esta fecha por su Alteza Imperial el Príncipe Muley-el-Mehdi-Ben-Ismael-Ben-Mohamed, por el que se dispone sean confiscados los bienes del rebelde Er-Raisuni, y especialmente en atención a la deslealtad con que dicho rebelde ha utilizado en provecho propio los recursos que la nación protectora le había confiado para emplearlos en beneficio del protectorado.

Vengo en promulgar el referido dari:

Dado en Tetuán a 5 de julio de 1919.

(Firmado.)— *Dámaso Berenguer*.»

* * *

Silvestre es llamado a África para que satisfaga su enemiga personal al cherif. No era tampoco Silvestre general amante de la vida a que el tráfago cortesano le obligaba. Añoraba Marruecos, y aplaudía la decisión de Berenguer de terminar con Raisuni. Vino, pues, con entusiasmo, si bien su choque con Berenguer y el poco tacto de quien lo puso a las órdenes de un general más moderno que él motivó pronto su traslado a Melilla.

A todo esto, la guerra continúa con todos sus dolores. Los combates toman un aspecto nuevo y formidable. Nuestro Ejército recupera un hálito de vida. La Policía de Larache desarrolla una labor formidable. El capitán De Miguel, uno de nuestros más grandes entusiastas, trabaja sin descanso, haciendo labor cerca de las cabilas. Barrera pone toda su alma en la obra a desarrollar. El sistema de triangulación, original de Lyautey, se pone en práctica. Consiste, como es sabido, en ocupar los vértices por posiciones militares y obtener la sumisión de los poblados comprendidos dentro del triángulo, previo un trato político. Después, utilizando la acción política y la militar de los indígenas de los triángulos extremos, empezar la ocupación de un nuevo vértice, partiendo de los últimos dominados. Berenguer señaló en Larache Regaia-Tzenin-Teffer, como vértices iniciales, y en la zona de Ceuta, Tetuán, Alcázar-Seguir, Fondak, zoco el Arbaa de Beni Hassan y Uad-Lau. Ocupado el centro de Beni Aros, quedaba «orno último triángulo Tazarut Teffer-Xauen.

Con todo esto, el prestigio de Raisuni empieza a vacilar. Su poderío inicia la cuesta abajo. Moros de prestigio y valía que conseguíamos atraernos gracias a la habilidad política desplegada nos seguían, abandonando al cherif, en medio de la mayor indignación de éste.

Y escribía a los aduares de donde salían a ayudarnos moros amigos cartas como ésta que nos hemos procurado:

«Loor a Dios único.

Al xerif Sidi-Abdesam-Ben Thami-El-Harrak-El-Almi-El-Srifi-El-Sefsafi. Saludos afectuosos.»

Y después:

«He recibido vuestra carta, en la que me notificáis que Uld-el-Fakih-Ben-El-Hach-El-Semdi-El-Merkadi ha convertido su casa en casa de perdición, llena de malos ambientes acristianados, etc.; que no ama a Dios y que su imaginación se ha extraviado en la perversión; esta es la señal de su deslealtad hacia la causa, y haberse apartado de la gente buena. Anteriormente, cuando estaba yo en Jandak-Hamar, pretendí cogerlo, pero cuando sucedió la paz, la tranquilidad, aplacé su captura, y desde entonces estoy esperando la oportunidad y que se normalice la situación para echar mano a él, como debí haber hecho cuando pretendí cogerlo en Ben-Karrich. Yo os hablé de de su perversión e infame conducta, y vos lo defendisteis en aquella ocasión y alegasteis que no era tal, y salisteis fiador de él, hasta que visteis lo que sucedió, que continuó haciendo de las suyas de una manera excesiva. Así, pues, deseo que continúes siendo de los amantes a la causa Santa de Dios, de su Profeta y mía; que os valdrá ascensos y progresos, para lo cual es preciso que os valgáis de medios astutos para que lo cojáis *o le matéis*, que con esto obtendréis la recompensa, como los fieles ante Dios, pues de cualquier modo es un imbécil y os será fácil su captura. *Podéis invitarlo a que tenga una entrevista con vos fuera de vuestra casa y ponedle una emboscada o bien mandad que lo maten; ahí está Sid Hamed-Uld-El-Ha-cha, que puede tratar de quien lo ha de matar.* Es necesario que vos os mantengáis firme en la fidelidad y religión. Si volviese a Sumata Ali-Ben-El-Majta podíais mandar al chej Abd-Allach-el-Chentufi y a Ulad-Chauri diciéndoles que la hora de la alegría, del triunfo, se aproxima, y que la causa musulmana ha resplandecido y, por lo tanto la libertad de Marruecos. El enemigo español lo ha detenido Dios en el monte, y los buenos musulmanes han obstruido su avance en Dar-Ben-Ham-mar, que mataron a más de tres mil cristianos que siguen entre las armas de los nuestros y los barrancos; también pudimos cogerles más de setecientos fusiles y les tomamos una posición y fueron pasados a cuchillo los que la guarnecían, quedando los españoles derrotados y *tembló España, que gritó a sus ministros con motivo del abandono en que se hallaban sus hijos en nuestros montos, muertos*, que ya descompuestos loscadáveres del mal olor que despedían llegaban a mas de dos horas de distancia. Desanimados los españoles, nombraron al caid El-Melali para esta cabila y a su jalifa Ben-Yilali. *He escrito a Uazan, Beni-Mesara, Rhona, Guezaua, Beni Issef y Sumata para que estuvieran alerta de estos malvados que Dios maldiga.* Este Ben-Yilali que ha sido en extremo hipócrita, lo ha arrojado el santo de Sidi-Mezuar al Jolot. Y la Paz. —1º de Du-El-Kaaea de 1337- (29 julio 1919.) *Ahmed-Er-Raisuni.* —Rubricado.»

LIII
Desde Tánger se ayuda a Raisuni.

Tánger seguía siendo centro de aprovisionamiento del cherif. Algunas de las cabilas sometidas a nosotros, pero influenciadas por las presiones de Raisuni y sus constantes amenazas, como así mismo varias de la zona internacional sostenían relaciones con el cherif, llevándole convoyes de armamento, municiones y víveres, con los que sostenía la guerra contra España.

El protegido inglés El Menehbi, residente en Tánger, de acuerdo con Ueld Alkalay—hijo del asesinado en Cuesta— y con el Dogal, residente en un aduar de la zona internacional, habían formado una especie de sociedad protectora de Raisuni. El Menehbi organizaba los convoyes y avisaba a sus compañeros cuando los tenía preparados. Ueld-Alkalay tenía montado un excelente servicio de información recibía noticia de cuando nuestra Policía no tenía establecidas las emboscadas para poder hacer circular el convoy. Por otra parte, los tabores franceses, encargados de la vigilancia del extrarradio tangerino, no parecían muy interesados en vigilar estas cosas...

Simultáneamente, con esta labor dañosa, moros residentes en Tánger y afectos a la causa francesa, escribían cartas a la zona sometida, excitando a los cabileños a la guerra.

Un oficial español, comisionado para abrir una información sobre este asunto, decía: «El Fakih-el-Harrera, natural de Sefata y que vive en Guart, hace viajes al monte, procurando, en sus conversaciones con los rebeldes, inculcarles la idea de que los franceses les auxiliarán facilitándoles armas y municiones para que luchen contra nosotros. A esta labor no es ajena la Oficina francesa de información, siendo probable sea cierto el auxilio, pues en los últimos combates se han hallado restos de granadas de mano utilizadas por Raisuni, y que hoy día únicamente los franceses pueden proporcionárselas. El Me-nehbi, súbdito inglés, favorece la rebeldía, enviando armas y efectos al cherif por conducto de las cabilas de la zona internacional y de acuerdo con alguna de nuestra zona. El último convoy, compuesto de sesenta cargas, llevaba permiso de nuestro agente diplomático para llevar harina a Tetuán, siendo cambiadas las cargas en un aduar y continuando al monte. He de hacer notar que la mayor parte de los agentes que intervienen en esto son protegidos franceses, de quienes cobran muna.»

Es indudable que el apoyo de «nuestros amigos» era una realidad

En su visita se intensificó la implantación de Oficinas de Policía, y pudo cortarse algo, no todo, este contrabando.

LIV
Se sigue anulando al cherif.

Una vez ocupado el Fondak de Ain-Yedida por nuestras tropas, Raisuni hubo de refugiarse en Tazarut. Este golpe asestado a su influencia, arrebatándole la llave de paso a Tánger, fue mortal para el prestigio del cherif entre las cabilas de Yebala.

Sin embargo, dirigía a éstas continuas excitaciones a mantenerse en la rebeldía contra España, teniendo a contrarrestar la obra de atracción que nuestras Oficinas de Policía venían realizando después de cada operación. Sus cartas a las cabilas continuaban siendo en extremo *expresivas y cariñosas*, sobre todo en la parte en que se refería a los españoles.

Veamos una:

Carta del Raisuni al chej-Abdelkader-Afelal y su Yemaa de Saf-el-Gorftia:

«Alabado sea Dios. Sobre vosotros la bendición completa y la de Dios, con su ayuda y su poder después. No ignoraréis en el concepto que os tengo y con la grandeza que os considero, todo ello por vuestro comportamiento y vuestra sujeción en la religión musulmana desde el principio de la guerra santa hasta la fecha, que habéis hecho firme con vuestra voluntad, demostrada hace poco en ocasión en que el enemigo intentó colocar una posición en Beni Umeras, teniendo que retroceder sin conseguir nada; al contrario, vosotros habéis ganado algo de material con la ayuda de Dios.

No ignoraréis que habíamos dejado antes de esto que fueran hacia los enemigos, para lo que marchó el chej-

Abdelkader a todas partes para estudiar el medio de conseguir el apoderarse de todo, el ganado que os había cogido y engañarlos después, pues el enemigo, desde luego, trataba de hacer negociaciones con vosotros, entregándoos poco a poco y en parte el ganado, y al hacerlo así no era su pensamiento otro que el *haceros beber de veneno* (como el que da aliento a un moribundo); y ahora, si vosotros aún persistís en sostener el voto sagrado que prometisteis por Dios y su Profeta Mohamed, cortad vuestros pasos hacia el enemigo y seguir lo que manda y ordena Dios, sin tomar consejos del extraño a vuestra religión, que el sostenerla es un deber, *pues el enemigo no busca más que la ocasión de apoderarse de vosotros, de vuestros hijos y de vuestros bienes y religión.* ¡Oh, Dios!, no oigáis las palabras del enemigo, no os fiéis de sus mentiras y engaños, y la verdad es lo que Dios manda en su libro (Historia sagrada). «La palabra del infiel es la baja, y la del Todopoderoso es la elevada»; y, en resumen, la hora de la alegría se aproxima; puede ser que llegue al amanecer o al anochecer, pues después de la tempestad renace la calma, y en el examen aparecerá el bueno y el malo.

No ignorareis que del contingente y refuerzos que tenemos hemos enviado parte con mi jalifa a Kudia-A-marax, con el fin de luchar por la causa santa, y por haberme enterado de que el enemigo trataba de envolveros; y ahora por segunda vez, si continuáis aún con el pensamiento firme en vuestra religión, acudid a mi jalifa, que se encuentra en los Jenadek de Beni Humeras, que os indicará vuestros puestos de guardia, no sea que el enemigo trate de reponerse de lo perdido en vosotros (*nal-di os sean*); y si habéis cambiado de pensamiento. Dios, el Todopoderoso, será el encargado de castigar al pe juro, pues no ignoraréis que el creador no admite, no consiente que sus hijos sean infieles; y, por último, el chej Mu-lana-Abdeselain y Sebaa-Turiyal (patrón venerado de Marrakecs) sea con vosotros, pues si me creéis, acudid a mi encargado, como os ordeno, y pedir que Dios nos haga ver a todos la realidad para seguir sus pasos, pues no dudéis que he dejado una copia de este escrito por si algún día negáis mis consejos y mandatos y la paz. 12 Yumad, El Quel, 1338. De orden del cherif, *Amed-er-Raisuni.*»

La campaña de Berenguer continuaba a todo esto sin interrupción, cercando al cherif, reduciéndole, desprestigiándole.

Los constantes discursos que Barrera en Larache pronunciaba a las cabilas que se nos sometían, como asimismo cuantas veces hablaba el jalifa u otra representación del Majzen, eran otros tantos golpes al Raisuni. No había cuartel en la guerra abierta contra el cherif durante todo el mando del general Berenguer, convencido éste de que era el único medio de desterrar la bandera de rebeldía que mantenía levantada en Yebala, así como también el único modo de terminar de una vez con Raisuni, tan rehuido a pactar lealmente con España, como el verdadero concepto de su misión en África y a su prestigio convenían;

LV

Golpes de mano. —Cabecillas distinguidos. —El cautiverio del señor Lentisco.

Revolviéndose en su éxodo, el cherif utilizaba a sus secuaces para que, en .pandillas, diesen golpes por toda la zona ocupada, para mantener latente la intranquilidad. Y un día y otro, los bandoleros que mantenía el cherif daban golpes a las aguadas, en los caminos, etc.

El bandolero que más se distinguió en esto fue El-Mudden, jovenzuelo audaz que contaba con la confianza decidida del cherif, quien lo mimaba tanto que, últimamente, en el pacto famoso de Burguete quería «encasillarlo» para el caidato de Beni-Gorfet, lo que hizo fracasar una violenta y acertadísima campaña de Prensa...

El-Mudden era un excelente colaborador del cherif en aquellos días. Obraba secundando las órdenes de éste de manera admirable.

Ali-Ueld-El-Mukdem, que es originario de las cabilas limítrofes a la zona internacional, tenía su refugio de bandido en un aduar de Beni Aros, llamado El Harex. Audaz y activo, logró adquirir en poco tiempo nombradía suficiente para llevar a cabo numerosos hechos señalados con su especial sello de osadía sin límites. La muerte de los ingenieros Cortázar y Várela y el secuestro del delineante Lentisco, no acreditaban. Su habilidad indiscutible, puso en aprieto varias veces a nuestra Policía indígena.

En estos últimos meses, hemos podido hablar con el señor Lentisco (a quien con injusticia manifiesta por cierto, se niega a indemnizar la Compañía explotadora del ferrocarril Tánger-Fez) y ha tenido la amabilidad de renovarnos sus tristes recuerdos, llorando de rabia ante el triste espectáculo de desorientación que, con respecto a política raisuniana, ha dejado un mando equivocado, dándonos una completa impresión de su cautiverio, durante el cual pudo apreciar las estrechas relaciones que Raisuni y El-Mudden sostenían:

«Una partida de quince bandoleros, a las órdenes del Mudden atacó como se recordará el 1º de mayo del 20 nuestro campamento en las cercanías del Tzenin y en combinación con varios moros de la zona sometida, pero vendidos a él, dando muerte a los señores Cortázar y Várela, hiriéndome a mí y haciéndome prisionero.

También dieron muerte a varios peones de los que llevábamos para nuestro servicio, e hirieron a otros varios.

La cuadrilla del Mudden la componían entonces unos sesenta indígenas; pero en realidad, unos catorce eran sus verdaderos colaboradores, en unión de algunas gentes de aduares sometidos, para el saqueo.

A mí me llevaron al aduar del Harex, donde El-Muden tenía su habitual residencia. Me encerraron en un cuarto, donde por todo lecho tenía una vieja estera.

Al día siguiente, El-Mudden salió para Tazarut a llevar a Raisuni la nueva del golpe que habían dado a nuestro campamento, y a darle parte del dinero y algunas caballerías que nos habían robado.

Cuando El-Mudden regresó aquella tarde de Tazarut, vino acompañado de un moro de gran confianza de Raisuni, mandado por éste a fin de que se informara de la importancia de la presa cogida, lo cual demuestra la estrecha inteligencia, la participación digámoslo así, de Raisuni en estos actos de bandolerismo.

El cautiverio mío fue tan triste y penoso, que jamás podré olvidarlo, pues es para mí una eterna pesadilla que en vano procuro desechar. Siempre metido en un cuarto muy chico y húmedo, que se encharcaba en los días de lluvia, no me dieron de comer más que pan negro de aldorán y remolacha cocida, y cuando mi hermano me enviaba desde Tánger alguna comida por mediación de los confidentes—arma de dos filos—se quedaban con ella.

Prueba la crueldad de sentimientos del Mudden el hecho de no darme de beber otra agua que la que tenían ellos en una vasija donde se lavaban las manos y los pies, operación que hacían a mí vista expresamente, frente a la ventana del cuarto.

Así transcurrieron cinco meses interminables cuando, a causa de haber fracasado ciertas gestiones que realizaba el súbdito inglés de Alcazarquivir, Bibi Carletón, cerca de Raisuni, ordenó éste al Mudden que me pusiese grillos, los cuales me han dejado inútil el pie. Todos los días me amenazaban con matarme si al escribir a la Compañía del Ferrocarril no apremiaba exigiendo las cantidades que mis carceleros pedían.

Puedo asegurar que el trato que el Mudden me dio durante mi cautiverio fue sencillamente criminal: me maltrataba sin compasión, y por tales tratos padezco una grave afección al estómago.

A la sombra de mi rescate, el Raisuni y el Mudden tramaron una nueva hazaña. Se empezaron en aquellos días unas gestiones para mi rescate entre el teniente Maqueira, de la Policía de Larache, y el Mudden, llegando, al parecer, a un acuerdo. Maqueira tenía que entregar cierta cantidad en el aduar de Saf, en las inmediaciones de la posición de Megaret, y yo iría allí acompañando al Mudden para que se pudiese verificar el canje.

El día acordado para ello en vez de llevarme el Mudden con él me dejó encerrado, mientras al teniente Maqueira le tendían el lazo maquiavélico. El Mudden me dijo, en cambio, que no había recibido contestación a la carta que había enviado al teniente. La emboscada a éste estaba bien preparada: le enviaron carta a la posición diciéndole que salían conmigo para el punto indicado al objeto de hacer el canje. Pero Maqueira, el veterano oficial de la Policía de Larache, conoce a los moros, y en vez de ir él envió a uno de sus policías para que viese si, efectivamente, me habían llevado. La emboscada fue descubierta, y los bandoleros, que estaban escondidos, a la llegada del policía se contentaron con quitar a éste el fusil y las municiones, llevándoselo a Tazarut, donde lo entregaron a Raisuni. Con lo que queda demostrado que aquellas negociaciones no eran sino uno de lo tantos actos de piratería cometidos por el flamante caid de Beni Gorfet en combinación con el cherif.

Pude observar durante todo el tiempo que me tuvieron en su poder que la casa del Mudden en el aduar de El-Harex sólo era paradero de todo el bandidaje de la zona, donde se preparaban los golpes y las emboscadas a nuestra sufrida tropa. Él conserva, y se glorifica al mostrarlos, una porción de objetos cuya procedencia explica. Yo vi varias guerreras de militar, ropa de paisano, maletas y muchos objetos que traían después de cometer sus crímenes en los caminos y en las inmediaciones de las posiciones.

Les he oído comentar ufanos, muchas veces, la triste historia: atacaban a las aguadas, mataban a los soldados, les quitaban el ganado y los fusiles e iban a entregarle al cherif la mitad de lo cogido en la *razzia*. En los asaltos a los aduares de la zona sometida el reparto era igual. Por coger la parte que le tocaba, el cherif ha estado en continuo contacto con ellos.

Cuando avanzaban las columnas de Larache y Ceuta-Tetuán, comentaban delante de mí la marcha de éstas. Al someterse los aduares, me decían que lo hacían ya en combinación con el cherif. Había que dejar pasar a las tropas, adentrarse en el monte y que cuando estuviesen bien dentro, entonces, *con una orden del cherif cortarían la cabeza a todos los cristianos*. Ya supongo que esto lo dijesen a base de fantasía y despecho. Pero, por otra parte, hay que pensar en la triste y dolorosa lección de Melilla. Las gestiones para el rescate de Lentisco fueron lentas. Cierto es que la actitud de los moros se prestaba a ello. Habían pedido nada menos que la suma fantástica de cien mil duros.

Al fin, la Providencia hizo que Lentisco consiguiera convencer a uno de sus guardianes, levantando en él el espíritu de codicia; y una oscura noche Lentisco y *fiel* secuaz de el Mudden huían a campo traviesa para llegar, después de interminables penalidades, a la posición española de Megaret, donde un centinela, fiel cumplidor de su deber, daba el consiguiente y reglamentario ¡Quién vive!»

Minutos después, Lentisco estaba entre los nuestros.

El jovenzuelo, temible por su sagacidad-justo es decirlo—, y más temible por la escasa vigilancia en la zona que eligió para sus fechorías (proximidades de la zona internacional), dio nuevos golpes de verdadera audacia.

Una noche llamó a la puerta del consulado de España para llevar al cherif al mismo cónsul, esperando un buen rescate. No pudo lograr su propósito por la presencia de la Guardia civil.

Otro día, fue la agresión al auto ocupado por los señores de Comas y el fondista señor Fuentes (hermano, de los populares industriales tangerinos), en las proximidades del puente internacional, atentado que costó la vida a la distinguida señora de Comas, al chofer, y, poco después, al fondista Fuentes, que llevado al aduar del Mudden por los bandoleros, no sobrevivió muchos días. También resultó herido de gravedad don Eduardo Comas, quien, gracias a un valor y serenidad extraordinarios, pudo alcanzar el volante del auto y ponerse a salvo de la agresión.

Días después, el mismo Mudden, vestido de oficial dé la Policía, daba un golpe a un aduar en las proximidades de Arzila.

Tal era el personaje que por imposición de Raisuni querían nombrar Castro-Girona y Burguete para la jefatura de Beni Gorfet.

Y prueba de que pretendió llevarse a cabo este nombramiento, fue la destitución de un hombre adepto a la causa española, el caid Hosaín, que ocupaba aquel cargo, y que, al frente de la jarca amiga, nos prestó tan relevantes servicios.

Del caid Hosaín, nos ocuparemos más adelante.

LVI
El asalto a Akba el Kola.

Otro día, se daba un golpe maestro a Akba el Kola, la avanzadilla trágica. Esta fue asaltada una noche por los grupos enemigos del Jomás, fustigados por el cherif en esta guerra odiosa que tanta sangre hubo de costarnos. Situada la posición al abrigo de unas avanzadillas que la dominaban tácticamente, fue inútil su resistencia, una vez que aquéllas cayeron en poder de los atacantes. Una vez más se puso de manifiesto la importancia de la elección de emplazamiento para las posiciones. Es frecuente ocupar mesetas dominadas por próximas alturas donde se colocan avanzadillas. No cabe error mayor, puesto que ante un ataque bien dirigido y tenazmente llevado, la catástrofe es irremediable y las guarniciones condenadas de antemano al sacrificio, no pueden esperar ni la gloria de una defensa heroica.

El ataque a Akba el Kola, fue una página triste de la historia de Yebala.

En la madrugada del 28 de agosto, las gentes de Beni Scar (aduar fronterizo a Akba el Kola e intermedio con el Jomás), cuya fidelidad era algo dudosa, debieron facilitar a la jarca del Jomas la entrada en Akba el Kola. Esta posición, sus avanzadillas y las de aquel sector, cuando ya estaban rodeadas de enemigos, fueron objeto simultáneamente de un fuego violentísimo. Sobre Akba el Kola, el ataque fue recio, y, por lo tanto, mayor el número de bajas que de momento nos hizo, empezando a decrecer la defensa. Algunos sitiados, quisieron escapar saltando por las alambradas, quedando enganchados en ellas, acribillados completamente. Un núcleo numeroso de enemigos invadió la posición, entablándose una lucha feroz. Los nuestros fueron asesinados. El capitán Moradas, de la Policía indígena, que se había retirado con unos soldados al barracón de la Oficina indígena—después de haber estado disparando con un fusil en el parapeto y recibir un balazo en una mano—, cayó muerto de un balazo en la cabeza: Al moro «kauachi» (cafetero), que tenía en la posición una tienda-cantina para los moros de la policía, lo mataron los rebeldes. El hijo del cantinero Ríos, niño de poca edad, se escondió dentro de un barril vacío al principio de la lucha, y allí pereció cuando por el oficial de artillería fue volado el polvorín. La explosión hizo grandes bajas también al enemigo,

Mientras tanto, las demás posiciones del sector Salinas, Jerba, avanzadillas y todas, en fin, las del Bukrús, rodeadas de enemigo, se defendieron con un heroísmo extraordinario.

Aquella mañana, las moras de los aduares enemigos fronterizos entraron en la posición y registraron las ropas de los muertos y todo lo que quedó en la posición libre de las llamas.

En Larache y en Alcazarquivir, fueron estos días de inquietud extraordinaria. Lógicamente, y teniendo en cuenta lo acaecido en el Rif, se pensaba que Raisuni, aprovechando la derrota de Melilla y la concentración de todos nuestros elementos en la zona oriental, arrollaría nuestra línea de posiciones y caería sobre Alcázar y Larache con la jarca rebelde, haciendo otra matanza como la del Rif.

En Alcazarquivir, numerosas familias se aprestaron a trasladarse a Larache para embarcar hacia España.

El general Barrera, tan consciente siempre de su deber, no dormía, estando en comunicación constante con la línea atacada. A los jefes de posición dio la consigna de cumplir sus deberes de sacrificio—recordándoles los preceptos del Código—, y envió urgentemente al heroico teniente coronel González Carrasco, jefe de los Regulares, para que, con el grupo de su mando y algunas tropas europeas de artillería, cazadores e ingenieros, normalizara la situación.

El jefe admirable salvó a Larache de nuevos días de luto, levantando el cerco a las posiciones y recuperando Akba el Kola.

Para ello, las baterías ahuyentaron de la posición a los jarqueños, y tras una breve lucha, se subió a la posición. Cinco mulos muertos había en una pequeña cuadra. El resto del ganado se lo habían llevado los rebeldes. Junto al río encontramos el cadáver de un artillero... En los alrededores de la posición, fue hallada la caja de la Policía indígena. Estaba completamente deshecha; en un rincón de ella, los rebeldes habían dejado un «belión» (real moruno). Los hornos de campaña estaban llenos de cadáveres que habían sido quemados por los salvajes. Las piezas de artillería se las habían llevado durante la madrugada.

El teniente coronel, Carrasco dispuso en seguida que se empezara a enterrar a los cadáveres. El olor era insoportable. Se hizo una fosa, donde se enterraron; los de los mulos, fueron quemados.

Raisuni, en Tazarut, recibía el botín de los rebeldes satisfecho... Su odio feroz se sentía una vez más halagado por este golpe audaz.

Porque los golpes a posiciones y aguadas, se realizaban al menor descuido, enardecido el enemigo por cada nueva victoria que obtenía nuestro ejecito de operaciones.

LVII
Se va estrechando el cerco a Raisuni.

Todo iba bien; las tropas demostraban un entusiasmo admirable. Raisuni se defendía con tesón, y el cerco estratégico-político del cherif, se iba cerrando como un dogal. Pisamos Beni Aros. Entramos en Xauen, la ciudad misteriosa e impenetrable. Todo esto es bien conocido para repetirlo detalladamente.

En los combates desarrollados notábase, sin embargo, un aparato impreso a los mismos, impropio de una lucha tan desigual como es la lucha con el indígena; lucha que, a nuestro modesto juicio, requiere la adaptación al terreno sin el empleo de grandes masas. Bien aprovechados los tabores indígenas y las jarcas amigas, la guerra nos hubiese costado muchísimo menos.

Pero no se hacía así. Se concentraban las tropas, salían las columnas, las fuerzas indígenas y el Tercio desalojaban de las cúspides las guardias enemigas. Las tropas europeas, en muchísimas operaciones, limitábanse a llenar sacos terreros. Se dejaban los montes coronados por estas efímeras diademas de las posiciones ratoneras. Y volvíase al campamento general, con bajas en las tropas de vanguardia. La artillería disparaba enormemente. Sin efecto, porque sabido es que los moros combaten individualmente y bien resguardados y a cubierto en los accidentes del terreno. Así llegamos hasta Xauen, donde no pudo concurrir la columna de Larache, como era lógico esperar. Los croquis habían engañado al Estado Mayor y al mando. De otra parte, dado el escaso contingente de la columna de Larache, su escasísimo material y el terreno que debía franquear, el más abrupto de Yebala. El general Barrera, se acreditó una vez más como hombre verdaderamente admirable, pues con su pericia fue resistiendo y salvando los fracasos que ante él iban poniendo a cada paso.

Las operaciones de Yebala, consistieron en poner posiciones en todos los picos disponibles con condiciones estratégicas. Y primero por el Norte y luego por el Sur, se iba cerrando la madriguera al «Jabato».

LVIII
La catástrofe de Melilla.

Pero cuando más brillantez alcanzaban las operaciones y el cerco de Raisuni se iba cerrando a pasos agigantados, la catástrofe de Melilla dejó en suspenso tan -prolija labor. Lástima fue, ciertamente. De no ocurrir aquello tan fatal y lamentable para la Historia hispana, a estas horas Raisuni no nos preocuparía más lo mínimo. Suerte providencial la del cherif, en todos los momentos... Porque el 21 de julio, Berenguer recibía en Beni Aros a unos emisarios del cherif, que pedía una tregua. Cuarenta y ocho horas le da Berenguer para que acepte las condiciones de España: Una sumisión en toda regla, siendo España la que fije las condiciones... ¡Era lo único honroso para España!

Pero unas horas después de salir de Rokba los emisarios enviados a Raisuni con las condiciones que España imponía, llegaban a Beni Aros las tristes nuevas del derrumbamiento... ¡Raisuni se salvaba una vez más! El alto comisario, tiene que trasladarse rápidamente a Melilla en cuya plaza la situación, en pocas horas, había llegado a ser muy dolorosa.

Y Berenguer, antes de irse, da a la ligera varias disposiciones... Hay que consolidar lo hecho, e intensificar cerca de las cabilas enclavadas en territorio ocupado, la política de atracción y el aislamiento de toda influencia raisuniana. La acción contra Raisuni, sufre un estancamiento, ¿Por qué?... Había que concentrar toda la atención y todos los elementos en el teatro del Rif, donde se desarrollaba la tragedia más vergonzosa que sufrió España en África, amasada por la traición de una parte, y el abandono y el relajamiento de todas las disciplinas, de otra...

LIX

Compás de espera en el acoso al cherif. —Se reanuda la ofensiva. —Nuestra situación en las postrimerías de Berenguer

Durante la reconquista del territorio de Melilla, poco se hizo en la zona occidental en el sentido bélico. Las tropas de Policía de Larache y las de toda la zona occidental, seguían la misma política marcada por el general Berenguer.

Al fin, en septiembre, Barrera reanuda las operaciones sobre Beni Issef, cerrando el cerco a Raisuni, de acuerdo con el alto comisario. En diciembre del mismo año, despejada algo la situación en la zona oriental y en suspenso allí las operaciones a causa de las lluvias, vuelve Berenguer a reanudar la batalla contra el cherif. Nos apoderamos de las faldas de Yebel Alam, y las columnas heroicas de Ceuta-Tetuán, dan muerte al brazo derecho de Raisuni: Hamido Es Succan, cuya pérdida fue golpe de gracia al agonizante prestigio del cherif.

Hamido Es Succam, del aduar Succam de Beni Aros, era uno de los jefes que más activamente laboraban en el movimiento rebelde de esta cabila

En una operación combinada (mal combinada a nuestro juicio, pues la columna de Larache fue llevada a 80 kilómetros de Larache, no obstante sus escasos elementos, colocándola a 25 de Tetuán), las columnas de Larache y Ceuta-Tetuán se enfrontan en el collado de Afernúm el 19 de diciembre. Arden varios poblados... Nuestros cañones bombardean las faldas del Alam. Berenguer viene con su cuartel general, y éste y el de Barrera se abrazan... Asistimos con la columna de Larache a esta jornada memorable. Vemos a Berenguer envejecido, encanecido por la lucha en el Rif...

Sin embargo, esta tarde gris, en el alto balcón natural de Afernúm, con Barrera y González Carrasco, el admirable jefe de los Regulares de Larache, Berenguer sonreía frente al Buhaxem... Raisuni podía aprestarse a la sumisión. La vida se le haría imposible en cuanto otro golpe nos llevara victoriosos a su guarida de Tazarut.

Pasada la Pascua, en enero de 1922, se continúan las operaciones, partiendo los de Larache de Muires, para ir cerrando boquetes.

Entretanto, Barrera es ascendido, y algo más tarde deja su puesto para ocupar la Subsecretaría de Guerra.

Viene a Larache el valiente Sanjurjo que inicia su mando con la jornada brillante del 28 de abril sobre Feddan-Yebel, la llave de paso del Jomas... Trescientas bajas tenemos en este combate formidable. Fuimos testigos del heroísmo de los Tabores de infantería de Regulares y la caballería del comandante Benito.

El jefe de los Regulares de Larache, González Carrasco decide el combate lanzándose a caballo sobre el aduar y cayendo herido... La llave del Jomas queda rota, y, poco después, nuestras tropas pueden pisar por vez primera el valle inmenso y pintoresco del Menzora. El poderío de Raisuni, iba desmoronándose. Cientos de víctimas nos costaba esta guerra; pero los iniciadores de ella la daban por bien empleada—con el visto bueno del Gobierno—, puesto que había de llevarnos al final deseado: a desterrar el fantasma de Raisuni de Yebala, que era lo único que se oponía a la inmediata implantación del Protectorado...

Raisuni, rebelde de siempre, era el obstáculo que España encontraba ya—después de los errores iniciales—para asegurar una paz completa en el occidente marroquí, puesto que intranquilidad sólo era mantenida en la zona pacificada, por las cuadrillas de bandoleros que él tenía puestas en juego.

Algo después— ¡a costa de González Tablas!—, nuestras tropas ocupaban Tazarut.

Fue el golpe definitivo. Entre sus gentes, bandidos de la peor calaña, aumentaban cada día las deserciones. El cherif, acosado tenazmente, no encuentra ya aduar donde refugiarse...

Y huye al Buhasen, el monte inhospitalario que cubren las nieves en el invierno... Cada día, es mayor el número de familias y aduares que se someten a España. Hemos rodeado el Buhasen, el Sugna... Sólo Sumata sigue rebelde al cherif y a España. Pequeña Andorra de Yebala, quiere mantener su independencia. La región que queda por ocupar, no merece ni el sacrificio de un solo soldado... ¡Ahora, a esperar, a vigilar los movimientos del «Jabato!... Este cerco y los aviones, han de obligarle a pedir la paz que España necesita que pida. Una paz sin condiciones...

Reconocido el desprestigio y anulación de Raisuni, hasta la misma prensa francesa lo proclama, y Lyautey, modelo de generales africanistas, felicita al general Berenguer.

Pequeñas operaciones complementarias se realizaron después para aislar completamente las fracciones que habitan el Buhasen y el Sugna.

LX
La agonía de un prestigio.

Aprovechando las excelentes dotes del capitán de policía, Joaquín de Miguel, que había llevado desde hacía muchos años la política antirraisunista, que conocía perfectamente el árabe y era muy conocido entre los cabileños, el alto comisario manda al Zoco el Jemis de Beni Aros una comisión política, integrada por éste y el bajá de Arzila, Dris-Er-Riffi (reintegrado a su puesto por Berenguer, y—se nos olvidó anotarlo—, después de estar tres años preso, en Tetuán, por la muerte de Alkalay), a fin de que consoliden lo hecho en tan activísimo y violento período de operaciones.

La comisión empezó sus trabajos poniendo en ellos gran entusiasmo. Todo el entusiasmo que Dris-Er-Rifi era capaz de poner en una obra en que tanto le interesaba la total anulación del poderío del cherif. Las venganzas de Raisuni le han hecho temible siempre entre los indígenas. Y el odio entre el cherif y Dris, era mortal. Como ya hemos dicho, la misión de esta comisión, dispuesta por Berenguer, era auxiliar al mando en sus planes de consolidación de lo ocupado por las columnas de Ceuta, Tetuán y Larache; trabajar la sumisión de Sumata, que se ofrecía difícil, y la vuelta a los aduares de la gente que abandonaba a Raisuni—que poco a poco fue numerosa, por cierto—, así como la repoblación de los aduares abandonados por algunos cabileños al avance decidido de nuestras tropas.

Quedó, también, en el Jemis de Beni Aros asegurando la línea y para el caso de tener que intervenir en algún intento desesperado del cherif y sus gentes cosa difícil, dado los escasos elementos de que disponía ya, pero no imposible —, una gran columna al mando del coronel Serrano, para cooperar con la de Sanjurjo y Saliquet, que habían de operar simultáneamente sobre el Jomas, cuando se avisase, aprovechando la política que de Miguel y Er-Rifi empezaron a hacer cerca de los sumatis. Esta preparación nos dio excelentes resultados. En junio, las tropas de Sanjurjo podían ocupar la Zauia de Sidi ssef el Telidi, con escaso esfuerzo. La operación tuvo una importancia enorme.

Dicha Zauia, es un centro religioso cuya influencia se extiende por todo Jomas y Beni ssef. Téngase en cuenta que allí acudían los montañeses a escuchar de labios de los exaltados las exhortaciones a la Guerra Santa, y a realizar sus prácticas religiosas, y se comprenderá fácilmente el alcance político que tuvo en todo Jomas la ocupación de la Zauia.

Blanca y esbelta, se alza ésta en el valle del Menzora, como una torre de iglesia andaluza, rodeada de caserío numeroso. La operación fue un dechado de organización. En un movimiento insospechado por el enemigo, nos apoderamos de la Zauia, dejándola convenientemente rodeada. Nuestras tropas respetaron todo. Catorce legionarios que tenían los cabileños en su poder, así como un cañón que se habían llevado, procedente del golpe dado a. Akba el Kola, fueron rescatados:

La comisión del Zoco el Jemis arreciaba, entretanto su campaña política. Ya, la oposición de los aduares iba siendo débil. Abandonaban la causa del Raisuni y optaban por la paz, oídas las razones que la habilidad política de de Miguel y el tacto y la oratoria de Dris-Er-Riffi, iban infiltrando en los cabileños. Se enviaron pregones en todas direcciones, diciendo a las cabilas que, cuantos quisieran parlamentar con el Gobierno, podían acudir al Jemis.

El Gobierno había suspendido los tiros y empezaba el «chau chau» con ellos. Y la gente acudía a escuchara la comisión política, que les repetía:

«No queremos más que libraros de Raisuni, que viváis en paz, de vuestro trabajo y en vuestros aduares. El Gobierno trae tropas y os ayudará para que podáis defenderos de los bandoleros.» Por su parte, los cabileños, nos contaban la situación del cherif, y casi siempre, lo que dejaban entrever, era el miedo hacia aquél. También nos indicaban, previo la habilidad de la comisión, el emplazamiento probable del campamento del cherif, que vivía en tiendas en medio del monte, entre árboles centenarios y peñascales enormes, permitiendo estas confidencias dar referencias a nuestros aviadores para el bombardeo. Varias veces obligaron éstos al cherif a trasladar rápidamente el campamento. Sin embargo—decían los confidentes—, las balas respetan siempre al Raisuni. Dos o tres veces han caído las bombas de los aeroplanos a corta distancia del cherif. Nada le ha ocurrido a él; en cambio, han muerto algunos de sus hombres... Los cabileños le besaban las vestiduras cuando se repetían los milagros...

Y en julio, la comisión política recogía y daba conocimiento a la superioridad de lo siguiente:

«Continúan abandonando al Raisuni sus soldados y familiares. Actualmente no cuenta más que con *doce soldados* que tienen que buscar los alimentos en los aduares inmediatos. Nos dicen los confidentes que llevan seis días alimentándose de lo que cazan en el bosque.

Raisuni hace lo posible por entablar relaciones con Muley Hamed el Bakar, intentando abastecerse en el Zoco El Had de Agadir el Kuch, pero tropieza para ello con la actitud del Jomas y parte de Gomara, que se muestran dispuestos a someterse a España, en vista del estado desesperado del cherif.

«Raisuni ha enviado a su familia al interior del Buhasem, temeroso de un nuevo ataque da nuestras fuerzas. El continúa en las cuevas que ha construido para librarse de los efectos de nuestros aviones.»

Conociendo la labor que veníamos realizando, Raisuni decía a los pocos adeptos que le seguían: «Ya llagará la hora de la venganza, el *farax* está próximo. Yo estoy en relaciones con el Majzen y he de ser quien mande en Yebala, Tened paciencia, no escuchéis la voz del enemigo.»

Pero, como a todo esto los aviones utilizaban otro lenguaje más categórico y las columnas seguían con éxito sus operaciones—pues ocuparon Tanacob, Kala y Buhadum (laderas del Sugna), estableciendo el contacto con Xauen y cerrando el cerco al cherif—, los indecisos se inclinaban a la sumisión.

A sus íntimos, Raisuni confesaba sus intenciones. *Tendría que prepararse para ponerse al habla con España antes que las nieves empezasen.* Pero resistiría cuanto pudiese. Confiaba en poder satisfacer todos los deseos de venganza...

Y unos días después, decía la comisión política al alto comisario:

«*La situación del Raisuni es desesperada. No cuenta con amigos*. Se nos va a someter el Hach Meyaed, tan peligroso y afecto al Raisuni. Todos le abandonan, pues su carácter se agria por días ante nuestro bloqueo. *El Mudden esta dispuesto también a abandonarle y pedir perdón a España*, si bien teme nuestras represalias por los muchos crímenes cometidos.»

Honda gratitud de España merecen de Miguel y Er-Riffi por la labor desarrollada, pues pusieron en ella no-sólo todo su entusiasmo, sino un desprecio enorme a la vida. No ignoraban que Raisuni podía, en cualquier momento enviar alguno de sus secuaces a darles muerte pretextando conversar para someterse.

Ahí tienen una prueba los raisunistas de cómo estaría de abandonado por todos el cherif, que, teniendo tan cerca a su mortal enemigo Dris-Er-Riffi, nada pudo intentar contra él y el capitán de Miguel, a quien también odiaba Y así, Raisuni estaba ya a punto de dejar de ser una pesadilla para España y nuestro Ejército. Con la labor de consolidación que la comisión política venía haciendo, se iba creando en las cabilas un estado completamente independiente. Los chejs que se nombraban eran enemigo del Raisuni, Los cabileños, por otra parte, se veían libres del yugo y exacciones del cherif. Este, en cuanto apretasen los fríos, no tardaría en presentarse a España sin condiciones. Porque fuera de Beni Aros, que ya estaba con nosotros, Raisuni no sería nadie. Por otra parte, su huida a la zona francesa no hubiese sido tampoco un porvenir...

"El mismo Jomas le había robado su ajuar en uno de los traslados de campamento que se vio obligado a hacer.

Pero el final de la historia del cherif no había llegado aún... Vedlo si no en el testimonio que ofrecemos en este libro.

Cuando después de una guerra maldita—más maldita aún por estéril—, y después de tantas víctimas y sacrificios, estamos a punto de terminar con el poderío fatal del cherif Raisuni; cuando no hay que hacer más que un pequeño esfuerzo y reducir a la fiera para hacerla caer en nuestro poder, sin condiciones, y extirpar de Yebala de una vez para siempre la influencia raisuniana, que llevó consigo siempre, como hemos demostrado, la intriga, la predicación, el odio religioso al cristiano; toda esa labor nefasta que a la sombra de nuestros errores fue aprovechando y utilizando Raisuni contra la labor de España; cuando ya estamos a punto de conseguir todo esto..., Berenguer, arrastrado en parte por sus errores y todo el lodo que trajo la catástrofe de Melilla, en estos momentos culminantes..., Berenguer va a Madrid y no vuelve... ¡Y el cherif se va a salvar! A poco, puede ya, fatalmente, decir a las cabilas: «España no quería esa política. El Majzen me va a otorgar el mando. *¡Y ha quitado a Berenguer!....*» Y los cabileños han de rendirse a la evidencia. ¡Sí; el cherif es grande, el cherif es poderoso! ¡Es Alah quien le salva en todos los trances de apuro! Y resurge ante las cabilas. Sus predicaciones son las de siempre, las del tiempo de Silvestre, las del de Jordana. ¡Sus predicaciones tenían el efecto de un vaticinio divino!...

El Gobierno de España, con una terrible inconsciencia, cediendo a todas las conveniencias de la vieja política salva a Raisuni, echando por tierra la labor formidable de muchos años. Porque Berenguer, el enemigo de Raisuni no vuelve a Marruecos; y viene en cambio, por ley fatal el salvador de Raisuni...

LXI
El general Burguete.

Burguete vio realizadas, gracias al expediente Picasso, sus aspiraciones, bien conocidas, de mandar en Marruecos. Más que su anterior actuación en África, su extensa labor en el libro, le habían preparado su advenimiento a la Alta Comisaría. Al verse nombrado en la *Gaceta* no disimuló su regocijo en continuas declaraciones antes de salir de Madrid. Verdaderamente, él se creía capacitado para resolver prontamente el *lío* marroquí, y la opinión le acompañaba en su optimismo.

Pero la situación de la zona de Protectorado era por desdichada tan lamentable, que enfriaba rápidamente todos los entusiasmos al ponerse en contacto con su dolorosa realidad. En Melilla la guerra presentaba el característico aspecto de la lucha rifeña de dolorosas sorpresas. Las tropas detenidas en Dar-Drius, tenían enfrente la aguerrida jarca de Abd-el-Krim en su terreno más propicio y fuerte y temible, no obstante los sangrientos episodios de la reconquista. Los prisioneros continuaban en poder del jatabi, y las negociaciones para rescatarlos eran una triste farsa. Alhucemas, diariamente bombardeada, era un montón de ruinas y escombros, bajo los cuales, por un milagro de esta raza admirable, unos defensores tenaces la mantenían española.

En la zona occidental, aunque sin guerra ya, la situación tampoco era halagüeña, puesto que el relevo del general Berenguer había dejado sin concluir la obra de tantos años, dirigida a la anulación de Raisuni, en su última y definitiva fase.

Burguete se dio cuenta de todo esto, y en consecuencia con sus doctrinas, bien conocidas, de una parte, y de otra a presiones del Gobierno y de la opinión, harta de Marruecos, dirigió su actuación en sentido completamente opuesto al que hasta entonces se llevaba. En el Rif proclamó el protectorado civil, llevando para implantarlo a Dris-Er-Riffi, antiguo personaje ligado a la historia de Raisuni, como sabemos. Así, al mismo tiempo, satisfacía la enemiga de Raisuni a su antiguo servidor, preparando la sumisión de aquél.

Burguete acoge benévolamente a toda clase de cabecillas, agrupándolos en la famosa comisión jalifiana encargada de la implantación del protectorado en el Rif, que, al poco tiempo, se convirtió en agencia política, para la preparación de los avances y recepción de sumisiones. El resultado que se hubiera podido obtener de este nuevo sistema habría sido provechoso si, en vez de encontrar en su gestión toda clase de obstáculos por parte de los elementos militares, éstos y el mismo alto mando, que pudo imponerlo, no se hubieren considerado heridos en su amor propio, y hubiesen reservado para mejor ocasión sus anhelos de supremacía (1).

Burguete, después de establecer el tinglado político de compenetración (¡quien duda que equivocadamente, porque aquello no estaba preparado para tal obra!), se encontró con un espíritu bélico que a toda costa quería volver por el prestigio de las armas y repudiaba el «chau-chau» y toda inteligencia con el enemigo.

La comisión preparaba los avances, tal como el de Tafersit y Buhafora, cuyos cabileños estuvieron mes y medio esperando el avance pacífico de nuestras tropas. Este no se efectuaba, y Burguete no se resolvía a nada, pues por una parte, González y Dris-Er-Riffi, apremiaban en un sentido, y por otra, influencias poderosas, también excitaban al general para una operación verdaderamente guerrera.

Pero como ya hemos dicho que la finalidad de este libro no es otra sino seguir la política raisuniana, ciñámonos a nuestros propósitos. Detallaremos lo hecho por Burguete en su poco tiempo de comisario, en lo que se refiere al Raisuni.

LXII
Las conferencias en el Buhasen.

El general Burguete, consecuente con su doctrina personal, expuesta en sus obras bien conocidas, traía en su maleta la captación de Raisuni... En Tetuán encontró colaboradores tan activos como el intérprete Cerdeira, cuya amistad personal con el cherif databa de muy antigua época; el general Castro Girona, partidario siempre de la aproximación y del acuerdo con el famoso cabecilla, y además trajo al señor Zugasti, de tan larga historia raisuniana y acreditada amistad personal con Sidi-Hamed.

---

(1) El último golpe dado a Dris-Er-Rifti registrándole su almacén, es un indicio categórico.

Con tales hombres al lado, es fácil comprender que, si el general Burguete abrigaba propósitos de concordia y ansias de «atrapar» al cherif, no había de hallar obstáculos para ello. Mas, como se vio luego, fue el pacto una precipitación. Precipitación que tal vez perjudicó el resultado de las negociaciones, entabladas tan rápidamente que no parecía sino que temieran perder la presa, y por todo saltaron ante esta idea.

No pasó desapercibido pava el Raisuni este desalentado afán de conseguir un efecto fulminante, y en el desarrollo de estas famosas conferencias se pudo apreciar bien claramente cuan distinto se mostró el Raisuni desde la primera a la última entrevista.

Muchos viajes tuvieron que hacer de Tetuán a Buhasen estos adalides del pacto. El primero fue emprendido el día 6 de agosto, y en éste, el general Castro Girona quedó en la posición de Hamades, siguiendo Zugasti y Cerdeira hasta el poblado llamado de Adiaz, donde Raisuni esperaba rodeado de su corte montañesa, en su mayoría reclutados por unos días, como hemos sabido después.

Entre los que recibían a la representación que el alto comisario enviaba a parlamentar con el cherif—sin que nadie lo hubiese pedido—, pudo admirar aquélla a personajes «tan notables» y con tantas cuentas pendientes con la justicia como El Hartiti, El Mukden, El Tuibeb y otros tristemente cabecillas ya conocidos del lector.

El cherif recibió afablemente a los expedicionarios, recordando la vieja amistad que los unió siempre y que fue interrumpida durante el mando de Berenguer. El «chau-chau» duró hasta la madrugada, y consecuencia de él fue sin duda la salida a la mañana siguiente de un emisario con carta para Gastro Girona.

Este no se hizo esperar, y a las pocas horas e entrevistaba con el cherif, que le dispensó una acogida en extremo cariñosa. Felicitóle por su ascenso, merecidísimo a su juicio, se congratuló de la elección que le había conferido el mando supremo de las tropas indígenas, para lo cual juzgóle capacitadísimo como ningún otro; y asegurando que, entre todos los jefes militares, era él sin duda el más comprensivo de la verdadera significación del protectorado.

Luego invitó a todos a sentarse a su lado en un patio ruin, pero muy pintoresco. Porque los moros guardan el secreto maravilloso de convertir los interiores más míseros 3' abominable, en bonitos palacios. Los cojines, los tapices, las bellas alfombras de Rabat, policromas y alegres, los áureos servicios de te y los pebeteros y esencieros con agua de rosas; todo esto, que en un momento se tiende sobre el suelo de la tienda de campaña o en el patio de una casa húmeda y lóbrega, posee el sortilegio de crear una suntuosidad insospechada, ofreciéndonos un reposo grato y lleno de molicie, de orientalismo confortable y... un poco convencional.

Las miradas curiosas de los visitantes, después de investigar minuciosamente cada detalle, se posan sobre la mole espléndida del cherif, obeso y enorme, con sus barbas semirrojas, sus mejillas carnosas como pechos flácidos, y en medio de ellas, la chispita de luz de sus pupilas negras, inteligentes y dominadoras.

El diálogo, este diálogo tan interesante de un jefe europeo con un jefe indígena, a través del intérprete, se entabla en seguida entre Castro Girona y el cherif. Y Cerdeira con su dominio del idioma árabe, va ágilmente vertiendo las palabras, las frases, sin despojarlas de su inimitable belleza poemática. Los finales son asegurados por entrambos conversadores con expresivas demostraciones afectuosas y mímicas. Sonrisas, gestos y amables golpecitos en los omóplatos y en las rodillas.

Un fornido fámulo, dirigido por un primo del cherif, obsequia a todos con un menú, que fuera de aquel lugar podría parecer disparatado y absurdo. Primero, café con leche y una deliciosa mantequilla para untar las rebanadas del moreno pan. Después, huevos duros, y a continuación un requesón semilíquido llamado «lebren» (leche agria), y por fin el clásico te con hierbabuena.

Terminado el ágape, se levanta el cherif y acompañado por Castro Girona, Cerdeira y Zugasti, penetra en un oscuro aposento inmediato. Van a conferenciar...

Los ojos miran con rabia la estrechísima puerta por donde parece imposible haya pasado la enorme humanidad del cherif, Tras de ella, tiene lugar en este histórico momento, un diálogo tan interesante que daríamos algún año de vida por conocer...

* * *

A la una y pico de la tarde, la conferencia concluye. Se pretende adivinar lo que dicen los rostros, pero en vano... Los rostros parecen satisfechos, más... ¡quién sabe!

Se vuelve a comer amigable y espléndidamente. El cherif charla ameno y franco. Afirma que jamás le faltaron periódicos y noticias. Estas noticias que el cherif recibe por extraños medios, y que le mantienen perfectamente enterado y al corriente de la política mundial, desde New-York a Constantinopla y desde Constantinopla a New-York. A pesar de su información, que desde luego es maravillosa, no deja de preguntar datos y detalles relativos al cambio de política, a la destitución de Berenguer su grande y odiado enemigo. Pone en estas preguntas un vivo interés y respira satisfecho...

Después de la comida el cherif se deja retratar varias veces; posa ante el objetivo fotográfico el joven y simpático Jaled, hijo predilecto de Raisuni y príncipe heredero de su gran imperio espiritual. Y tras las zalemas, cumplimientos y saludos de despedida, se emprende la marcha por el lomo gigantesco del enorme Buhasen, triangular como una pirámide extraordinaria y única.

Se vuelve a Adiaz. Castro Girona tiene que ir a Tetuán, y aunque el séquito, pudo quedar en la hospitalidad raisuniana, prefirió bajar al aduar a pernoctar.

* * *

Algo, sin embargo, pudo saberse de esta entrevista. Se había hablado de los siguientes extremos:

Primero. Sometimiento del cherif al protectorado.
Segundo. Sometimiento de las cabilas que le siguen.
Tercero. Situación en que ha de quedar el cherif al someterse.
Cuarto. Lugar de su residencia.
Quinto. Trato que ha de darse a los jefes con él sometidos.
Sexto. Guardia personal del cherif; y
Séptimo. ¡Cuestión económica!

* * *

El domingo, 2 de septiembre, tiene lugar una nueva conferencia. Esta vez, la comitiva que sale dicho día del Jemis para el Buhasen, es más numerosa, puesto que a más del general Castro, Zugasti y Cerdeira, intérprete favorito, salen el comandante Olivares y el capitán Portillo, de Policía. La marcha se hace en dirección a Selalem, en cuyas cercanías es la cita. Esta fue preparada por Muley Sadek Raisuni, primo del cherif y a cuyo aviso se emprende la marcha.

Llegados a Selalem, se prosigue la marcha, y cerca del aduar del mismo nombre, aparece el campamento del cherif. Su emplazamiento es extraordinariamente pintoresco. En pleno bosque, las tiendas muy desparramadas se cobijan bajo los palios enormes y altísimos de árboles milenarios, evitando ser vistas por los aviones. Hay separación entre el campamento de la jarca y el del cherif. Las esclavas y servidumbre, ocupan tres tiendas. Otra está destinada a mezquita, y el alfaquí y el muezzin, cumplen su misión como en cualquier centro de población islámica.

Los expedicionarios son introducidos en una tienda lujosamente tapizada y amueblada con mesas y sillas europeas. Más de media hora se aguarda pacientemente la llegada del cherif. Sigue con su manía de hacerse esperar, como en los tiempos de Silvestre. Raisuni se presenta al fin, jinete en una vistosa muía. ¡Le hacen sombra con el quitasol verde de los emperadores del Mogreb! En su ocaso, el cherif no oculta su orgullo. Nos quiere epatar, encastillado en sus delirios de grandeza. Le sigue inmediatamente su hijo El Jaled y luego, su séquito de esclavos y merodeadores que ayudan a descabalgar al obeso cherif. Lejos, se detiene una pequeña escolta armada. Raisuni se muestra cortés y afable con todos, justo es reconocerlo. No piensa en los rescates fabulosos... Va saludando, uno por uno, con un gesto procer y magnánimo. Se interesa por la salud de todos y por la de las respectivas familias. Y obsequia espléndidamente a los expedicionarios con una magnífica comida a la europea con vajilla de plata y cristalería fina, y sin usar, puesto que se ven las copas con el precio *en francos*. (Tánger, surge en nuestra mente.)

La comida, que fue un verdadero y opíparo banquete, concluyó cerca de las cinco. Nada se habló de política en su transcurso, y, sin embargo, las conversaciones fueron amenas y amables. El cherif hizo gala de una exquisita cortesanía.

Después de la sobremesa, el cherif marchó a rezar a la tienda mezquita. Mientras, el comandante Olivares, ayudante del general Castro, partió a caballo para Selalem con objeto de telefonear con Tetuán, dando cuenta de los detalles de la llegada.

Cuando la oración de la tarde hubo concluido, empezó la conferencia. Castro Girona, Zugasti y Cerdeira se encerraron con el cherif, nuevamente, después de esperarle muchas horas. Los demás quedaron en otra tienda acompañados por el hijo de Raisuni, El Jaled.

Por lo visto, el joven Príncipe es el encargado de hacer llevaderas estas horas de duda con su charla vertiginosa y la vivacidad de su ingenio impetuoso y sugestivo.

El Jaled tiene un rostro aniñado y barbilampiño, pero en sus ojos brilla ese fuego dominador de su estirpe. Habló de su amistad, y de sus deseos de correr en automóvil por las carreteras españolas... ¡Recordamos a Silvestre, que pensó era este el único freno de Raisuni! ¿Por qué no lo hicimos nuestro, llevándolo en rehenes? ¿Por qué no se impone al cherif para su sumisión que hemos de llevarnos al hijo?

La conferencia se prolonga excesivamente. Es preciso distraerse fuera, salir a admirar el hermoso panorama de la montaña brava, hollada por primera vez por planta cristiana.

El espectáculo era realmente maravilloso. Los ubérrimos valles del Jarrub, Mejacen y Menzora señalan las rutas de invasión con sus sabanas verdes llenas de matices jugosos. El panorama se dilata extraordinariamente y se puede distinguir a un lado la zona francesa, al otro la internacional y en el centro el territorio de Larache todo él y aún la misma ciudad, allá en el lejanísimo horizonte, confundiéndose con la blanca espuma del mar...

Los soldados de Raisuni dejan después convencidos a los visitantes de su maestría en el manejo del fusil, haciendo muy hábiles blancos. El Jaled aprovecha una coyuntura, a propósito del tiro, para asegurar que no teme a los aeroplanos. Sin embargo, embudos abiertos por explosivos de bombas y la realidad de estas fauces hace pensar en que la fantasía moruna existe también en las personas de linaje esclarecido...

Hay que reconocer, no obstante, que cuando nuestros aviones bombardeaban el monte, Raisuni y su hijo no se movían de su tienda, porque están a salvo de todo riesgo merced a la *baraca* del Profeta. Pero esto no demuestra sino que son capaces, por mantener impecable su prestigio, de todas las audacias y de todos los sacrificios.

* * *

Hasta las diez y media de la noche no concluye el conciliábulo. A esta hora se sirve una espléndida cena que se prolonga hasta las doce. Durante ella, fueron infructuosos los trabajos hechos para obtener una impresión de lo tratado. En vista de ello, los expedicionarios han de resignarse a dormir en la tienda asignada. Pero como el espíritu está con los conferenciantes, a las cinco de la madrugada, hora en que concluyen su trabajo los conversadores, nadie ha podido cerrar los ojos.

A poco se sirve el desayuno, y en seguida se emprende la marcha de regreso. Parece ser que el acuerdo no está tan a la mano como se creía.

No es extraño. ¡Raisuni no quiere someterse! Los esfuerzos de los parlamentarios han sido vanos. ¡Él, hombre de estirpe eminentemente religiosa, cuyo poderío y dominio había abarcado un día toda la Yebala, no iría jamás a Tetuán a hacer una verdadera sumisión, una sumisión real como la que Berenguer hubiera aceptado sin más condiciones para el cherif!

Una tesis que defiende en esta primera conferencia el cherif, es la de que no se somete a España, porque España no domina ni quiere tener soberanía en Marruecos.

Pocas son las cabilas que en estos momentos le siguen; pero Raisuni considera que éstas le seguirán en la actitud que adopta. Así lo ha dicho a los emisarios, aun cuando éstos callan enigmáticamente. El general Castro Girona se muestra impenetrable. Sin embargo, sabemos que le ha dicho el cherif: «Mis gentes, así como me han sido fieles en los días de penalidades durante la guerra, me serán adictos en la paz con mayor motivo. En un plazo de dos meses, podré ofreceros la paz, pero quiero...»

¿Qué ha pedido el Raisuni? Cosas maravillosas. ¡Ser nombrado gobernador de todas las tribus comprendidas en la parte occidental!

Autorización para permanecer en el campo y permiso a su familia para volver a su Palacio de Arzila, confiscado por España.
Restitución de todos sus bienes. ¡Pago de la subvención que para su mejala se le otorgó antes de su sublevación, suma que representa varios millones de pesetas!...

Al cherif le pareció, sin duda, un sueño del general Burguete la proposición que se le hizo — de acuerdo con el Gobierno (¡oh, en Madrid se piensan unas cosas maravillosas!)— de que hiciese un largo viaje a Oriente... No; Raisuni no saldría jamás del corazón de Beni Aros, su baluarte. ¡Allí es el Sultán de la Montaña; en otra parte, no sería más que el indígena grueso y barbudo!...

* * *

El Raisuni, que por todo esto no se considera vencido ni muchísimo menos, presenta sus condiciones; por otra parte, nuestros embajadores no traen plenos poderes y hay que seguir el forcejeo...

El Gobierno es quien ha de decidir en definitiva, y según lo que creemos sus concesiones son escasas para lo que el cherif exige. Puede decirse que en esta conferencia el pesimismo ha ganado terreno en el ánimo de todos.

Por la noche, ya todos en Tetuán, se celebran nuevas conferencias para poner al general Burguete al corriente de las negociaciones.

De Buhaxen se ha regresado por distintos itinerarios. Castro Girona y su ayudante, escoltados por soldados del cherif, realizaron una preciosa marcha por un camino jamás hollado por europeos, entre estos dos formidables baluartes del Alam y del Buhaxen. Terreno pintoresco, de grandiosa escenografía, de alto monte y selva virgen, donde ciervos, gamos, jabalíes, monos y toda la fauna más gallarda tiene su natural asiento. ¡Por allí se andaba Raisuni cuando España iba a darle el mando de Yebala, a reconstruir su poderío caído y roto por la guerra berenguerista!...

Pasando por Adiaz y casa de Hamido, en Bu-Arrax, pudieron ya cambiar el caballo por el automóvil. Como incidencia del viaje, se cuenta la sorpresa de unos indígenas que se parapetaron dispuestos a hacer fuego contra ellos, cosa que impidieron, no sin esfuerzo, los mejaznies del cherif que venían de escolta y protección.

El resto, por el itinerario de la ida con Zugasti y Cerdeira. Ni una palabra hemos logrado arrancar de sus labios. No obstante, se ve bien claramente que todos, incluso el alto comisario, temen más el «pourparler» con el Gobierno que con el Raisuni.

Todo está pendiente de Madrid. Nada puede hacerse sin que Madrid lo ordene... Pero se dice a Madrid que es preciso aligerar las cosas, que Raisuni está muy mal en el Buhaxen...

Y nosotros pensamos en la corte, en los políticos. De allí ha de venir la solución. ¡De allí, donde no se sabe quién es el Raisuni ni qué es lo que hay que hacer en la zona de protectorado!...

LXIII
Las negociaciones para los de fuera.

¿Cuál era, a todo esto, la impresión causada por esta política en la Prensa francesa e inglesa, esto es, en las interesadas por el porvenir del protectorado en Marruecos? *Le Petit Bleu* escribía aquellos días. «Es muy hermoso practicar el perdón de las injurias; pero es una cualidad que puede acarrear serios contratiempos. Al hacer la paz con el Raisuni, el Gobierno español da pruebas de una gran generosidad, que esperamos le sea beneficiosa.
El Raisuni es uno de los enemigos más antiguos de España. Es un hombre que ejerce un prestigio inmenso en las tribus, primero por su nacimiento, pues pretende, parece ser sin razón, descender del Profeta, y en segundo, por su energía, su voluntad y su crueldad.

Cuando en 1916 los españoles, cansados de sus ataques, entablaron negociaciones con él, trató de igual a igual al alto comisario, y no aceptó la alianza, más que contra una suma, a entregar inmediatamente, y una renta anual. Esta renta fue bautizada con el nombre de «subsidio»; pero se parecía singularmente a un tributo.

Hace ya muchos años se apoderó, en plena ciudad de Tánger, del corresponsal de uno de los grandes periódicos ingleses, persona muy simpática e ingeniosa. El raptor y el raptado no tardaron en entenderse, y como «los negocios son los negocios», el Raisuni pidió a Inglaterra un fuerte rescate para restituirle su súbdito.

Como puede juzgarse por esta anécdota, el Raisuni es hombre de negocios. Necesita dinero para sostener un núcleo de ejército permanente, que es para los jefes rebeldes marroquíes la cuestión más delicada. Durante el mal tiempo se reclutan fácilmente partidarios dichosos de percibir algunos duros y de tomar parte en «barouds» (combates); pero desde que llega la época de la cosecha y de la sementera, todos los guerreros se apresuran a regresar a los territorios donde han preparado sus cultivos, por temor de que los vecinos, demasiado celosos, viéndoles ocupados fuera, se apropien de sus cosechas.

Para conservar un número suficiente de guerreros a su lado, el Raisuni se ve obligado a darles un sueldo elevado, en compensación de las cosechas perdidas. Tiene, además, que avituallarse de armas y municiones, y cada cartucho ha costado a veces cinco pesetas.

El Raisuni, que abarrotó sus cajas gracias a la generosidad española, ha podido continuar la guerra contra los ejércitos de Castilla. Actualmente, debe encontrarse apurado, y por eso cede a los requerimientos de España. *Cuando haya restablecido su hacienda, volverá, sin duda alguna, a romper la alianza.* Este juego puede durar mucho tiempo.

Se asegura, sin embargo, que, ya viejo el Raisuni, ha renunciado definitivamente a «la carrera», y de aquí en adelante quiere vivir tranquilo de sus rentas, rodeado de su familia. Ya es tiempo de que «el diablo se meta a fraile»; pero siempre es de temer una vuelta de malas costumbres, *y con este bandido de Raisuni,* todas las inquietudes están justificadas.»

Y a *Le Temps* enviaba su corresponsal en Tánger las notas siguientes:

«Las personalidades indígenas, más o menos directamente relacionadas con el Raisuni, pretenden que las negociaciones de éste con España no han ido tan lejos como el alto comisario, general Burguete, hace ver en su optimismo. En todo caso, si la paz no está hecha, existe una tregua últimamente concertada.

El 26 de agosto, un convoy, perteneciente al Raisuni, llegó a Tánger, atravesando las líneas españolas, sin ser inquietado, regresando a Buhasen, después de haberse avituallado, y sin la menor novedad.

La sumisión eventual de Raisuni despierta aquí, no sólo viva curiosidad, sino hasta cierta aprensión *Puede tener gran resonancia y graves consecuencias en la zona española y en el mismo Tánger. No es exacto que el reconocimiento del caidato general del jefe rebelde sobre todas las tribus comprendidas entre Tetuán, Ceuta, Tánger, Larache y Xexauen lleve aneja la paz de esta región. Varias tribus, como la de Jomas y Sumata se hallan dispuestas a perseverar en la disidencia.* Además, tribus como la de Anghera, enemigas de Raisuni, rehúsan reconocer su autoridad, y están resueltas a pedir auxilio a Abd-el-Krim, si el Gobierno de Tetuán se obstina en imponérsela. Temen a esta autoridad tanto más cuanto saben que el Raisuni aprovechará su triunfo para satisfacer rencores personales. *Parece que ya ha impuesto, como condición previa, la destitución del bajá de Arcila, fiel amigo de España, que seria enviado a Melilla o desterrado.* También pediría la destitución del caid de Anghera Ben Ali.

Los caides y bajas de los lugares costeros, comprendidos entre Tetuán y las cabilas de Djebel, serían entregados a los amigos o parientes de Raisuni.

Si a esto se añade que obtendría el mando de todas las tropas indígenas **(1)**, es fácil comprender que gozaría de una verdadera realeza, y que su dependencia del jalifa sería puramente nominal. La vecindad de semejante fuerza en el límite de la zona tangerina, obligaría al Sultán a reforzar la guardia de la capital diplomática de su Imperio.

---

(1) Esto era una fantasía; lo demás, cierto todo.

Los antecedentes autorizan a pensar que el Raisuni, aprovechándose de la debilidad del Gobierno xerifiano, ejercerá una verdadera tiranía en los alrededores y aun en el interior de Tánger, pues el *Raisuni puede considerarse de la categoría de los malos pastores*. Por otra parte, las comunicaciones entré Tánger y la zona francesa estarían a su merced; obligando probablemente al Majzen a un suplemento de garantías para mantener la libertad de comunicaciones, reconocida como indispensable por los Tratados.

Se hace notar, en fin, que la creación de un caidato prácticamente independiente, en provecho de Raisuni, sería contrario a los acuerdos internacionales, que reconocen una delegación general de poderes al nuevo jalifa Muley-El-Mehedi, designado por el Sultán, y que debe residir obligatoriamente en Tetuán.

LXIV
Siguen los «chau-chaus».
— Raisuni, «político» formidable.

Continuaron las idas y' venidas al Buhasen. En unas le ofrecíamos un poco y él exigía otro poquito. Nuevas consultas. A todo esto, Raisuni, el hábil, el astuto de siempre, desplegaba por la zona a emisarios que llevaban a las cabilas las gratas nuevas de su resurgimiento. Con los que iban a celebrar conferencias al Buhaxen, desplegaba siempre toda su diplomacia, toda su cautelosa zalamería y sabiduría, enjuiciando sobre el protectorado. El, que jamás reconoció freno ni autoridad que no fuese su voluntad soberana.

De una de estas visitas preliminares escribía yo en El Sol, en septiembre del pasado año, conferencias a las que asistieron también el culto escritor Manuel L. Ortega y Pepe Díaz, fotógrafo de *Prensa Gráfica* y uno de nuestros ases del reporterismo gráfico de España.

«El Raisuni, en su último campamento del imponente macizo de Yebel Buhasen, en sus centenarios bosques y enormes peñascales, habla del protectorado. Nos dice lo que entiende por protectorado, los errores que cometieron los encargados de desarrollarlo, lo que en sí debía ser esa gran obra en que España está empeñada. Oigamos al viejo jerife, que ante la tienda y ante el te aromático servido, deja oír su voz potente y serena. Oigamos:

«Yo entiendo que protectorado—dice Raisuni—es algo así como un hermano mayor que aconseja y tutela a los más pequeños, dándoles la educación necesaria, los elementos materiales que necesitan además, para que puedan llegar a hacerse hombres independientes y de provecho y vivir por sí solos. Esta es, en esencia, la verdadera acción tutelar del protectorado. Siguiendo ésta, he de confesar que España ha hecho hasta hoy todo lo contrario, pues cometió el error de encauzar su acción por los torcidos caminos de la conquista.

Cuando se trató el pacto de Algeciras para resolver el problema de África, yo abogué porque España fuese la que viniera a Marruecos a ejercer esta noble misión, creyendo firmemente que España iba a realizar una verdadera obra de protectorado. Al hacerlo así, me impulsaba la afinidad de raza, principio fundamental para que España fuese, y no otra nación, la encargada de llevarlo a cabo. Pero, desgraciadamente, me equivoqué. Jamás creí que España fuese una nación lo suficientemente fuerte para imponer la fuerza; pero sí esperaba que nosotros, unidos a los españoles, podíamos hacer de España una nación fuerte y hacer florecer en Marruecos toda la riqueza inexplotada.

No sólo este objetivo no se ha conseguido, sino que, antes bien, se han encendido odios y pasiones, con evidentes perjuicios para todos.

No se ha dado aún cuenta España de la sangre y el dinero que se hubiese ahorrado de no seguir su política equivocada. España debió acometer, en principio, una obra de protectorado, como una, positiva acción tutelar; debió y debe emplear su dinero en caminos, abriendo la arteria comercial para toda la zona y dejar que el comercio sea el encargado de hacer la guerra.

Sobre las fuerzas que España necesita en Marruecos, una vez normalizada la situación, creo que con 25.000 hombres hay bastante. Debíamos regirnos nosotros mismos, y España tener esos hombres en sitios estratégicos para que pudiera intervenir en el caso probable de que el Gobierno marroquí nombrado, fuera desobedecido por las cabilas y no pudiera desenvolverse sin las tropas del protectorado. Cuando una de esas cabilas no obedezca al jefe o cometa algún otro desmán, soy del parecer que se le aplique el máximum del castigo, desarmándola y quitándola sus caballos, y raziándola si es preciso.

El gobierno de las cabilas debe quedar a cargo de caídes de verdadero prestigio para tranquilidad de la zona, en la creencia de que serían respetados en absoluto, mientras la labor de compenetración vuestra, todos los adelantos del progreso y el tiempo, harían la obra de panislanismo, en la que confío y creo.

Lo que no puede continuar, desde luego, para ninguno de nosotros, es esta obra implantada de venir a deshacernos a cañonazos las cabilas, porque no queremos reconocer unas leyes que, en esencia, desconocemos y no se ajustan a nuestros principios religiosos, que queremos sean respetados; leyes que no podemos acatar porque no es esta tampoco vuestra misión de protectorado.

Ese protectorado civil de que ahora se habla, que atropelladamente se quiere implantar, sin una verdadera preparación, me parece un error, por lo menos por ahora, por la situación del Rif.

Marruecos es como un cuerpo, en el cual ha entrado el veneno; no porque no haya llegado a una extremidad; de él podemos creer que ese extremo está a salvo del tóxico. Hoy mismo, cabilas sometidas que parecen muy adictas, tal vez no lo estén más a nuestro lado que al de España, como lo prueba los obsequios que de ellas recibo.» Como se le pidiera su opinión sobre les generales que habían desfilado por la Alta Comisaría y otros de los más salientes, dijo:

—«Marina me pareció siempre un perfecto caballero y un general de valía. Jordana era, a mi juicio, uno de los más entendidos en el problema de África, y tan digno, que si en una mano hubiese llevado el bien y en la otra el mal, siempre hubiese dado el bien. Lo recuerdo con cariño.

— ¿Y Berenguer?...

El Raisuni hace una pausa y no quiere contestar. Es preciso que se le vuelva a insistir para que emita su juicio, crudo, pero que, en nuestro deber informativo, hemos de dar a conocer a la opinión, ávida de claridad y harta de subterfugios y nebulosidades.

—De Berenguer sólo he de deciros que repaséis con la conciencia toda la época de su mando, y veréis el dinero y la sangre que os ha costado, pues fue su política, para vosotros y nosotros, una verdadera calamidad.

He sabido que España le pide responsabilidades; tiene derecho a hacerlo. Y no sólo España, sino nosotros mismos, cuando tengamos que rendir cuentas a la nación protectora de todo lo pasado y pagar todo lo gastado en esta lucha. Pero tened en cuenta que hemos de hacer una divisoria entre lo gastado por necesidad y lo gustado por capricho de Berenguer. Eso debe ser de su cuenta; y de ahí el porqué tenernos nosotros también derecho a exigirle esa responsabilidad...

El cabecilla pone en sus palabras un entusiasmo grande, una fogosidad que ilumina sus ojos con extraño brillo, como si mientras habla su boca, una llama pasional, alimentada quizá por el odio, envolviese su alma...

— ¿Y Burguete?...

—No le conozco y no puedo dar una impresión completa. Pero, *por lo que he visto hasta ahora* y lo que he oído de su manera de pensar, creo que lleva un buen camino, y podéis esperar, si lo sigue, muy positivos resultados para España. Ha tenido, además, el buen acuerdo de rodearse de gente entendida en política africana. Con satisfacción he sabido que ha quitado al Gran Visir Mohamed Benazuz, que tanto daño os estaba haciendo. Creo, repito, que Burguete va por buen camino, y por eso quiero llevar con él a buen fin las negociaciones para mi sumisión. — ¿Y Silvestre?

Hay un momento de silencio, y el jerife responde: —*¡Silvestre, Berenguer!...* ¡Para qué más!... Pero, aparte todo esto, cuando me enteré de lo que le acababa de pasar en Melilla, sentí en el alma un profundo pesar, tanto por él, cuanto por España, que jamás pude pensar sufriese un descalabro tan grande como inexplicable.

Repito mi pesar por lo que acaeció a Silvestre. Era enemigo mío, como yo lo era de él; ¡dos grandes enemigos; pero francos y leales! ¡Triste fue su fin!

Como se le interrogase acerca de Abd-el-Krim, dijo que tenía de él muy bajo concepto; que no estaba dispuesto a unirse a él en forma alguna, puesto que las finalidades de ambos son bien distintas. Ahora bien—dice—si España sigue insistiendo en hacernos la guerra, *tendría yo que repasar los, merecimientos de Abd-el-Krim...*

Habló también de Castro Girona, para quien tuvo frases de elogio, y con respecto a Barrera, cree que éste sigue influyendo sobre el Gobierno para que se continúe desde Madrid la política de Berenguer, de lo cual se lamenta.

Para la implantación del régimen de protectorado en proyecto puede ser base muy positiva encontrar extirpado de la zona occidental el espíritu de rebeldía, que persiste latente mientras Raisuni continúe frente a nosotros.

Para la tranquilidad del Gobierno de las cabilas y del mismo Majzen, puede ser muy útil la sumisión del cabecilla, si ha de concertarse, como hemos repetido muchas veces, en condiciones honrosas para todos.

El Gobierno debe sopesar los inconvenientes y ventajas de esta sumisión, de acuerdo con el alto comisario. Raisuni no quiere hacer el viaje por Oriente que le propone el Gobierno; pero, en cambio, se conforma con vivir en su palacio de Arzila sin mando alguno.

Y se nos ocurre una idea, muy digna de tenerse en cuenta. Raisuni tiene un hijo único, heredero del prestigio de su padre, del cual dijo a sus visitantes:

«—Mi hijo sigue mi educación, de la cual me ocupo mucho. Si España consiguiera atraérselo y hacerlo un hombre, podría obtener de él muy buen partido...»

Mohamed-el-Jaled-Raisuni, es un muchacho joven, de catorce años, vivo de ingenio, que «tiene ganas de ir a Tetuán y montar en automóvil». ¿Quién dice que el heredero del viejo cabecilla del Zinat—que adora en él—, llevado a Madrid *a estudiar*, no fuese la lealtad del padre, sometido en la zona española? ¿Qué mejor garantía para nosotros que este rehén tan preciado para el cherif? No hay que olvidar que en estas cuestiones colonistas debe aprovecharse lealmente este instrumento—hay quien, aun sin aquel requisito, lo aprovecha—para la finalidad positiva de la empresa. El Gobierno, España, quizá no tuviesen tan gran preocupación si, sometido Raisuni, nos deja tan asegurada su inercia futura...»

Y, sin embargo, de estas útiles advertencias nadie escuchó nada.

LXV
Se consuma el error. —La gloria del cherif.

Y el pacto, calladamente, se hizo sin hacer públicas las condiciones, pero asegurando a la nación que el cherif jamás tendría mando en la zona, que quedaría estrechamente vigilado por nosotros, que para nada intervendría en la política de las cabilas...

Había prisa por hacer el pacto, más por nuestra parte que por la de cherif. A Madrid, se decía en aquellos días: «Urge que se resuelva está situación, pues los temporales se echan encima y hay necesidad de quitar a Raisuni de allí por las nieves.»

Raisuni pidió indudablemente muchas cosas más que no hizo públicas el alto comisario. Entre las que hizo públicas ya vimos algunas peticiones sencillamente abominables, cual la del pago de haberes a su mejala. Y el pacto se dio por terminado con una cacería de monos en honor de los emisarios. ¡A qué poco quedó reducido todo un historial de traiciones!... Toda la sangre derramada inútilmente para quitar el fantasma de Yebala, todas las víctimas que los bandidos que seguían y mantenían a Raisuni, nos hicieron en tantas ocasiones, estaba ya vengada... ¡La cacería de monos, fue un digno epílogo del pacto abominable; fue una corona burlesca colocada sobre los héroes de Yebala...!

Y poco a poco vemos cómo él cherif, empleando, su táctica de siempre, obtiene una concesión nueva cada día de Burguete, bien de Girona y sus colaboradores;.. En los primeros días se dio orden a las cabilas de que no subieran a Tazarut. Pronto se dio contraorden. A sus sobrinos se les ha dado más de 100.000 duros...

Es indiscutible que Raisuni en estos momentos ha vuelto a ser dueño y señor de Yebala. Con la colaboración de sus sobrinos y adeptos, aunque otra cosa parezca, ha conseguido reconstruir su viejo poderío. Hasta las cabilas inmediatas a Larache acuden a Tazarut llevando regalos al señor de la montaña.

Empezamos a sufrir los mismos vejámenes que los que el malogrado general Jordana tuvo que soportar y que, a la larga, le causaron la muerte.

La sumisión de Raisuni ha sido una verdadera farsa. No existe tal sumisión.

Obligó a España a que nuestros ingenieros le reconstruyeran su palacio de Tazarut... ¡Qué nos había costado la vida de aquel laureado y nunca bien llorado González Tablas!

A pesar de las declaraciones de Cerdeira, cuando el señor de la montaña abandonaba el Buhasen, gracias al providencial Burguete, nuestras fuerzas subieron a retirarle el ajuar, fiel testimonio de cómo estaba viviendo ya el cherif. El encargado del convoy nos lo dijo:

«*Todo el oro de Raisuni*, ha consistido en unas cajas de velas, jabón y azúcar. El resto, compuesto igual que otro cualquier ajuar indígena.»

Por imposición del cherif, el prestigioso jefe de la Policía indígena de Larache, Carlos Bernal, tuvo que salir de su cargo y ahogar todas sus aficiones africanistas en cualquier guarnición provinciana. Del mismo modo, aquel inteligente capitán Miguel, que consagró los más preciados años de su juventud al árabe y a la política africana haciendo una continua vida oscura y abnegada de sacrificios por los campamentos y las cabilas, durante muchísimos años, por imposición también del cherif, tiene que salir de Larache. Y Burguete improvisa para éste otro nuevo destino: ¡Estudiar la recluta de indígenas en Cabo Juby! Vuelto de su comisión estéril, amargado, este brillante oficial va mandar una compañía de reclutas, en la Península...

No se le ocultó a Burguete que surgiría un nuevo obstáculo en la persona del Gran Visir Ben-Azuz. Por ello apresuró la salida de éste, del Gobierno jelifiano.

Mi querido compañero Valdivieso, relata así lo ocurrido con Ben-Azuz:

«Cuando se empezó a exteriorizar la tendencia a pactar con el Raisuni, vencido y acorralado en el Buhasen, Ben-Azuz fue a ver al jefe de la Delegación de Asuntos indígenas, señor Clará, para hacerle constar su extrañeza por este cambio de actitud de España, que, seguramente, seria interpretado por los indígenas como signo de impotencia y debilidad y que vendría a dar nuevo y pujante prestigio al Raisuni con gran merma del prestigio nuestro. El señor Clará parece ser que en esta entrevista estuvo de acuerdo con el gran visir del majzen y expresó su creencia de que, efectivamente, el seguido era un criterio equivocado.

Días más tarde, una persona debidamente autorizada, fue a pedir a Ben-Azuz que pronunciase unos discursos de propaganda, excitando a las cabilas a deponer su hostilidad contra el Raisuni. Ben-Azuz respondió:

—Yo no puedo hacer esto. Yo llevo varios años predicándoles, por indicación vuestra y por mandato de mi conciencia, la rebeldía contra el Raisuni y ahora no puedo, dignamente, ir a decirles todo lo contrario.

—Tú — le respondieron—callas, cobras y obedeces al Majzen.

—Cuando lo que se me ordene no esté en pugna con mi dignidad. Si no, podré callar; pero no obedezco al Majzen, ni cobro.

Días después Ben-Azuz era destituido y apresado. Por su parte, el señor Sostoa, segundo Jefe de la Delegación de Asuntos indígenas, no recata su propósito de abandonar África si las cosas siguen por el camino emprendido. Algunos oficiales que de allí regresan, dicen que hay paz ahora pero...; y en esos puntos suspensivos ponen un gesto de alarma para un futuro próximo.»

Ya instalado, cuando ante las cabilas asombradas vuelve el cherif taumaturgo a ser el poderoso, empiezan las peticiones, las exigencias... Contaba para ello con intérpretes favoritos y con hombres tan buenos como Girona y Zugasti que debieron sufrir la más grande decepción..., pero que callaron por patriotismo y por no confesar su parte en la derrota... Y cabe aún preguntarles: ¿Pero es que no esperaban ustedes eso? ¿Es que habían olvidado ustedes la historia de Silvestre, la triste historia de Jordana?...

Por las demás condiciones, acordadas entre los emisarios y el cherif, ante la realidad del momento que expondremos al país con toda claridad, cabe pensar dos cosas: o Burguete y los emisarios se olvidaron de los prestigios de la nación—cosa que no parece lógica, puesto que bien acreditado tienen en su carrera lo contrario—, o el cherif —y esto es lo que está ocurriendo—se salta a la torera todos los acuerdos.

Nadie conoce al pie de la letra las condiciones fijadas en los numerosos pactos celebrados, como ya hemos repetido, pero sí conocemos varios de los acuerdos e imposiciones del cherif.

Descontado lo del viaje a Oriente, Raisuni quería volver a Tazarut, su vieja guarida y baluarte de mando. Cuando España le diera sensaciones de seguridad, enviaría a sus parientes a Arzila. El hijo no lo suelta. Acordaron u ofrecieron, al menos a la opinión, que Raisuni no ejercería mando alguno sobre las cabilas. Pero en cambio, exigía a poco el nombramiento de sus sobrinos y todos cuantos le habían seguido en su odisea para el gobierno de las cabilas. No hay que decir con qué finalidad. Su sobrino Muley-Ali, caid de Beni Aros; el otro sobrino, Muley-Mustafá, bajá de Arzila, que tiene bajo su jurisdicción las comunicaciones entre Larache, Arzila-Tánger y Fez; para ¡El-Mudden!, pedía el cherif el nombramiento de jefe de la cabila de Beni Gorfert; en Jolot, al Hamali... Al Fahilu para Wad-Rás, haciéndolo dueño del desfiladero del Fondak, que en breves horas puede incomunicar a Tetuán y Tánger. Y como es natural, pedía, para que esta gente pudiese hacerse cargo de sus bajalatos y caidatos, la destitución de los de siempre fieles a España, de esos moros que, durante largos años prestaron su ayuda y por prestárnosla se hicieron enemigos irreconciliables de Raisuni... ¿Sabemos acá las consecuencias de tan desdichado y deshonroso pacto? Si desconoces lector la trama político-africana, quizá no alcances a comprender la enorme trascendencia que esto tiene.

Todavía Burguete en las declaraciones que hizo al llegar a Madrid, en uno de sus continuos viajes, se mostraba jovial y atrevido... ¡No creemos que tal problema pueda degenerar en tema cómico!

Veamos las frases del optimista alto comisario:

«Era preciso una prueba de confianza y Girona tuvo que quedarse a dormir una noche en la residencia del Raisuni. No se me oculta que, si en aquella noche Castro era víctima de una perfidia, yo tendría que salir de Marruecos en aeroplano y con rumbo desconocido...»

Y, simultáneamente con estas declaraciones de Burguete, Castro decía a los periodistas, en contraste con la verdad:

«Raisuni no ejerce autoridad alguna y está poniendo su influencia al servicio de España.»

¡No, general Castro; no! Está poniendo *la influencia que le hemos dado* en provecho suyo y nada más.

LXV

Más cosas... pintorescas.

Uno de los nombramientos más dignos de comentario es el del bajalato de Arcila.

Los vecinos de Tánger dan datos pintorescos de la vida del flamante gobernador de Arcila. Sus amistades, eran moros de mala condición y se dedicó en la ciudad tangerina al contrabando de armas. Cuando se le hablaba de su- tío—me dice un viejo vecino de Tánger—, decía que estaba a matar con él; pero no cabe duda que era para despistar y hacer mejor el contrabando. Al mismo tiempo era quien informaba al cherif de todo lo que ocurría en Tánger. Yo no puedo decirle más—sigue diciéndome mi confidente—que aquí, en Tánger, se ríen de Burguete, preguntándose todo el mundo cómo es posible que se haya nombrado a este individuo bajá de Arzila. A poco de verificarse el famoso pacto—sigue el confidente—, el cherif ordenó poner una tienda de campaña en Zinat, la antigua residencia del Raisuni, donde se refugia gente de éste, dedicada a cobrar ya impuestos a la gente que va y viene a Tánger. Varios moros de Beni Mesauar, enemigos del cherif, y hace tiempo sometidos al Majzen, son detenidos por orden del cherif y encarcelados. Otros moros de Anyera corren igual suerte, con la tolerancia de los autores del pacto... No nos resistimos a decir con la tolerancia de España, porque ni éste es el sentir de España, ni el del sufrido Ejército, que, en la campaña africana, ha sufrido todos los vejámenes y todas las vergüenzas en que lo envolvió una política ignorante y egoísta... Cabileños de Anyera, dicen que España sabrá lo que ha hecho. Pero que el día en que Raisuni quiera vengar en ella pasados hechos, sabrá tomarse la justicia por su mano. Y no hay que olvidar que Anyera, tan lealmente sometida a España, gracias a la colaboración de moros de tanto prestigio como Ben Alí y Zel-lal una de las más aguerridas y mejor armadas y es de las más decididas a no ponerse a las órdenes del cherif.

—Las declaraciones de Cerdeira—nos dice nuestro buen amigo, sobre el gran prestigio del cherif antes de hacerse el pacto—, no han dejado de causar su efecto. Los moros consideran la obra de Burguete, como una obra nefasta. No se ha fijado este señor—sigue diciéndonos nuestro interlocutor—en la situación en que deja a los que tanto se distinguieron en la campaña antirraisunista imponiéndoles como autoridades a los secuaces del cherif —La venganzas y los odios harán una obra terrible pues aquellos leales amigos de España, quedan a merced de cuatro bandoleros que están campando por la zona sin freno de nadie, escudados en la protección del Raisuni. Berenguer pudo haber conseguido esta sumisión irrisoria antes de haber movido un solo soldado.

Pero el caudillo vio que no era honroso para España ni para su misión en África haberse prestado a una cosa semejante a esto.

Apremiado por Burguete, el cherif se decidió a mandar a Tetuán a todos sus prosélitos para presentarse ante el jalifa. El no; *Raisuni no irá nunca a Tetuán*, pese a que Burguete, convencido de ésto, aseguraba que *ya bajaría,*

Y en efecto; una buena mañana, a los cuatro meses de amasado el pacto famoso, Burguete, todo regocijado, pasaba al Gobierno este famoso parte oficial, adornando a la cohorte raisuniana de toda clase de títulos, y rodeándola de comodidades:

«Han regresado de Taxarut, de conferenciar con el jerife Raisuni, los delegados a quienes tenía encomendadas las negociaciones con dicho jerife, al objeto de ultimar y poner en ejecución lo antes convenido. Como primer acto del cumplimiento concertado, en este momento acaban de llegar parientes del jerife con todos los jefes pasada rebelión y *gentes principales cabilas de esta región central de Yebala*, al objeto de prestar el debido homenaje S. A. I. el Jalifa, y exteriorizar su acatamiento al Majzen jalifiano y a nuestro Protectorado. El número de individuos, entre jefes y partidarios Raisuni, alcanzó 4oo centrándose entre ellos *la mayoría de los xorfas Raisuni y descendientes de Muley Abdeselam,y, entre otros jefes de extraordinario prestigio, el Fakih de Wad-Rás, Tuyleb; Haus Hartiti y Herere, de Beni Hozmar; Ben Helima, Beni der; Abdeselam el Harrak, de Beni Lait y El Múdden de Beni Gorfet.*

La entrada ha sido muy solemne, y la satisfacción elemento indígena de la ciudad, grande, habiendo acudido en verdadera manifestación júbilo a recibirlos puertas ciudad **(1)**, *acompañados del bajá de Tetuán. La presentación dichos individuos ha sido muy correcta, quedando todos muy satisfechos del acto.*

---

(1) La realidad fue menos optimista que el general Burguete.

Al frente comitiva venían sobrinos Raisuni, Muley Ali Muley Mustafá.

Se les ha preparado alojamiento en varios locales. Mañana, a las diez, tendrá lugar acto oficial su presentación al Jalifa y al Majzen, con todo ritual costumbre. El Jalifa procederá elección algunos jefes cabilas entre los presentados, escogiendo los que más convengan para garantía y estabilidad esta paz, considero firme y completa.

Acto seguido recibiré a dichos jefes y cabileños, y permanecerán aun en esta ciudad un par de días más, regresando luego a sus cabilas, acompañados autoridades interventores militares designaré, para el mejor funcionamiento, orden e implantación protectorado.» A pesar del optimismo de Burguete, había que taparse los oídos para no oír ciertos comentarios. La entrada en Arzila del nuevo bajá Muley Mustafá, fue también algo deprimente. Iba con el Mudden, el que hacía poco había asesinado a la señora de Comas, a los ingenieros del ferrocarril Tánger y a tanto pobre soldado anónimo en emboscadas y golpes de mano.

Los moros leales no podían permanecer sin exteriorizar su dolor, su amargura, y exclamaban:

— ¿Pero esto es verdad; pero esto puede hacerlo España con quienes durante tantos años ha perseguido?

Y era verdad... Y las pandillas astrosas paseaban por Arzila (como antes lo habían hecho en el mismo Tetuán ante el Jalifa, la suprema autoridad de la zona española, gracias al error de unos hombres ignorantes), el escarnio y la vergüenza... Ermiki, el prestigioso Ermiki, cuando regresó de comprobar la noticia de la llegada de las huestes de Raisuni con tantos honores, preparados por Burguete y sus colaboradores, preguntó, no sabemos si desconsolado o lleno de una ira sorda: « ¿Por qué nos abandonáis, cuando tan fieles os fuimos...?»

— ¡Si Silvestre no se hubiera suicidado en Annual, lo habría hecho ahora frente a tanta enormidad!

Porque buscar un efecto teatral que bien contraproducente fue, se pisoteó en las calles de estos pueblos el protectorado, algo más grande y sagrado que unos egoísmos y unas ambiciones...

Mi querido y notable compañero Manuel Aznar, al relatar sus impresiones de la entrada del «séquito» del bajá de Arzila, escribía en una carta dirigida a Luca de Tena:

«Entraba hace pocos días en Arzila el nuevo bajá, Muley Mustafá, sobrino de Raisuni. Iba éste rodeado de su cuartel general de cabileños; montaba un caballo con montura verde y adoptaba ante la población de Arzila aires principescos. Detrás de su excelencia, entraban cerca de 700 moros armados con fusiles y mosquetones nuevos, robados a España. Entraba la jarca de montañeses dando gritos y saludando al cherif de Tazarut, con grandes clamores. Al frente de todos, El-Mudden, reclamado como asesino por el Juzgado de Larache. De pronto, cuando la comitiva de fusileros de Beni Aros, Ajmas y Sumata se manifestaba más frenética en su entusiasmo, sonó un cañonazo. El-Mudden se volvió a los suyos y dijo: «¿Qué es esto? ¿Es que España cambia otra vez de política? Préstame tu fusil, porque he dejado el mío en la sesión del Zenin». Los cabileños celebraron de buen humor la gracia del Mudden. Todos sabían que aquel cañonazo no era más que la primera salva de ordenanza de las once que se dispararon para saludar la entrada de Mustafá, moro muy ilustre ahora por voluntad de su tío Raisuni, pero del cual tienen todos los demás un concepto muy menguado. Esa gracia socarrona del Mudden representa el estado de espíritu de los moros frente a los españoles.»

Lo que sucede a raíz de esto es, más que vergonzoso, irrisorio. El día en que bajaron a Tetuán todos los bandidos que seguían al cherif, entre ellos El-Mudden, se presentó en dicho alto centro don Eduardo Comas y Péres-Caballero, hoy director del Banco de Crédito de Larache y esposo de doña Rosa Zappino, asesinada vilmente por El-Mudden, como ya sabemos, en el puente Internacional. El señor Comas había requerido al Juzgado para que prendieran al Mudden, autor de la muerte de su esposa. El Juzgado quiso actuar seguidamente... Pero... el alto comisario ordenaba que el señor Comas saliera en avión, de Tetuán... ¡¡Justicia!! Hay que pedirla ante estos hechos. ¿Es que España puede tener aquí a sus hijos desamparados, entregados en manos de la veleidad de bandoleros como El-Mudden por muchos pactos políticos que se establezcan sin castigar los desmanes?

Y así, la nueva política es un fracaso.

Poco después, para colmo de desdichas y de errores, Burguete, teniendo el convencimiento de que Raisuni no acataba al Majzen ni a la autoridad del jalifa, *¡somete a la firma de éste un decreto reconociendo a cherif la autoridad religiosa y suprema de los chorfas Raisuni!*

¡Hasta el mismo jalifa se hacía juguete de nuestro error, contribuyendo al endiosamiento del cherif, que continuaba en Tazarut, sonriendo seguramente ante tanta candidez!

LXVII
Comentarios de Prensa.

¿Qué efecto había causado la sumisión en España y en las naciones interesadas en la paz de Marruecos?

El *Times* publicaba entre otras cosas estas impresiones sobre el pacto con el cherif:

«La personalidad predominante en la zona occidental del Marruecos español es nuevamente Raisuni: Ha tenido altas y bajas, pero esta vez parece estabilizarse. En las últimas ocasiones logró su predominio temporal a despecho del Sultán y de los españoles; hoy ha sido con la aprobación del Gobierno español y el consentimiento del jalifa de Tetuán.

Ha habido siempre dos soluciones en la cuestión Raisuni: elevarle a un puesto de autoridad y honor o perseguirle hasta el último extremo. Después de un ensayo parcial e infructuoso de ambas políticas, ha llegado el Gobierno español a un arreglo, que puede ser considerado definitivo, con el hombre que es alternativamente un personaje religioso venerado, descendiente directo del Profeta o un afortunado cabecilla rebelde y un bandido.

Por el momento ha consolidado su autoridad entre las tribus montañesas, ante quienes había disminuido su prestigio en parte por sus abusos y en parte por la sutileza de su política. Las tribus montañesas no serán nunca capaces de averiguar, y probablemente no se sabrá jamás si Raisuni está de corazón con España o contra ella. Esto no es sorprendente, pues quizá no lo sepa él mismo. Todo depende de las circunstancias, y Raisuni ha sido siempre un oportunista.

Después de la catástrofe del Rif en julio de 1921, fue abandonada la campaña contra Raisuni cuando el triunfo estaba próximo a alcanzarse, y se entablaron negociaciones entre el alto comisario y el cherif, Raisuni obtuvo prácticamente todo lo que pedía: la devolución de sus bienes confiscados o la compensación de una importante cantidad en dinero; establecimiento de una zona alrededor de Tazarut, en la que no entrarían tropas españolas; la supresión de puestos militares en aquella región y la restitución de su palacio de Arzila, así como el nombramiento de sus dos sobrinos como gobernadores de importantes distritos. Para él no pidió nombramiento. No lo necesitaba, pues el poder cayó por su propio peso en sus manos, y el predominio quedó asegurado.

Es cierto que algunas tribus, entre ellas Anyera, no habían acatado anteriormente su autoridad y cooperaron con las tropas españolas en su campaña, temen sólo a la venganza de Raisuni, aunque no cabe duda que las autoridades españolas de Tetuán harán lo necesario para proteger a sus primeros amigos y aliados de toda persecución si Raisuni intentara algo contra ellos.»

Y un periódico de orden como *El Debate*, escribía:

«La comedia ha terminado, pero la tragedia empieza. El prestigio que España había recobrado en la zona occidental con las duras jornadas de 1919, 20 y 21 ha quedado derruido. Las cabilas que cooperaron con nosotros para demoler el poderío del Raisuni vuelven, sumisas, a rendirle pleito homenaje temerosas de la venganza del «verdadero jalifa», como le llaman los moros. Y un día quizá muy próximo estas cabilas, que conservan los fusiles con que nos combatieron y que nosotros no quisimos tomar, cuando después de los avances militares, vinieron a sometérsenos sin condiciones, estas cabilas, obedeciendo las órdenes del cherif, reproducirán en Occidente los episodios que se desarrollaron en julio de 1921 en el territorio de Melilla.

¡Cómo sonreirá el astuto cherif, al contemplar las posiciones militares con que dominamos su resistencia de Tazarut! Esas posiciones, aisladas, sin enlace con las del interior, las devorará el obeso moro, cuando se le antoje, en dos dentelladas: Por lo visto la dolorosa experiencia de Annual no es suficiente para nuestros genios político-militares, y se proponen renovarla en la zona occidental.

Pero no, no hay peligro, según ellos. El Raisuni se ha sometido, y si no fue a Tetuán a rendir pleitesía al jalifa es... por que una antigua hernia le impide viajar. Esa hernia que se parece mucho a los catarros sagastinos, es un obstáculo para que haga cómodamente el viaje en automóvil a Tetuán; no fue, sin embargo, impedimento para que montase a caballo hasta hace unos meses, cuando andaba huido por las montañas luchando contra nuestras tropas.

Esta es la realidad que ofrecen al país los que llevan por esos senderos la tragedia. El honor de España, la vida de los militares españoles que residen en esta parte de la zona, han quedado a merced, sin la menor garantía para nosotros, de un grupo de bandidos, que ayer eran nuestros enemigos más encarnizados.

Anticipándose al desastre que se avecina, es necesario que la opinión exija desde ahora estrecha responsabilidad a los autores de esa orientación suicida.»

LXV

El pago a los leales.

Estaba visto que Raisuni debía ir ligado a nosotros, a nuestra historia en África. El advenimiento de Burguete estaba reservado para que el cherif rehiciera en poco tiempo, ante el asombro de las cabilas su prestigio de siempre, de santo, de taumaturgo. «La bala que le mate ha de ser bala de oro disparada por otro santo.» La bomba de trilita enviada poner cerca de su casa un día, estalló cuando Raisuni acababa de salir de ella. Se sacudía el albornoz lleno de balas que no habían traspasado sus ropas... En el Buhasen, varias bombas caían cerca de su persona sin que le tocasen... Ahora, caído, viejo y cansado, cuando erraba ya por el inhospitalario Buhasen, la mano de Alah, con uniforme, le vuelve a colocar maravillosamente frente a nuestra misión. ¡Se le exalta nuevamente a Sultán de la montaña!... ¿Para qué?

Con motivo de la visita a Tetuán de Muley-Alí y Muley-Mustafá, sobrinos de Raisuni, dispusieron a poco los directores de la nueva política que bajase a Tetuán la cabila de Beni Gorfet, que había de reconocer a sus nuevos jefes. Y se dio el caso de que esta cabila, tan unida al cherif siempre, y últimamente tan unida a España, se negara a reconocer las autoridades que se le nombraban... ¡Las conocían demasiado!... ¡Y, a la fuerza, se les ha hecho admitir la autoridad «raisuniana» que se les ha designado!... Todo esto será asegurar la paz y todo lo que quieran los autores y factores del pacto, pero nosotros aseguramos que es preparar «cosas» para el mañana. Los gorftis querían por jefe al que supo librarles de las garras de Raisuni. ¡Al Hosain, enemigo de éste, y a quien se le sustituyó de forma tan arbitraria para dar paso a la nueva política!

Cuando el bueno de Hosain fue declarado cesante, indignado por la suplantación que le hacía el célebre bandido El Mudden, se contentó con lamentar: «España está loca. He visto en Tetuán—dijo—a El Mudden (que allá, me ha hecho ir para humillarme) en la Alta Comisaría.» Un curioso le dijo: «¿Y por qué no le mataste con el juego que ha dado en tu zona, con lo que has peleado contra él cuando mandabas la jarca amiga?...» Y sin poderse contener, dijo Hosain: «¿Yo?... ¿Y por qué no lo matáis vosotros, que tantos soldados os mató?...»

El caid Hosain-el-Chedmi, llamado cariñosamente por nuestros oficiales «Pepito», y llamado también por muchos el Abd-el-Kader de Occidente (ya que él fue quien evitó repercutieran aquí los sucesos de Melilla, y sujetó con su influencia personal las cabilas de Sahara y Lahara, que son la llave de Larache, viniendo de Sumata y Beni Aros), fue víctima de una intriga burda, tramada por el propio Raisuni.

Hosain, preparándose con anticipación al mando del cherif, ya que había llevado las vanguardias con la jarca amiga contra él, y amedrentado quizá por rumores propalados por el cherif, envió, efectivamente, a éste algunos presentes en señal de amistad y acatamiento. ¡El miedo a Raisuni! Éste lo aprovechó hábilmente, y enseñando algunos caballos demostró que Hosain estaba con él y que de las cabilas había sacado las preseas. España destituía a poco al caid noble y valiente.

Hosain, al ser destituido del caidato, lloró sinceramente, tanto por el cargo perdido cuanto porque en aquel momento comenzaba «una era funesta para España». Nos lo dijo llorando.

El caid Melali, jalifa de la jarca amiga desde que España organizó ésta, que ha peleado a nuestro lado por el triunfo de nuestra política africana, decepcionado, disgustado ante el brusco cambio, dimitió; pues que sabía tenían designado su puesto para un amigo del cherif, como sucedió después. Nos dejó el paso franco para la política. Asistió a todas las operaciones realizadas en el territorio y fue eficaz colaborador de los comandantes generales, de Silvestre a Sanjurjo, que fue el último que tuvimos.

¡Buen pago se dio a sus excelentes servicios!

Otro de los disgustados, y con razón, es el bajá de Larache Mohamed-Faddel-Yaich. Aristócrata, criado entre sultanes (Muley-Hassan, Muley-Juseff, Abdelazis), se alió desde el primer instante a nosotros. Amigo de Zugasti, consintió el desembarco de nuestras tropas, que pudo impedir con sólo situar algunos tiradores en la desembocadura del Luccus; tiradores que, abundantemente, le hubiese proporcionado la misma cabila de Ruzafa...

Grandes servicios inapreciables tiene prestados el Yaich a España, y nosotros he aquí cómo lo recompensamos: Al venir los sobrinos de Raisuni a los caidatos, se han reducido los límites del bajalato, hasta dejarlo constreñido a la ciudad y orilla derecha del Luccus. Media docena de aduares míseros es todo el dominio que le queda a Yaich. Hasta tal punto se le ha quitado terreno para graciosamente dárselo a los sobrinos del cherif, que, según confesión del propio bajá, ni aun para la paja de sus caballos bastan los aduares que poseen en el bajalato, viéndose obligado a comprarla de su bolsillo particular. Cosa insólita en las costumbres moras, y que por sí sola constituye un vilipendio para su autoridad.

Así se ha ido mermando el bajalato de Larache, por la voracidad raisuniana; el cherif sabrá con qué finalidad.

Sabemos que Yaich ha escrito a su hermano, rogando pida al Sultán perdón, pues el sultán no olvida que Yaich dejó entrar a las tropas españolas sin especial permiso... ¿Qué persigue el actual bajá de Larache con esto? No lo sabemos; pero dado su disgusto, quizá piense en buscar un empleo donde vivir con más holgura que lo que hoy le permite su reducido bajalato, en el que, teniendo en cuenta las continuas recepciones, tes, etc., que ha de dar a nuestras autoridades, apenas puede vivir con el boato debido.

Faddel-Yaich está doblemente emparentado con Ermiki (son cuñados dos veces). Desde luego podemos asegurar que se unirían, en caso de rebelión. Porque ninguno de los dos tiene un pelo de tonto. Saben que Raisuni se propone anularlos, y quizá Ermiki piense en la zona francesa, donde ya sabemos la acogida que tienen nuestros enemigos.

Cerdeira y adláteres presentaron ante Girona al cherif como un prestigio divino, y a Ermiki, bajá de Alcázar, con el de un notable cualquiera.

A Ermiki, con esta política de intriga e indicaciones de Raisuni, está a punto de provocársele un conflicto...

Entre los bajaes de Xauen y Alcázar surge un incidente grave; tanto, que a poco cuesta el bajalato de Alcázar a tan prestigioso caid. Valdés, el jefe de la Policía de Larache, hace un viaje a Tetuán y logra calmar los ánimos de raisunistas y antirraisunistas...

Y el jefe entusiasta y laborioso tiene que marchar a Tetuán y preguntar a tan despistados «políticos»:

— ¿Y si la política raisunista falla, a quién echará mano España? ¿Quién querrá venir a ayudarnos con tales premios?... ¡Bien, jefe! Eso es conocer el estado de la zona y es conocer a Raisuni.

Castro Girona no conoce la psicología de la zona de Larache, ni quizá los servicios meritísimos de los caides que se han destituido para dar paso a las gentes del cherif. Gracias a que en Larache cuenta con el citado jefe, que pone todos sus entusiasmos y todo su patriotismo en contemporizar. Hoy evita un conflicto a Ermikri u otro enemigo del cherif, y otro día reúne, en una comida en el Jemis del Sahel, a Muley-Mustafá, Ermiki y Faddel-Yaich, los tres bajaes actuales de Arzila, Alcázar y Larache, respectivamente (estos dos últimos, enemigos de siempre del sobrino del cherif), y consigue armonizar algo, evitar rozamientos que podrían acarrearnos situaciones graves...

LXX
La opinión de los moros. —Dice un jefe.

En abril, hablamos con un moro que acompañó a Raisuni hasta los últimos momentos del cerco, y que ahora está con nosotros en la Policía indígena. Al preguntarle si cree que Raisuni es amigo nuestro, *de verdad*, sonríe y nos dijo:

—«Estáis completamente equivocados. ¡Jamás, jamás, Raisuni será amigo vuestro! ¡Os odia con toda su alma! Yo lo aseguro. Cuando de vosotros nos hablaba, ¡qué odio más reconcentrado ponía en su mirada!... Nos decía a nosotros: *No escuchéis a esos perros.* ¿Para qué creéis que vienen a hacer carreteras y poner trenes?... Pues para engañaros y convertiros en cristianos; nada más que para eso».

Otro día hablamos con un jefe de gran prestigio de esta zona sobre el cherif.

Y nos decía:

—«Raisuni es hombre que nos dará guerra toda la vida. Es hombre de una soberbia terrible y peligrosa. Silvestre hizo todo lo posible por el éxito de la acción de España; me consta porque estuve a sus órdenes aquellos días. El año 1914, cuando vino Romanones y entrando por el norte de nuestra zona salía por Larache, se mostró admirado. Había una sensación de paz admirable en todo el territorio. Miles de cabileños salían al paso de la comitiva. Y al decir Silvestre al receloso conde que aquéllos moros eran amigos, se mostraba maravillado. En el banquete que se le dio en Aox, Romanones dio un abrazo al caudillo:

—«Me parece imposible—dijo—que esto se pudiera hacer. Cuando yo sea Gobierno»... Y prometió muchas cosas.

Ya vimos después, las veces que fue Gobierno Romanones, y lo poco que hizo... ¡Y es que nadie ha concentrado jamás su atención en esta zona de Larache, que tan importantísimo papel ha desempeñado y sigue desempeñando en la política africana! Lo prueba esto— según nuestro interlocutor—que Alfau, por ejemplo, alto comisario, no llegó a venir jamás a Larache. Marina vino una vez, y horas después, como recibiera un aviso de Tetuán de haber ocurrido una agresión, salió precipitadamente para la capital del protectorado. Después vino... ya lo recordamos; cuando estaba dispuesto a fusilar a los protagonistas del asesinato de Alkala y marchándose de Marruecos para no volver por aquí.

Y Silvestre se desesperaba diciendo: «Es una lástima: a nadie le interesa esto». Y, sin embargo, recordamos todos, cómo las cabilas del llano, todas, salían al paso del general por los aduares y paraban el caballo del caudillo, para agradecerle con zalemas, haberles librado de las garras de Raisuni.»

Dada la competencia de este jefe amigo, y teniendo gran valor para este libro sus juicios, preguntamos su opinión sobre la obra de Burguete, en relación con el cherif.

—«Burguete fue también otro desorientado — nos dice—. Lástima, porque es un hombre de altura. Lo desorientaron, lo engañaron mejor dicho. Por otra parte, hay que reconocer que el Gobierno le instaba a que terminase la situación en

Yebala y a él no se le ocurrió otra cosa que pactar con el cherif. A poco de llegar, lo visité en Tetuán. Saqué la impresión y el convencimiento de que lo habían equivocado. Porque me dijo a boca de jarro: «¿Raisuni? ¡Le tengo en un bolsillo!» Yo tuve que sonreírme. ¿En un bolsillo? Raisuni, astuto, sagaz, peligrosísimo, no lo tendrá nadie, no dentro de un bolsillo, sino bajo tutela alguna. Se pondrá un momento a nuestro lado; pero en su lealtad no hay que fiar ni lo más mínimo. Ignoro las cláusulas del pacto, termina diciéndonos este querido y admirable jefe, pero, *no pueden ser las que los hechos de ahora están poniendo de manifiesto.*»

Tenemos también el caso de un moro residente hoy en Tánger, amigo de España de siempre, que luchó con la jarca contra las huestes raisunianas. Este moro, ha estado herido dos veces. Algunos parientes suyos, también pelearon en la jarca amiga, entre ellos un hermano que murió en la lucha, y otro que fue herido varias veces. Ha tenido que huir a Tánger, abandonando su aduar, para escapar de las garras de Raisuni que le persigue de muerte, por haber luchado contra él. ¡Así están muchos de nuestros viejos y leales amigos!

Si hasta el mismo Menehbi, hermano espiritual de Raisuni, como ya sabemos, dice cuando habla de este «pacto»:

—«¡Por mucho dinero y honores que España dé a Raisuni, será éste siempre su mayor enemigo!»

Nuestra situación en estos momentos, tras tantos años de lucha, de millones y de héroes, pasa a ser la misma que cuando entramos en la zona. Todo en manos de Raisuni. Lo prueban los hechos que se van sucediendo a medida que en las cabilas se va infiltrando nuevamente el ascendiente raisuniano y el miedo al cherif.

La Comisión geográfica de Larache, compuesta de varios oficiales de Estado Mayor—, comandante Adalid y capitán Millán, el primero herido en las operaciones de cerco al Raisuni—, levantaban planos en el aduar de Lahara, que costó titánicos esfuerzos ocupar a la columna del general Barrera.

A poco de haber dado comienzo sus trabajos dicha Comisión, se acercaron los cabileños y preguntaron a nuestros oficiales si tenían permiso del jerife para permanecer allí. Los oficiales dijeron que ellos no necesitaban permiso de Raisuni, porque era España la que les autorizaba.

Indignación causa decirlo, pero los indígenas les dijeron que tenían que marcharse inmediatamente, *porque allí España no tenía nada que ver, y que solo reconocen ellos a Raisuni.* La Comisión de Estado Mayor tuvo que recoger sus trebejos y volverse a Larache sin realizar su cometido.

Como vemos, Burguete había logrado un éxito definitivo con la famosa sumisión de Raisuni. Como ofreció a España y al Gobierno, no ha permitido que Raisuni vuelva por su poderío e intervenga en las cabilas.

El mismo Girona, en unas declaraciones hechas en Madrid a la prensa, decía:

«Raisuni pactó que se conservaría alejado del mando oficial, y hasta ahora ha cumplido su compromiso.»

Ya vemos el fracaso del decantado pacto.

Porque cada día, las exigencias y las intromisiones del cherif y de sus secuaces en toda la zona—que tanto nos costó librar de su yugo—han determinado un estado político muy delicado. De él hemos podido recoger una impresión general y detallada en varias excursiones por la zona.

Anotadas en el carnet cuidadosamente, las ofrecemos como testimonio de lo que se incuba sordamente en Yebala. Ténganlo presente, el Gobierno y el alto comisario actual, y procuren poner en juego todos los ardides que les sea posible para que las cosas no pasen al fulminar una nueva guerra con todos sus dolores y todas sus víctimas.

LXX
Cuadro descriptivo de la situación política actual en las diferentes cabilas.

En el momento actual, podemos brindar a nuestros lectores un cuadro demostrativo del estado político de la zona, por cabilas. La información que ofrecemos al estudio y consideración de todos, es absolutamente fidedigna, porque está tomada de la realidad y sobre el propio terreno. No en los centros oficiales ni en los organismos técnicos, donde si algo saben no lo parece, ya que como el lector deducirá, de lo que vamos a exponer, una situación tan difícil y enmarañada, un horizonte político tan nublado, merece sin duda una atención más escrupulosa de la que se le presta.

He aquí la situación política de las cabilas en la actualidad:

Es Sahel. —Compuesta por gentes generalmente pacíficas, muestra buena actitud para la implantación inmediata del régimen civil.

Folot. —Como la anterior, está tranquila y promete estarlo tanto más, cuanto que no intervino directamente en el pleito raisuniano.

Folot Tilig. —Antigua en su sumisión, bien gobernada por el Ermiki. Vive en paz y en excelentes relaciones con nosotros. Pero debe tener el lector en cuenta lo que decimos al hablar del bajá de Alcázar y del caso desgraciado en que nuestra inhábil política disgustara a éste o le atropellara en sus bien ganados poderes.

Garbia. —En la época antirraisunista, se vio acosada por las correrías del Mudden. Sin embargo, siempre permaneció adicta y fiel. Hoy la gobierna Muley Mustafá y los huidos regresados provocan constantes incidentes y llevan a cabo tropelías y desmanes sin que nadie ose castigarlos. ¡Llevan salvoconducto de Raisuni!

Beni Gorfet. —Esta cabila merece especial mención. Los huidos, después del pacto, regresaron a ella y viven al margen de las oficinas de Policía. Constantemente provocan agitaciones y soliviantan a los sometidos, incitándoles a una franca desobediencia. Pregonan el poder innegable del cherif y le procuran adeptos. Sus alardes de independencia y la efectiva impunidad de que disfrutan, hacenles ganar cada día innumerables prosélitos. Los gorfis no se muestran reacios a la seducción y poco a poco van apartándose de la tutela española, para prosternarse ante el Raisuni.

Este escribe a los chejs ordenándoles que, de ninguna manera ni en caso alguno, pretendan castigar a los huidos, que por haberle acompañado en su destierro, son acreedores a su magna protección. Hasta tal punto, que sobre ellos no pesa gabela alguna, viéndose libres de todo impuesto, tributo o carga. Excelente prerrogativa que ellos saben bien aprovechar, no satisfaciendo *tuizas* ni *fardas*, ni ningún otro impuesto por muy coránico y corriente que sea, de los cuales el señor de la Montaña vuelve a hacer el uso que hacía en tiempos de Silvestre.

Muley Mustafá, sobrino del cherif no está absolutamente conforme con esta teoría. Sobre todo abomina a ciertos *chejs* nombrados directamente por Raisuni. Para desposeerlos de sus mandos tramó diferentes intrigas, enemistándoles con sus gobernados, haciendo que los mismos gorftis fuesen a pedir su destitución.

Beni Gorfet está en paz y quieto. La Policía no tiene ya autoridad alguna, y es desacatada frecuentemente. En cambio, los mejaznies de Muley Mustafá recorren la cabila imponiendo toda clase de tributos, impuestos y gabelas. Resuelven asuntos, castigan y premian sin decirnos una palabra. La policía hace un papel desairado, que Girona se encargará de endosar ahora a las Oficinas de Intervención... El Mudden va y viene haciendo su política favorable al Raisuni... El Juzgado español, que lo tiene reclamado, por asesino..., espera. ¡Justicia para los que vilmente, por el robo, asesinaron a nuestros hermanos!

Ahl Sherif. —Esta indómita cabila presenta una apariencia de tranquilidad y de paz. Recientemente ha vivido días críticos, pues un respetable grupo de aduares (Fed Kebir, Azib y otros) colocáronse abiertamente al lado de los Sumatas, siempre rebeldes. Hoy, a fuerza de promesas, que no pueden cumplirse, se inclina a nuestro lado; pero en el fondo obedece al cherif, *por el cual luchará el día anhelado de la liberación que predica Raisuni.*

Bulahia, el famoso cabecilla raisuniano, recluta soldados para el cherif, que se concentran en Sumata; Sidi Hamed-el-Bakali ayuda al «tío de la barba», el que dirigió el sangriento ataque a Miskrela. Ambos afirman que Raisuni se prepara para dar el golpe decisivo que *consolide su mando único.*

Beni Issef y Beni Zegar. —Para estas levantiscas y guerreras cabilas se ha nombrado chej al conocido Hamido-el-Hamal. De los antecesores de este hombre se tienen dolorosos recuerdos en Beni Issef. Puede decirse que su sola presencia ha renovado antiguos odios y despertado dormidos rencores. Conocida la psicología del moro, no es muy difícil hacer tristes vaticinios.

Respecto a nosotros, la actitud es expectante, y no se recata en decir que ahora Raisuni aconseja estar bien con los cristianos; pero *que no pierdan la fe y la esperanza en el ansiado día de la justicia que tiene que llegar el «Farax».*

Beni Aros. —Aquí, *al parecer*, gobierna Muley Ali. El comandante Villegas, interventor, sabe muchas cosas del juego peligroso. Se finge seguir la política de adulación al cherif. Por bajo cuerda se alimentan vanidades en el sobrino y se tiende a enemistarlo con su tío, al que públicamente da el calificativo que merece en realidad...

Mientras, Ueld-el-Hach-Meyahad campa por sus respetos al amparo de su favor con el Raisuni, se burla de la Oficina y hace política de odio al cristiano.

En el fondo puede que todos estén de acuerdo para engañarnos, fingiendo enemistarse sólo por ver hasta dónde llevamos nuestra intriga...

Algunos días después, y notando sin duda que Cerdeira no debe obrar ciñéndose a su cometido de intérprete, el comandante interventor de Beni Aros, que está harto seguramente de este pasteleo, se ha quejado al general Castro de que Cerdeira no interpreta fielmente, y *le acusa de llevar la trama de una política funesta, en complicidad con Raisuni.*

Y lo pintoresco es que Muley Ali, caid de Beni Aros dice a algunos oficiales: «No os fiéis de mi tío, que tiene la intención de una víbora del bosque.»

Aparentemente están peleados Raisuni y su sobrino Muley Ali, porque el tío, llevado de su soberbia y ambición, le tiene quitado el mando, propiamente dicho, para él ejercer su omnímoda voluntad y recibir los regalos que las cabilas envían. Mustafá está secretamente disgustado con el tío.

Al parecer, la política de Girona es la de robustecer el mando de los sobrinos, esperando que éstos procedan contra el tío. ¡Error crasísimo! Los sobrinos temen al tío demasiado para eso...

LXX
Lo que va ocurriendo con la nueva política.

¿Queremos engañar al Raisuni ingenuamente?... Cuidado...

El cherif, astuto y hábil, está al cabo de la calle; conoce nuestro juego y se dispone a defenderse como es lógico. Los disgustos que se fingen entre el tío y los sobrinos son una farsa.

En las cabilas cunde el descontento entre los que fueron nuestros adictos en la época antirraisunista. Las gentes del Raisuni, activas y hábiles, no dejan de hacer prosélitos. Los huidos circulan con armas por toda la región; acuden a los zocos, visitan los poblados y cometen toda clase de tropelías y desmanes, contando de antemano con la impunidad, ya que el cherif les dispensa su omnipotente protección.

Los Jefes, viendo nuestro juego, lo siguen, haciéndose *él tonto* y esperando, esperando la voz del señor de Tazarut. Mensajeros que esparcen por toda la región las inflamadas encíclicas del cherif, insometido y sumiso a España.

Nuestro Estado Mayor, entretanto, estudiando una fuerte línea de posiciones y señalando las líneas de retirada.

La Policía, sin atribuciones, sin prestigio, sin mando, recibiendo confidencias de grandes pertrechos de guerra que tratan de pasar la frontera con esta etiqueta invisible:

«Para las tropas musulmanas, fieles al emperador de Yebala, Tazarut, Sumata.»

Y vamos a referirnos a los últimos acontecimientos para que este libro, que quiere ser un ensayo de biografía del cherif, quede al día, y los que nos sigan puedan continuar la historia de Raisuni, que aún no ha cerrado sus páginas más transcendentales.

Actualmente, y esto es público y notorio; la entrada en Tazarut, por cuya conquista dio su vida González Tablas, está cerrada para el español. Allí no pueden entrar más que tres españoles, que cuentan con salvoconducto del cherif, y que son: Castro Girona, Zugasti y Cerdeira.

El general Martínez Peralta, recién destinado a mandar la zona larachense, al visitar las posiciones subió a Ain Grana, y pasó recado al cherif. Este se negó a recibirle, pretextando una dolencia vulgar. El cherif nos sigue despreciando.

El dignísimo Jefe de la Policía, teniente coronel Valdés, que si bien fue en su época antirraisunista hoy sigue lo política de su Jefe Castro Girona, está «amenazado», y de él ha dicho Raisuni: «Valdés saltará cuando a mí se me antoje. Basta con decírselo a Castro. Castro me ha prometido hacer cuanto quiera yo y más...»

En marzo último se han hecho grandes rogativas en el santuario de Muley-Abdesalam. En las súplicas al venerado santo se le pedía *la definitiva expulsión de los cristianos.*

Ocho policías, vestidos de paisano, habían ido a Muley-Abdelasam, y reconocidos por los romeros, éstos quisieron matarlos. Los policías pudieron ponerse a salvo con la intervención de un jefecillo que juzgó «impolítico», sin duda, el acto.

Entre las cosas pintorescas y dolorosas al mismo tiempo, que con ocasión del célebre pacto han tenido lugar, se cuenta la prisión del caid Liazid.

Conocí a este caid siendo sargento de su sección, cuando en Regulares de Larache cumplía mis deberes militares.

Raisuni se lo llevó de Arzila en 1915, y ahora, cuando la ocupación de Tazerut, varios indígenas nos aseguraron que aún vivía nuestro caid. Cargado de cadenas, laminado y hundido en el agotamiento que lleva consigo ser prisionero del cherif. Cuando se hizo el pacto, Raisuni prometió devolver los prisioneros. También prometió desarmar a las cabilas...; pero nosotros parece que estamos ciegos por el cherif, como el caid Liazid. Anotemos como prueba de que Raisuni se mofa de los pactos hechos el caso de que, habiendo prometido libertar a los presos, tiene aún en su poder al viejo Liazid y a otros antirraisunistas que lucharon fielmente al lado de España.

Después de *sometido* el cherif, han vuelto a él muchos de los que a nuestro lado estaban. Podemos citar, como caso curioso, el del Hach-Meyahed. Éste se había sometido, como sabemos, poco antes que Raisuni. Pero al ver el cariz que iban tomando las cosas y oyendo a Cerdeira, subió a Tazarut a saludar al Señor de la montaña y postrarse ante él. De regreso de Arzila, donde acudió para la proclamación de Muley Mutafá, se resistió al capitán de la Oficina indígena de Beni Aros, diciéndole *«que nada tenía que ver con España y que los buenos muslines estaban con el cherif»*.

«Entre estar con vosotros, que no resolvéis nuestros asuntos en justicia, y estar con él, que nos permite tomarla por nuestra mano—dijo despectivo —, vamos a él...»

Al parecer, nuestro oficial intentó que le quitaran el fusil. Y el rebelde, antes amigo y ahora siervo nuevamente de Raisuni, le amenazó:

«Voy armado, y conmigo mis amigos. Si tú intentas quitarme este fusil, encontrarás la muerte...»

El oficial debió morderse los labios... Se conformó con «dar cuenta a la superioridad». La superioridad, pensando quizá que nuestro prestigio es cosa deleznable, resolvió posteriormente notificar «que se le había concedido el *aman* al Meyahed...» ¡Un perdón que nadie había pedido!

El Meyahed vive en nuestra zona y no ha vuelto para nada a las Oficinas indígenas. Está cobijado con el cherif. Lo mismo ocurre al Mudden. Este famoso bandolero, cien veces reclamado por nuestros Tribunales, que le siguen procedimiento. Pero éstos no pueden hacer justicia «por razones de alta política».

¡Mientras los asesinatos de la señora de Comas, del fondista Fuentes, de Cortázar y Valera y el cautiverio de Lentisco están por vengar y los expedientes amarillean en las mesas de los Juzgados...!

En los aduares se empiezan a cobrar las «fardas» célebres del cherif. Nosotros no tenemos que inmiscuirnos en esto. Es la política nueva.

En Tazarut se refuerza la guardia del cherif para que no entre nadie sin su permiso. Como recordamos, hubo que desalojar de tropa Tazarut. Fue una imposición de Raisuni...

No hace muchos días surgió un pleito de gran importancia entre Ermiki y Raisuni. Este quiso quitar el Jolot al bajalato de aquél. Pero dichos poblados, tan arraigados al mando del Ermiki, negáronse, y por la fuerza han tenido que ponerse bajo *la férula de Raisuni* al cabo de los años que estaban libres y contentos, sin el yugo del cherif. Como un dahir, restituye sus bienes a Raisuni, y los Bel Raisul tienen muchas tierras en Jolot, virtualmente los aduares han tenido que quedarse con el cherif. ¡Veremos adonde nos conduce toda esta cadena de intrigas!

LXXII
Hay disgusto en muchas cabilas.

La gente está soliviantada, siendo la impresión general de disgusto, porque el régimen antiguo de las «fardas» (contribuciones) ha vuelto. Raisuni, contra lo que tan formalmente aseguraron al país Castro y Burguete, y hasta el misino Cerdeira, no solamente interviene en las cabilas, sino que hace en ellas lo que quiere. Numerosas son las cabilas que han acudido a nuestra Policía a quejarse y pedir se interceda por librarlas del pago de tan onerosos tributos.

Por razones de «alta política», nuestra Policía nada puede hacer.

Ya vemos el contraste que esto ofrece con lo que en principio lanzó Burguete. Según éste, Raisuni había dicho:

«Yo no quiero nada para mí ni para los míos; sólo quiero que me dejen vivir en paz en Tazarut...»

Como contraste a esto, apuntamos que Raisuni ha dicho a las cabilas:

«Guardad los fusiles para cuando nos hagan falta.

Los cabileños negaron a nuestra Policía indígena mulas para diferentes servicios, mientras se las daban, pródigos, al cherif. ¡Menos mal que el mismo Castro Girona disuelve la Policía, sin duda para evitar la lamentabilísima sensación de inutilidad que está dando este organismo ante las cabilas!

Otro caso pintoresco de cómo nos trata el cherif: Para hacer unos trabajos de delimitación, se nombraron en Tetuán a un capitán, un teniente y un intérprete. (Nada tiene que ver este caso con el del capitán Míllán, que ya conocemos). Los moros les exigieron, como de costumbre, pase del Raisuni. Como no lo tuviesen, la Comisión se presentó al cherif en solicitud de dicho pase. La contestación de Raisuni fue *que se vistieran de moros si querían realizar sus trabajos*. Téngase presente que éstos habían de efectuarse en territorio de siempre sometido. No sabemos si los individuos de la Comisión, por secundar irrisoriamente tan burda política, o por lo que fuese, marcharon a Tetuán y volvieron a presentarse al cherif vestidos de moros, con las piernas al aire, etc.

¡Y se presentaron a Raisuni! Y causa bochorno y risa, y de todo, decir que la contestación del cherif fue ésta:

— ¿Pero dónde se ha visto un moro sin barba y sin bigote? *Que bajen a Tetuán y esperen sentados a que les fresca el pelo....*

En 18 de marzo, *Le Temps* publicaba esta correspondencia, de Tánger:

«Las maniobras del Raisuni, convertido en amo y señor de Tazarut, provocan una viva curiosidad, mezclada de inquietud en los unos, y de mal disimulada satisfacción en los otros. El Raisuni gobierna por el terror todo el Yebel, donde multiplica los atropellos, esforzándose en extender más su autoridad y empleando la intimidación y las promesas.

Las tribus antes sometidas a España protestan, ni los anyeras, ni los benihassan, ni los benisaid quieren reconocer la autoridad del Raisuni. El caid de los benihassan, invitado por el Raisuni para comparecer en Tazarut, se ha negado, y para escapar a la venganza, se ha refugiado en Tetuán; pero su casa y sus ganados fueron saqueados.

Inútilmente los españoles procuran intervenir para sustraer a la autoridad de Raisuni a todos aquellos que combatieron al lado de España, centra los cuales el rencor de Raisuni no desaparece. El Raisuni responde siempre que él se limita a aplicar literalmente los acuerdos estipulados. A cambio de la seguridad que debe garantizar, se le ha concedido el derecho de reinar en amo y señor, y, como es natural, se aprovecha. Puesto de nuevo en posesión de Tazarut, todos los blocaos que rodeaban el territorio han sido destruidos. Tres o cuatro oficiales españoles destacados allí, a título de vigilantes y consejeros, son los testigos impotentes de las tropelías que debían evitar.

El Raisuni se opone al nombramiento del nuevo bajá de Xexauen, y los españoles no se atreven a hacer nada. Un capitán español, que al mando de una patrulla encontró en la región de Xexauen un puesto de moros montañeses, instalado por orden de Raisuni, se vio sorprendido por la petición de un salvoconducto de Raisuni, y tuvo que retroceder.

El soberano de Tazarut se niega a autorizar la explotación por los españoles de ciertas minas del territorio del Yebel. Un capitán que mandó apalear al cheij nombrado por el Raisuni, ha sido arrestado. Otro capitán y su ordenanza fueron asesinados en los jardines de Xexauen. Los españoles han suspendido las entregas en dinero y cereales que debían hacer al caid de Yebel.

No es fácil saber si esta determinación habrá sido la causa o el efecto de los procedimientos que ahora se le reprochan al Raisuni. Pero éste se funda en ello para acusar a los españoles de falta de cumplimiento en sus compromisos.

Esta situación provoca el descontento de las tribus oprimidas contra España, pues habían depositado en ella su confianza, y ahora, desengañadas, vuelven sus ojos al Rif. Según informaciones de ciertos indígenas, los benisaid han solicitado el apoyo de Abd-el-Krim. Las tribus de Yebel le han jurado secretamente fidelidad. Por otra parte, las tribus rebeldes felicitan al Raisuni por la independencia que ha reconquistado. Varias delegaciones de notables de Beni-Hamed-Guezaua y Beni Mestara han acudido a Tazarut para rendir homenaje a Raisuni y solicitar su protección.

LXXIII
Más datos que acreditan el fracaso del pacto.

Burguete fracasó en Marruecos rotundamente. Por si fuese poco el desdichado pacto con Raisuni, en el asunto de los prisioneros y en la organización civil de las avanzadas del Rif y su plan de operaciones ocupando Tizzi-Asa para dejar allí vendidos a los beniurraguel a las tropas, el fracaso quedó confirmado. Y en uno de sus viajes famosos no volvió más a Marruecos. No pudo hacer más en su corto mando. Al menos, la obra de seis años de heroísmo y sacrificios en la zona occidental la echó por tierra en unos momentos. Ahora... ¡ahí queda «eso»!

Muchas cabilas no hacen caso a nuestra policía, al menos de la de Larache, cuando ésta trata de imponer algo. Muchos oficiales se quisieron marchar de ella. El jefe les dijo que el militar debe servir siempre a su Patria y sacrificarse por ella. Y como la Patria les exigía seguir esa política, debían seguirla, aun sacrificando sus apreciaciones particulares.

Al margen de todo esto, hay árabes que, ante tanto desacierto, preconizan y aman la independencia. Al frente de este movimiento se coloca Hamido-el-Bakar, (de Beni Aros), que, viviendo en Beni Mesara, está desde primeros de abril de este año (1923), en Jomas el Foki, gestionando reunir gentes, de las que ya cuenta con doscientas, para prepararse contra Raisuni. Este, sabedor de los manejos de Bakar, quiere preparar una mejala para que vaya a combatirle, con lo cual tenemos al país calladamente, sordamente, preparándose para una guerra de la que, bien directamente, seremos promotores. ¡He aquí la política raisunista de pacificación!

LXXIV
De vencedor a vencidos.

Raisuni nos trata de vencedor a vencidos. Hace bien.

A Castro Girona le ha obligado, como siempre, a hacer antesala.

Hasta ahora, han sido diez las entrevistas tenidas por Girona con el cherif. A ellas, no ha asistido más persona extraña que el intérprete Cerdeira, como condición impuesta por Raisuni. Los que andan en esta política saben que Cerdeira y el cherif llevan ya tratados los asuntos a estas conferencias, a que después asiste Girona. La amistad que une a Cerdeira y Raisuni es muy significativa. El intérprete llama «papá» al cherif, y se asegura que en todas las circunstancias han mantenido correspondencia. Ha habido ocasión en que Cerdeira ha pasado quince días en el Buhasem con el cherif.

El general Castro, en todas las conferencias celebradas, ha tenido que esperar pacientemente a que Raisuni se dignase recibirle, habiendo habido ocasión en que, por tener que conversar con alguno de sus secuaces, obliga a esperar al querido general. Una vez, para celebrar una conferencia que no duró dos minutos, tuvo el general que esperar ¡tres días!... ¿Quieren decirnos quién se ha sometido a quién?

Raisuni gobierna en toda la zona occidental, haciendo y deshaciendo a su gusto, esquilmando a los cabileños, encarcelando gente a su antojo y prohibiendo a una porción de indígenas que mantengan ninguna relación con nosotros. Raisuni tiene dos cárceles llenas de presos... ¡Silvestre, tu gesto de Arzila fue estéril! Para esto, holgaba también que España, camino de Buhasem, hubiese sembrado tumbas de soldados españoles, de héroes, el territorio yeblil!

Y un hecho y otro nos confirman lo delicado de la situación política que se va creando.

El cherif tuvo la pretensión, y así lo pidió, de que no se cobrase impuesto en los zocos, hasta que él nombrase quien los interviniera...

Otra de sus imposiciones, caprichosas y atrabiliarias, a que se ha accedido: Los suyos, los bandidos que le siguieron hasta última hora, pueden circular con armas por la zona pacificada. A las oficinas de Policía se les dio orden de que se admitiese en las cabilas a los «del cherif» con armas (en cabilas como las de Sahel, desarmadas de siempre), por razones de «alta política»... ¿Y esto es una sumisión?, cabe preguntar... ¿dónde está la garantía para nosotros, cuando el cherif nos impone que sean admitidos sus secuaces con armamento en cabilas desarmadas y pacíficas de siempre? No; la sumisión ha sido una farsa. No hay tal sumisión. Sumisión, sí, conforme en que se hubiese concertado. Pero sumisión sin condiciones; sumisión ante el Majzen.

Los secuaces del cherif lo pregonan a todos los vientos. No hay más mando que el del cherif. Y si no, veamos lo ocurrido recientemente en el zoco de Beni Zecar:

El lunes, 26 de marzo, celebrábase el zoco en dicha cabila. Discutió un policía con un moro del monte y vinieron a las manos. Como quisiera intervenir la policía, los moros se marcharon dando vivas a Raisuni.

El mismo chej del aduar, dijo:

—No queremos nada con España, ni con el Majzen. Vamos a ir a quejarnos al Majzen quevir (Gobierno grande).

El «Majzen quevir» que preconizaban las cabilas, era el de Raisuni, en Tazarut.

El chej terminó pidiendo a Dios la bendición para Raisuni y aconsejando a los moros que no volviesen otra vez al zoco sin fusil.

Al propio tiempo, gentes de Hauta y Jerba, adeptas al cherif, se dirigían al zoco de Ahl Serif, que se inauguraba después de haber estado sin celebrarse durante cuatro años a causa de las operaciones, y lo deshacían a tiros.

En Sidi Mesaud, se celebró una importante reunión de moros notables de diferentes cabilas para tratar de la línea de conducta a seguir frente al cambio político. Ignoramos lo tratado, pero cuando terminó la reunión, se aproximaron a las posiciones y las tirotearon.

En la zona de Larache, a la sombra de este estado de cosas, empiezan a fulminar los odios entre los moros...

Y lo más doloroso, es que no se hace nada para librar a los cabileños de las garras del cherif, que empiezan a dejarse sentir por toda la zona, como en aquellos primitivos días en que Silvestre se revolvía airado contra la conducta absorbente y soberbia del señor de la montaña.

El resultado, en fin, de esta política, ha sido el suprimir la menor actuación de nuestras Oficinas indígenas. Estas no pueden hoy ni imponer una multa, ni encarcelar a cualquier andrajoso que se ría de nosotros, de nuestra impotencia, de nuestra descabellada política.

Hay que confesarlo con claridad: No se hizo la sumisión honrosa para España y para la tranquilidad del Jalifa y su gobierno, quienes, justo es reconocerlo, están soportando que España mantenga a Raisuni bajo su protección y tutela, rebelde a la autoridad del Majzen. Porque ya ha dicho el cherif en muchas ocasiones y lo repite: «Que no irá a Tetuán a someterse al Jalifa.»

LXXV
Gente hostil a Raisuni. —La elocuencia del cherif.

Nos enteramos que Gomara y Jomás preguntan a Raisuni insistentemente que «cuándo va a llegar la hora que les había anunciado, diciéndoles que para darle a él el mando los cristianos se iban a ir a las costas y que quitarían las posiciones». Y el cherif les contesta:

—«Esperad, tened calma, que ya llegará nuestra hora. *Una mentira mía vale por tres años de guerra santa...*

Los de Beni Mesara (que corresponden a la zona francesa) y que hace a éstos la guerra, dicen haberse enterado de que Raisuni está con los cristianos, y que formarán una fuerte jarca para que no pueda pasar el cherif con su mejala, pues que, de esta forma, ellos están convencidos de que van a estar a merced de una y otra nación, lo cual les hace ansiar su independencia. Desde luego, que Raisuni no intente subir con su mejala al Jomas Foki, porque están dispuestos a rechazarle.

En Gomara, el cherif Uazani, reúne a gente adepta y escribe a los de Jomas diciéndoles que si están con Raisuni; que no se fien de éste, que está con los cristianos.

—La situación en Ahl Serif—me dice un moro confidente—, es difícil también. Un grupo de aduares (Hamaimon, Feddán Kebir, Sidi Busefra, Azib), se han puesto decididamente al lado de Sumata y del cherif (el que favorece sus propósitos ayudándole de cierta forma), y han declarado guerra a muerte a las autoridades indígenas de la cabila nombrada por el Majzen. Para ellos, como para Beni Zecar, el Majzen reside en Tazarut.

Últimamente, el chej que de la Oficina de Policía indígena de Taatof había nombrado para Hamaimon, ha sido agredido y conducido a la presencia del cherif, el cual, le, ha dicho, *perdonará su falta si vuelve al monte.* Además, Raisuni ha dicho a Sumata y los aduares insumisos de Ahl Serif, que el que quiera seguir rebelde a los cristianos *se ponga en la boca tierra de la que cubre las fosas...*

A todo esto, mi notable compañero Ruiz Albéniz decía en el Ateneo de Madrid, que Muley Mustafá había dicho, *«que su tío Raisuni era traidor a España»*. Lo ignoro; pero yo aseguro que esto no es más que la política combinada que trae esta gente con el beneplácito de hombres como el general Castro, honradísimo patriota y valiente, lo que no es óbice para que reconozca su error en la política raisunista...

Hay un momento en que la chispa está a punto de prender la mecha, y el levantamiento de varias fracciones va a ser inmediato... (Todo esto lo ocultaron «piadosamente» los partes oficiales). El jefe de la Policía de Larache, señor Valdés, está puesto al habla día y noche con el capitán de la Policía allí destacado... Y con el capitán Porqueras, que merece bien de la Patria, como este jefe digno y entusiasta, logran arrebatar estos aduares a la influencia de la cabila de Sumata que, día tras día, los ha venido incitando a la rebeldía.

Sin la actuación de la oficina de Policía, la insumisión de Ahl Serif hubiera sido un hecho, aislando a Beni Issel y Beni Scar, para atacarlos Sumata y Ahl Serif por el Norte y el Oeste; Erhona, por el Sur, y el Ajmas y Gomara, por el Este, apoderándose de ambas cabilas en pocos días.

¡Qué paz más bella!... El cherif desde su palacete admirando el paisaje lleno de sol, tiene puesto el dedo índice de su manaza derecha sobre los labios gruesos y sensuales: «La paz reina en Yebala»...

En Tazarut, ha pedido el cherif un teléfono directo con su casa de Arzila, y cuando el señor habla, se «cortan las comunicaciones en toda la zona».

No hace muchos días, antes de realizar Girona su viaje a Madrid con Silvela, para dar cuenta al Estado de la situación y planes para el porvenir, el general Castro tuvo que sufrir nuevas impertinencias del cherif. Sabemos que salió de una de sus últimas entrevistas *diciendo que ya estaba harto y que iba a tener que dar órdenes concretas...*

LXXV
Una petición peligrosa.

Recién llegado el nuevo alto comisario, recibió una carta de Raisuni. Se la dio Muley Mustafá, el sobrino del cherif. En esta carta, después de los saludos y parabienes, el Raisuni acusa al Ermiki, bajá de Alcázar y enemigo suyo, como autor de vejaciones y atropellos cometidos en adeptos de Raisuni... Denuncia el cobro de impuestos ilegales en gentes de su favor, *y pide el encarcelamiento de Ermiki, nada menos.*

El bajalato de Alcázar es rico. Grandes y opulentas cabilas están bajo su jurisdicción. Los parientes del cherif no pierden de vista esta riqueza única que se ha conservado en la zona occidental en manos de un amigo de España.

Primero, en luchar porque el Jolot y Alcázar, no entraran bajo el protectorado francés, que le costó más de un millón de pesetas, y muchos sinsabores. Después, su participación en la campaña, prestando valiosísimos servicios a nuestra causa, dando sus hijos, que fueron mutilados en la guerra; y en todo momento, fiel y activo, favoreciendo nuestro avance hacia Xauen y Beni Aros.

Pues bien: esta figura prestigiosa, ha estado a punto de ser encarcelada por imposición de Raisuni y por ligereza de muchos jefes. Y ¿se ha pensado en lo que supondrían los Ermikis sublevados, que arrastrarían consigo muchos partidarios, y los disgustados y perjudicados por el pacto de Tazerut, Hosain el Melali, etc.?...

Afortunadamente, el cónsul Olivan y jefe de la Policía, Valdés, deslizaron al oído del señor Silvela lo que significaría tamaño disparate. Encarcelar al Ermiki sería encender la terrible guerra de guerrillas. Por halagar a un Raisuni tendríamos otro no menos peligroso. ¿Cuántas amarguras nos esperan por haber sacado a Raisuni de su madriguera del Buhaxen? Afortunadamente, si llega el caso de exigir responsabilidades algún día, no se perderán tan veladamente como las de Melilla...

LXXV
Y para terminar.

¿A qué seguir enumerando casos y cosas? Basta decir que a todo esto a Tetuán llega cada día más dinero para secundar esta política, bochornosa e indigna de nuestro prestigio y de la memoria de todos los héroes que dieron sus vidas en esta empresa...

No olvidemos que en 1869 perdimos Larache. Los moros nos aprisionaron y llevaron a Mequinez cargados de cadenas. El Rey Don Sebastián, con más elementos que los que trajo a Larache muchos años después Silvestre, pereció con su ejército en las llanuras de Alcazarquivir. Y la rueda de la historia parece continuar dando vueltas... ¿Es este pesimismo, quizás el pesimismo de chocar con la hiriente realidad de este estado de cosas que hemos comentado, verdad? Pues bien, puede dársele una finalidad positiva: la de colocarse de cara al mañana, desempolvando la historia.

Raisuni no sabe olvidar, y tenía mucha sed de vengar nuestras persecuciones... ¡Quitad posiciones, nombrad a sus parientes primeros jefes de las cabilas de la zona occidental, señores; pero no durmáis tranquilos!...

Y, sin embargo, es necesario el tacto, que no sabemos si sabrán mantener los encargados de ello. El menor incidente nos traería un nuevo rompimiento con el cherif, que ahora, gracias al prestigio que con nuestra providencial ayuda ha alcanzado, sería peligrosísimo...

¡Dios quiera—lo deseamos vivamente por el bien de la pobre nación, tan agobiada a causa de tantos errores—, que podamos seguir resistiendo todo esto, que nos olvidemos a ratos de esa honrilla que no debe olvidarse... y que esta paz de Yebala, paz ficticia, pues que los odios y las exacciones empezaron ya la guerra sórdida y callada, dure mucho tiempo! Sin embargo, ante las ansias de repatriar gente, muy justa por cierto, y el estado político de enconos e intrigas, pensamos si no estará lejos el día en que las tragedias que la historia registra en nuestras aventuras africanas de otros siglos han de repetirse...

Quisiéramos que nuestras palabras, que tienen que ser forzosamente pesimistas, no tengan nunca dolorosas confirmaciones. ¡Que la pericia política del señor Silvela y de sucesivos comisarios logre sortear este terrible mar lleno de escollos y agitado por los huracanes de todas las pasiones!

* * *

La gente sometida es nuestra desde luego; pero hay un núcleo, como ya decíamos, que no es nuestro ni del cherif. El momento, el estado político es, pues, de grave delicadeza. El prestigio de España, prestigiada ante el moro por su acción contra el que tanto daño les causó, ha quedado quebrantadísimo.

Porque ha vuelto el moro a sufrir los mismos gravámenes que tanto costó a Silvestre desterrar de cuantas cabilas pudo poner bajo la tutela de España, cabilas que se sometieron a nosotros y que hoy acatan al cherif rebelde al Majzen, unas por fanatismo, otras, por miedo, viendo la «autoridad» de Raisuni robustecida por España.

Y entonces viene la deducción lógica:

Si la política de Silvestre, continuada por Berenguer, de librar a las cabilas del yugo raisuniano fue política equivocada para la implantación del protectorado, contraria a su naturaleza jurídica, no debió tenderse a extirpar a Raisuni, pomo se hizo, costándonos inútilmente tantas víctimas y tantos sacrificios. Si no fue aquella política protección de la misión de España, Silvestre y Berenguer fueron dos hombres funestos en la zona occidental, y obligaron a nuestra Patria a dar en balde a sus hijos. Ahora bien, si España protegía a las indígenas al librarlos de las garras del cherif odioso, las responsabilidades históricas deben definirse y exigirse a los que determinaron este estado actual de cosas, entregando el mando soberano de la zona de protectorado occidental a quien debimos extirpar para siempre, y que hoy vuelve a lo que en sus tiempos mejores.

Lo cierto de todo ello es, desde luego, que la pobre España en manos, no de gobernantes, sino de gentes sin concepto de la misión de España en África y sin conocimiento de este magno problema, ha ido embrollándolo, haciéndolo odioso a la nación y al país protegido».. Lo malo, lo doloroso, es que, de llegar el caso necesario..., ¿quién pide nada a la Patria para Marruecos? Cuando ésta lo dio todo para haber hecho «lo que se esperaba», nada se hizo. Disipado el entusiasmo que justificaba una guerra, el hastío pide la vuelta de los hijos y muchos labios, amargados por el dolor, el abandono de la tierra maldita, tantas veces regada por sangre española...

LXXVIII

Ha muerto Zugasti.

Cuando trazamos las últimas páginas de este libro, nos sorprende la muerte de uno de los principales protagonistas de la política raisuniana.

Estaba considerado el cónsul Zugasti por cuantos le conocían, como el único español que gozaba de la sincera y absoluta amistad del cherif, y puede decirse que era el único también que ha entendido el espíritu maquiavélico del Señor de la montaña. En los días famosísimos en que Silvestre, con sus eficaces colaboradores, celebraba entrevistas y conferencias para encauzar, la marcha política de la zona de Larache, Zugasti era el hombre que se colocaba entre las dos fuerzas potentes—Silvestre y Raisuni—, tendiendo a armonizar las relaciones que, a la larga, tuvieron que romperse.

En el ánimo del cherif, la muerte de Zugasti debe haber causado una honda mella. Y, nosotros, al dedicar un recuerdo al venerable y viejo cónsul, pensamos que esta pérdida puede ser nuevo eslabón de la peligrosa cadena que se va formando en Yebala...

LXXX
Alcance.

Ya en prensa este libro, nos vemos obligados a consignar varias notas de interés. El esplendor del cherif, en los primeros días de junio, alcanza proporciones insospechadas. Su política tentacular y absorbente, va enroscándose a nosotros, poco a poco, de manera harto peligrosa. Acaba de hacer pública su incompatibilidad con el jalifa, y nos amenaza. Con una incomprensión terrible, el Gobierno estudia el pacto o nuevas bases que han de establecerse con arreglo a las nuevas y caprichosas exigencias.

Nosotros, completamente desorientados, no pensamos que el jalifa o el mismo Sultán, puedan plantearnos una cuestión seria, pidiéndonos cuentas del por qué se protege, ampara y mantiene bajo el protectorado, a un individuo tan abiertamente rebelde a la autoridad del Majzen, como Raisuni...

En las cabilas, siguen guardándose los fusiles «para cuando hagan falta»... Los robos han aumentado en toda la zona de un modo alarmante, viéndose la mano de los secuaces del cherif que, desperdigados por la zona, campando a su libre albedrío, sin freno de nadie, no atacan nuestras posiciones, pero asestan buenos golpes de mano a los ganados de los aduares. Mientras, nosotros continuamos sordos... Las cabilas no nos han devuelto un solo fusil, cuando la sumisión de Raisuni debió traer aparejado el desarme. Tal como estamos, la tranquilidad es un mito. Por otra parte, de Gomara a Xauen, la agitación es manifiesta. Un español que iba a construir en terreno de Cuesta Colorada— ¡tan nuestra!—, se vio sorprendido por la visita de varios moros que le hicieron saber no podía llevar a cabo su obra, si no era llevando un permiso del cherif...

Un moro de Beni Gorret—la cabila que pudo bajo el Majzen el caid Hosain—, nos decía hace unos días:

—Acabo de pagar a Raisuni trescientos duros de contribución. No doy un céntimo más. Vosotros, los que nos prometisteis que esto no volvería a pasar; nos habéis engañado. Al que me pida un céntimo más, le pego un tiro...

Mientras, el dinero español corre pródigo desde Tetuán a Tazarut. Últimamente, hemos visto en Tánger a agentes de Raisuni haciendo compras con lindos e inmaculados billetes de a mil pesetas, numeraditos correlativamente, nuevos, con su airoso Palacio Real en el centro... ¡Pobre contribuyente!...

Y Raisuni sigue exigiendo, exigiendo más cada día.

Pide la creación de un nuevo cargo para un pariente suyo. Pide, se dice, el Jalifato. Pedirá más. A juzgar por lo que se le viene concediendo o tolerando desde que se fraguó el desdichado pacto, estamos dispuestos a seguir accediendo a sus despóticas pretensiones. Lo que no es óbice para que sigan haciendo un papel desairado nuestras Oficinas indígenas, que ahora se llaman de «Intervención militar». Los moros no nos hacen caso, pues gracias a este delicioso río revuelto, el cherif, que no se descuida un momento, procura que en santuarios y mezquitas, en las cabilas y en las ciudades se vaya redondeando su prestigio: «Ved cómo España quita sus posiciones y me da el mando»... Y cobra impuestos y encarcela a los reacios y a cuantos se distinguieron en la guerra contra él, sin que nadie se oponga. ¡Así la ruptura será, fatalmente, más dolorosa!

Y entonces, cuando vuelva la guerra o tengamos que abandonar África, por fracasados, tendremos que exigir cuentas a los que precipitaron el fracaso doloroso y previsto...

Larache y junio 1923.

www.ingramcontent.com/pod-product-compliance
Lightning Source LLC
Chambersburg PA
CBHW031948080426
42735CB00007B/303